肖复兴音乐散文

xiao fu xing

文汇出版社

图书在版编目(CIP)数据

肖复兴音乐散文/肖复兴著. —上海：文汇出版社，2017.10

(文汇. 金散文)

ISBN 978-7-5496-2174-3

Ⅰ.①肖… Ⅱ.①肖… Ⅲ.①散文集-中国-当代 Ⅳ.①I267

中国版本图书馆CIP数据核字(2017)第144130号

- 主　　编：陈先法　杨海蒂
- 本册选编：肖复兴

"文汇·金散文"第一辑

肖复兴音乐散文

出 版 人：桂国强
作　　者：肖复兴
责任编辑：徐曙蕾
装帧设计：Q_Design

出版发行：文汇出版社
　　　　　上海市威海路755号　邮政编码：200041
经　　销：全国新华书店
印刷装订：江苏启东市人民印刷有限公司

版　　次：2017年10月第1版
印　　次：2017年10月第1次印刷
开　　本：890×1240　1/32
字　　数：182千
印　　张：9.5

ISBN：978-7-5496-2174-3
定　　价：35.00元

·版权所有　侵权必究·

肖复兴音乐散文

目　录
Contents

第一辑

我和鲍伯·迪伦·003

永远的草莓园·020

地上掉着一块旧丝绒·027

老艺摇批判·033

门旁凋谢的恶之花

　　——关于莫里森的笔记·044

我是你的一面镜子

　　——关于尼可·054

邂逅帕蒂·史密斯·063

整个故事的一个开头

　　——关于凯特·布什·068

汤姆·韦茨之梦·078

关于老鹰·087

天堂兄弟·093

黑色也是一种彩色·099

为何我唱布鲁斯·105

黄昏的曼托瓦尼·112

崔健的意义·120

青春罗大佑·127

花儿开在粪土之上·134

答案在身上还是在风中飘·139

在蚂蚁的隔壁，在蜗牛的对门·144

第二辑

那一晚忽然洞开的窗子·151

巴赫和亨德尔·155

光就是从那儿来的·161

关于莫扎特·167

舒曼和舒伯特·178

李斯特之死·185

聆听肖邦·192

瓦格纳的野心·212

五月的花开如音乐·224

现代音乐被谁唤醒·231

马勒是我们一生的朋友·241

我们为什么特别喜爱老柴·249

维索卡的鸽子·258

西贝柳斯的声音·263

巴托克的启示·270

走近肖斯塔科维奇·277

我听沃恩·威廉斯·291

第一辑

我和鲍伯·迪伦

一

鲍伯·迪伦(Bob Dylan)属于上个世纪的六十年代。

六十年代,他二十多岁,和美国一样年轻。

六十年代,他抱着一把木吉他,唱着沙哑粗糙的民谣,从明尼苏达的矿区走来,并不高大茁壮的身影渐渐地在美国的背景中清晰起来。

六十年代,虽然有西班牙王子胡安·卡洛斯和希腊公主的豪华婚礼,以及美国人诺曼·博洛格成功地培养出比原产量高三倍的高产小麦新品种这样能够让人高兴的好消息,但六十年代是整个世界动荡的年代,短暂的好消息不能如方糖一样,稀释掉云层密布整个六十年代的灰暗而让它变甜。

六十年代,是一个饥饿的年代,非洲的大饥荒,我国连续三年的人祸与自然灾害,估计全世界有三分之一的人口肚子空空在挨饿,更有一笔因饥饿而死亡人数的天文数字。当时的美国总统肯尼迪和联合国秘书长吴丹一起号召全世界与饥饿做斗争。

六十年代,是一个战争的年代,苏联进行核试验,美国恢复了地下核试验。两个超级大国军备竞赛,因苏联要在古巴建立导弹基地的争执不断,核裁军的呼吁不灵,据统计,苏美两国拥有的核武器的爆炸力相当于世界人均三吨 TNT 的爆炸力。整个世界坐在随时可能爆炸的火山口上。

六十年代,是一个运动的年代,整个世界此起彼伏按下葫芦起了瓢,不仅中国搞了"文化大革命"运动,欧洲也是学潮不断,美国出现反种族歧视的示威运动,意大利出现工人罢工运动,拉美不少国家跟随卡斯特罗搞革命运动。大小骚乱更是野火烧不尽,春风吹又生。

六十年代,是一个暗杀的年代,肯尼迪在达拉斯被暗杀;没过多久,马丁·路德·金在孟菲斯被暗杀。

六十年代,是一个资本主义和社会主义意识形态矛盾冲突的年代。苏共二十二大召开后的非斯大林化。苏联武装占领布拉格。我们和苏联的珍宝岛战役。东西柏林之间的柏林墙的迤逦建立……

鲍伯·迪伦的歌声就是响彻在这样的六十年代。

鲍伯·迪伦就像是上帝专门为六十年代而创造的歌手一样,敏锐地感知着六十年代的每一根神经。鲍伯·迪伦的诞生,宣布了五十年代的结束,宣告了垮掉的一代和忧郁的布鲁斯、乡间民谣的五十年代的结束。

六十年代初,鲍伯·迪伦在进行他的巡回演出之前,特意到医院去看望他所崇拜的正在病危中的上一代的民谣大师伍迪·格思里(Woody Guthrie),然后踏上他自己新的旅程。这是新一代和老一代的告别仪式,意味着五十年代真的无可奈何也义无反顾地结束了。

面对六十年代所发生的这一切,鲍伯·迪伦用他嘶哑的嗓音,唱出了他对于这个世界理性批判的态度和情怀。他以那样简朴疏朗又易学易唱的旋律、意象明朗且入木三分的歌词、沙哑深沉而强烈愤恨的情绪,站在六十年代领头羊的位置上,充当着人民代言人的角色。虽然在六十年代,他也唱过类如《来自北部乡村的女孩》这样的爱情歌曲,但他大部分唱的是那些激情洋溢的政治歌曲。听他那时的歌,总让我情不自禁地想起我们的《黄河大合唱》,他就像是站在那浩浩大合唱队前面的慷慨激昂的领唱和领诵。

1961年,他唱出了《答案在风中飘》和《大雨将至》,那是民权和反战的战歌。

1962年,他唱出了《战争的主人》,那是针对古巴的导弹基地和核裁军的正义的发言。

1963年,他唱出了《上帝在我们这一边》,那是一首反战的圣歌。

1965年,他唱出了《像滚石一样》,那是在动荡的年代里漂泊无根、无家可归的一代人的命名……

在六十年代,他还唱过一首叫做《他是我的一个朋友》的歌。我忘了他是在六十年代的哪一年唱的了,只知道他是在芝加哥的街上,跟一个叫做艾瓦拉·格雷的盲人歌手学来的,他只是稍稍进行了改编,加上了简单的木吉他。那是一首原名叫做《矮子乔治》流行于美国南方监狱里的歌。(这是一首有名的歌,以前曾经被传奇的老民谣歌手"铅腹"唱过,"铅腹"的另一首《昨晚你睡在哪儿》,后来曾经被"涅槃"乐队翻唱。)这首歌是为了纪念黑人乔治的,乔治仅仅因为偷了七十美元就被抓进监狱,在监狱里,他写了许多针对时弊的书信,惹恼了当局,竟被看守活活打死。鲍伯·迪伦愤怒而深情地把这首歌唱出了新的意义,他曾经一次以简单的木吉他伴奏清唱这首歌,一次用女声合唱做背景重新演绎,两次唱得都是那样情深意长感人肺腑。在解释他为什么要这样唱这首歌时,他这样说:"监狱看守实际是害怕乔治的,因为乔治太真实,他们被他凝重的感情所惊吓。"(重新听鲍伯·迪伦的这首歌,让我忍不住想起2003年的年底,在哈尔滨曾经发生的为了讨要工钱的五十八岁的农民工,钱没有讨回,被当场生生地砍断了手筋的事情。我相信如果鲍伯·迪伦知道了,会为他唱一首新歌的。)

他是以深切的同情和呼喊民主自由和平的姿态,抨击着弥漫着六十年代的种种强权、战争、种族歧视所造成的黑暗和腐朽。

在六十年代,他是一代年轻人的精神领袖,是那个逝去的年代难能可贵的理想主义的象征。

在六十年代,鲍伯·迪伦和我们一样,就像是一个"愤青"。

对于如我这样也是和鲍伯·迪伦一样在六十年代度过了整个青春期的人来说,听鲍伯·迪伦的歌没有什么隔膜,而是那样的亲切,水乳交融,肌肤相近。

六十年代,在饥饿的边缘上挣扎的世界的三分之一的人口中,也有我们的一份,而我们却在一边饥肠辘辘时一边热血沸腾地写下这样的诗篇:"要把克里姆林宫的红星重新点亮,要把世界上三分之二受苦受难的人民解放。"

六十年代,在反战的斗争中,我们也不止一次跑到天安门广场集合,伸出了愤怒的臂膀。呼喊着和鲍伯·迪伦一样的心声,只是没有如他一样唱出"上帝在我们这一边",而是高喊着"正义在我们这一边"!

六十年代,在那些如火如荼的政治年代里,我们更是无比的投入,珍宝岛战役,就在我们插队的北大荒的乌苏里江上,离我近在咫尺,我们抱着随时上战场而决一死战的豪情壮志,聆听着那枪炮声的召唤。即使离得那样遥远的布拉格,我们站在北大荒的冰天雪地里,也愤怒谴责苏联的坦克车开进了布拉格的街头,并且蹲在白桦林的树墩旁写下诗的急就章。没有舞台和广场,就跑到村里食堂里,把吃饭的桌子椅子挪到一边,腾出空地来,站在那里慷慨激昂地朗诵。而在柏林墙建立的时候,我们正在挥舞铁锹,深挖洞,广积粮,大挖现在已经用来做商场和KTV包间的地下防空洞。

六十年代,在"文化大革命"的运动中,我们更是和鲍伯·迪伦一样的鱼翔浅底鹰击长空,冲锋陷阵在第一线,一样的粪土当年万户侯,一样的自以为是,激进冒失,根本听不进父母的话,而把他们当成挡路堵道的保守派和保皇派。只不过,我们把鲍勃·迪伦唱的歌词都更为直白昂扬地挥洒在大字报上去激扬文字……

我们和鲍勃·迪伦是多么的相似。我们当然听得懂鲍勃·迪伦那时唱的"来吧,两院的议员,请注意这个警告,不要站在门口,不要堵住走道……外面有场战斗,打得异常激烈,马上震动你的窗,让你的墙壁嘎嘎直响。因为时代在变。来吧,父亲和母亲,全国的父亲和母亲,不要去批评你们不理解的事情,你们的儿子和女儿对你们的命令已经不听,你们的老路子越来越不灵……因为时代在变"。(《时代在变》)我们也就对美国联邦调查局把鲍勃·迪伦列入红色共产党的黑名单不会奇怪。

六十年代的鲍勃·迪伦和我们是同一代人,是同一类人。

六十年代的鲍勃·迪伦相信音乐的力量,以为音乐可以救赎这个世界,就像是那时的我们以为可以解放世界上三分之二受苦受难的人民。

六十年代的鲍勃·迪伦出版他的专辑时,把专辑命名为《时代在变》。他相信时代在变,相信音乐能够使得时代改变。

我们重新再听鲍勃·迪伦六十年代的歌,是在看一本发黄的黑白老相册,是在追忆似水年华,那是一代人逝去的壮丽的青春和梦想。

鲍勃·迪伦用他一如既往的沙哑的嗓音、朴素的木吉他,偶尔用他那天籁般的口琴,吟唱在我们的心中,回荡在逝去的风中。

二

九十年代的鲍伯·迪伦老了。

日子真是不扛混,岁月很快就催老了一代人。

九十年代的鲍伯·迪伦,已经不再用木吉他,而改用电吉他。其实,他早就在1965年用电吉他了,那时他遭到他的歌迷的反对和起哄,而现在人们已经早就习惯了他的电吉他。偶尔,他也会用"不插电",也还用口琴伴奏,但那只是偶尔而已,如同雨季里偶尔打把伞出门,让雨滴在雨伞上敲响清脆的回音,唤回一点往昔湿漉漉的回忆。

如同退潮一样,潮水从沙滩上一点点消失,徒留下了青春的空贝壳和人去楼空的叹息。九十年代的鲍伯·迪伦变化非常大,他不再充当社会和人民代言人的角色,他不再做正义和理想的化身,他开始重新审视自己,开始歌唱个人化的感情,他把曾经从伍迪·格思里学习并加以彻底改造成膨胀为氢气球一样扶摇直上云天的民谣,重新改造回到了地上,开始了一个新的轮回,重新柔情荡漾起来。

他开始唱爱情,不过那爱情是回忆中的爱情:"我不能等待,穿过午夜的街,周围都是人,空气在燃烧。我试图把事情想清楚,我不能再等待。我是你的男人,我试图重温过去甜蜜的爱……我想

着你和所有我们可以漫步的地方。"(《不能等待》)

他一再把那种回忆中的爱情唱得格外凄婉,他似乎是生活在梦和永远不能忘记的回忆之中:"星期天我去教堂,她正好从那里经过,我的爱需要那么久才能够消失。我在你身上找到了我的世界,但你的爱不能证明是真的,在冰冷的铁的界限里,我离城有二十英里,芝加哥的冷风把我撕裂。现实总有太多的头绪,有些事情比想象的持续得更长,而有些事情你永远不可能忘记。"(《冰冷的铁环》)

他变得多愁善感起来,他似乎将过去自己的叱咤风云遗忘了,偏偏总是记起感情的失落和回忆中柔软易碎的部分,对世界充满疑问和迷惑。他一下子脆弱起来,他拣起了芝麻丢了西瓜。他像是走到了世界末日似的,悲天悯人地唱了起来:"我顺着河流到达大海,我曾经到过这个充满谎言的底部,有时候我身上的负担似乎比我能够承受的还要多。天还没黑,但快了。我出生在这儿,还将死在这儿。我在移动,但我站在这儿没动。我身体的每一根神经那么苍白麻木。我想不起来到这儿来是想带走什么,甚至听不到祈祷者的呢喃。天还没黑,但快了……"(《天还没黑》)

既然天还没黑,为什么要这样忧心忡忡?我不知道他为什么变成了这样,和六十年代的鲍伯·迪伦判若两人。我知道他的变化并不是始于九十年代,早在七十年代和八十年代就已经有了这样变化的萌芽,他只是在九十年代长成了这样枝叶婆娑的大树,而不再愿意成为坚硬的岩石和迎风飘扬的旗。

是因为九十年代战争虽然还层出不断,但毕竟不像是六十年代那样紧张了?还是因为饥饿已经不再困扰地球了?或是意识形态的矛盾已经随着苏联和整个东欧社会主义的解体而不再那样剑拔弩张了?或是网络时代的到来让人类的感情越发虚拟化也越发物化和个人化了?这样的背景之下,需要的是迈克尔·杰克逊那样的奢靡,和麦当娜那样的性感,或席琳·迪翁那样我心依旧式的信誓旦旦爱的虚幻?已经不再需要鲍伯·迪伦的正义和激情、理想和信仰了?真的是快乐的猪已经胜过了思考的芦苇了?一代有一代的青春,一代有一代的偶像,一代有一代的歌唱。

如果从鲍伯·迪伦本身来说,他出了一次车祸,差点要了他的命;离了一次婚,又差点要了他命。会是这样的命运的跌宕变化,让他的音乐也随之颠簸起了动荡的曲线?

我不知道,我无法弄清究竟是什么原因,让九十年代的鲍伯·迪伦以这样的变化面貌出现在我们的面前。

鲍伯·迪伦在接见《滚石》杂志的记者时这样说:"当没有人把我当一回事时,正是我创作丰收的时候。你年纪大起来,将会变得更倾向家庭化……"

鲍伯·迪伦儿女情长起来了。

九十年代,他真的唱了一首这样儿女情长的歌,是一首非常好听的歌,唱给他的母亲的,名字叫做《百万英里》:

您带走了我真正怀念的一部分,

我一直问自己像这样还能维持多久。
您告诉我一个谎言,这没关系,妈妈。
我正试图离您近一点,
但我仍然离您有百万英里远。

您带走了银您带走了金,
您把我一个人留在冰冷里。
我在那些无梦的睡眠里漂流,
把所有的记忆抛进深渊,
做了那么多根本不想做的事情。
我正试图离您近一点,
但我仍然离您有百万英里远。

听这首歌,让我想起约翰·列侬那首同样唱妈妈的歌。同样对妈妈充满着一点怨恨,同样更充满着深深的爱和感人肺腑的回忆。更同样的是,他们两人竟是如出一辙从社会的批判和介入的宏大叙事中回归到母亲的身旁。也许,当他们老的时候才发现,母亲在这个变化多端而冷漠的世界上,对于他们是多么重要,因为在这个世界上,只有母亲才和他们拥有着唯一的血缘关系。

九十年代的鲍伯·迪伦,像六十年代崇拜伍迪·格思里一样开始崇拜海明威。他曾经这样说:"海明威不喜欢形容词,他不需要去形容定义要说的事情,只是直截了当地说出来。我现在还做不到这一点,但我想要达到这个目标。"这是一个新的目标,和六十年代鲍伯·迪伦的目标显然不一样,重视的是语言的表达,而不是情绪和理想的宣泄。"一个男人要走多少路,才能被称为男人;一只白鸽要飞越多少海洋,才能够在沙漠入眠;炮弹还要发多少次,才会被永远禁止……"六十年代,像在《答案在风中飘》里唱过的这样发自思想深处的天问,似乎已经飘逝在遥远的风中,新的目标像风筝一样飘曳在新的风中。应该说,这个目标在《百万英里》这首歌里达到了。鲍伯·迪伦急流勇退了,从白浪滔天的大海回旋到了母亲环绕的清澈的小溪。

其实,我们进入了九十年代,和鲍伯·迪伦一样在变化着,只是我们自己不知不觉。岁月的轨迹刻在我们身上,不会像是树木那样留下年轮一样的清晰。残酷的政治运动已经没有了,再提起来下一代人会感到陌生,如今已经被体育运动所取代,疯狂的球迷已经替代了当年对政治运动的迷恋,手机短信和"伊妹儿"更是替代了当年的日记、情书里的悄悄话和大字报墨汁淋漓的揭发。饥饿是少数人的专利,高蛋白高脂肪高胆固醇和高甘油三酯,已经让减肥成了世界性流行趋势。为了一个信仰一个理想而献身,成了愚蠢和傻帽儿的代名词,唯利是图已经不再羞怯,假冒伪劣已经畅行无阻,笑贫不笑娼已经深入人心,就是连内裤和安全套都要浮华地讲究名牌,绝对不再相信经过了岁月的磨洗蚌壳里会含有珍珠,而是早就心浮气躁地打开蚌壳,就着掺了雪碧的红酒,吃里面的蚌肉了。实用主义和犬儒主义发霉的青苔爬满我们的周围,而我们自己以为是环绕的绿围巾,我们跌入了烂泥塘却以为是舒舒服服的席梦思软床,就实在是见多不怪了。

和六十年代曾经青春年少意气风发的我们自己相比,我们已经变得面目皆非,我们的心已经如同搓脚石一样千疮百孔。我们怎么可以要求同我们一起进入九十年代的鲍伯·迪伦没有变化呢?鲍伯·迪伦是我们的一面镜子,照见了他,同时也就照见了我们自己。我们不是和他一样吗,忽然到这个时候渴望真情起来了,因为这个世界上真情已经越来越如恐龙一样的稀少,而欺骗如同鲜花盛开,姹紫嫣红地遍布世界,让我们呼吸着它的毒气而以为是享受着芬芳,所以那一份遥远的真情才被我们自己珍贵起来。我们忽然梦想退缩在自己的躯壳里和母亲的怀抱里,自欺欺人以求抵挡用我们自己的手变坏和破坏了的世界。

我们和鲍伯·迪伦一样,可以改用电吉他,用电子和多媒体乃至龟缩在网络的虚拟中,来和这个世界抗衡,却再也无法重新拾起那把木吉他了。木吉他上和我们曾经读过的红宝书一起,已经是落满了厚重的灰尘。

我们和鲍伯·迪伦一样,不再像滚石一样了,不再重返61号公路了,我们只是站在午夜的街上,看霓虹灯不眠在闪烁,看人群熙熙攘攘,却过尽千帆皆不是,迷茫一片,找不到自己的一个亲人。

鲍伯·迪伦1997年出版了他的新的专辑,取名叫做《时光不在心中》(*Time Out of Mind*)。这让我想起了他在1963年出版的那张名字叫做《时代在变》(*The Times They Are A - Changing*)

的专辑。同样是 time 一个词,他已经把它赋予不同的含义,六十年代的鲍伯·迪伦把它称为"时代",九十年代的鲍伯·迪伦把它叫做"时光"了。

九十年代的鲍伯·迪伦说:"我从来没有写过一首政治歌曲,音乐救不了世界。"

九十年代的世界,柏林墙倒下了。

三

如今每次听鲍伯·迪伦,常常不时地让我想起二十多年前的一件往事。那年春天,我在德国住了将近一个月的时间,一天闲来无事,一家中国餐馆的老板开车带我到郊外一家非常大的超市,那里的东西很便宜。那天,超市里正卖处理的各种 CD 唱盘,只有几个马克一张。真是便宜得几乎等于白给,因为在唱片店里,一张 CD 最少也卖上百马克。我忍不住便宜的诱惑,随手买了几张。那时,我还没有现在的音响,但那时我正想买一个音响,而且我想在德国待的这一个月里省下的钱,大概可以买一个不错的音响了。因此,虽然那时我对音乐特别是摇滚乐一无所知,那些英文和德文也不大认识,但就像是挑水果看模样俊俏一样,只管看着封套印得好看就买下了。像是还没有房子,就先忙着结婚了,有点超前。

没有想到,那里面竟有一张是鲍伯·迪伦的《鲍伯·迪伦的档案》(*Documents of Bob Dylan*)。一共有七首歌,其中第一首就是

《大雨将至》(A Hard Rain's A-Gonna Fall)。

绿色的底色中,年轻的鲍伯·迪伦抱着木吉他对着麦克在唱歌。它跟随我二十多年,常常在听,却是在十年前才知道他就是鲍伯·迪伦。

也许,我和鲍伯·迪伦有点缘分。

不知道是鲍伯·迪伦的时候,听这张唱盘,尤其是听《大雨将至》,也许是望文生义,总让我想起下雨的日子,你淋着雨,他走了过来,不是为了递给你一把遮雨的伞,而是和你一起淋在雨中,弹着吉他,喃喃自语,和你一样淋湿了头发和衣服,雨水打湿了他的吉他和他的歌,他就那么陪伴你唱着。

知道了就是鲍伯·迪伦以后,依然是这种感觉。总觉得鲍伯·迪伦不居高临下,而是很亲切,很平易近人,就像是蹲在地铁出站口拉着二胡的老人,或像是站在过街天桥上旁若无人唱着歌的盲人,有点衣衫褴褛的样子,有点世事沧桑的意思,有点看破春秋的眼神。也许,这种感觉有些奇怪,和鲍伯·迪伦本人完全不搭界。但那种感觉是那样的真实,那样的和鲍伯·迪伦合二为一。

有时,想起他次第出现在格莱美、金球奖和奥斯卡颁奖晚会上的样子,当听到他的名字,所有到场的观众欢腾的情景,让我感到有些奇怪,因为并不是所有的摇滚歌手都能够赢得如此值得骄傲的荣誉,他得到了。难道他不应该得到吗?约翰·列侬去世了,世界上只剩下他一人,从上个世纪六十年代,坚持唱到上一个世纪之末,又接着唱到新世纪的到来(2001年,他出版了专辑《爱与偷》),

然后，又马不停蹄地一直唱到现在（2012年，他又出版了新专辑 *Tempest*），他已经是七十一岁高龄爷爷级的歌手，全世界，绝无仅有。

本来2010年，他的全球巡演可以来中国的，可恶的演出公司的中介唯利是图的天价演出费，阻挡了他来中国，让中国的歌迷们丧失了现场聆听他的机会。只要想一想，他和摇滚一起跨越了一个世纪；想一想七十高龄的鲍伯·迪伦却依然坚持现场演唱，世界上哪一个歌手能够赶得上他？他让我相信，他的脸如核桃皮一样坚硬而皱纹纵横，里面的仁儿肯定是软的，是香的。

有的歌手只是和你萍水相逢，他的歌只是一杯酒，喝掉了也就喝掉了，消失在助兴的气氛里和你脸上暂时涌起的酡颜上。有的歌手是你走到哪儿，他都会跟你到哪儿的，他是你一生的朋友，从青春陪伴你到苍老。他的歌声就是你随时迸发的感情，说着你想说的话，走着你正在走着的路。

鲍伯·迪伦就是这样的歌手。

四

2011年4月6日，鲍伯·迪伦终于在北京演出了。因我常买一些演出的门票，手机短信的购票信息早就传来，但我没有去现场，那一天，我正在医院的病房，陪着病重的弟弟。那一刻，我的心情颓唐，真的感到自己已经老了，没有了年轻时的热情。翻看新一期的《三联生活周刊》,几乎半本杂志在介绍他,我觉得鲍伯·迪伦更多的已经成为一种时髦,连篇累牍的他,带有了丝丝商业的色彩。

这么说,也许都不对,并不是我缺少了热情,而是一脸褶子的鲍伯·迪伦已经变化了,虽然依旧那么值得尊敬,但毕竟和六十年代他刚出道时激情洋溢地唱着《答案在风中飘》和《像滚石一样》不一样了。

演唱会已经结束好多天了。听说,现场远不如想象的热烈。这是预料中的事情。很多事情,其实只存在想象中。而且,那天的演唱会,鲍伯·迪伦也没有唱那首最有名的《答案在风中飘》。无论在舞台上,还是在风中,如今都没有了答案。

五

2016年10月13日,《南方都市报》的一位记者来电话,告诉我鲍伯·迪伦获得今年的诺贝尔文学奖。这个消息让人意外,却让我很有些兴奋。诺贝尔文学奖评奖,有时候像体育比赛,都在意料之中,也没什么意思。这个奖给鲍伯·迪伦,比给美国的菲利普·罗斯,多少有些遗憾,比给日本的村上春树却要热闹而值得。

一脸褶子的鲍伯·迪伦,已经获奖无数,但诺贝尔文学奖,却是破天荒第一次给了一位摇滚歌手。起码,让我们对于文学与音乐的关系,应该有一个新的认识。没有文学的介入,好音乐难以诞生;同样,没有音乐更早对于文学的启迪,文学不会出现复调和多声部。世界上摇滚歌手多如过江之鲫,鲍伯·迪伦绝无仅有,不仅在于获奖辞说的"诗意的表达",而在于从上个世纪六十年代起他便和美国的历史融合在一起,和人民的心声合辙押韵。

这个世界上,还有一个鲍伯·迪伦,尽管他不可能再像滚石一样重返61号公路了。毕竟还有一个鲍伯·迪伦,还在向我们唱着苦苦寻找着人生和世界很多答案的歌。如今,谁还能陪一个老炮儿玩?诺贝尔文学奖想起了他,愿意和他一起玩。即使算不上一件多么有意义的事,总是一件有意思的事。

永远的草莓园

正如诗人梦想成为歌手,哪怕是著名的诗人,也只是梦想而已。比如金斯堡,正经练过一段摇滚并组织乐队公开演唱过,但到底还是没有成为一名歌手。一般的歌手要想成为一名诗人,可以说更是痴人做梦。毕竟这是两个不同的行当,因为在我看来如果说歌是地上跑的白羊的话,那么诗是天上飘的白云,能够将歌升为诗,需要的不仅是才华,还要靠神助才能长上飞翔的翅膀。

但是,约翰·列侬(John Lennon)却是摇滚歌手中百里挑一的难得的诗人。我在听列侬唱歌的时候,总觉得是在听一位诗人在吟唱。这和听别的歌手唱歌绝对不一样。

我爱听列侬的歌,不仅在于他在摇滚史上绝无仅有的地位,也不仅仅在于他那尖锐而撕心裂肺般的嗓音。我喜欢他那种对于世界的关注,不是那种社论式的大气磅礴,而是他独特的诗人式的关注,完全跳出一般流行歌手的范畴。我们的一般流行歌手有时也唱些这样宏观的歌曲,只是把它们当作公益歌曲或晚会歌曲来唱唱罢了，那种别人替他们编好的词和曲调总是那样千人一面般的相似，连他们自己都不大相信。你看得出他们的嘴巴甚至事先设计好的肢体在动，却看不出他们的心在动。列侬不是这样的，他总是能及时而准确地把握住时代的脉搏，唱出他自己的那一份感情，来对这个世界做出他自己的发言。

我很难忘记第一次听列侬唱《圣诞快乐》的情景。不是圣诞，是初春的季节，回黄转绿，风柔柔地吹，仿佛在为他的歌伴奏，是那种恰如其分的伴奏，歌声和天气一样的让我感动。同样的圣诞歌曲，列侬没有唱教堂的钟声和雪地上铃儿响叮当。那一年，是越战终于结束的时刻，他唱道："现在是圣诞了，你在今年做了一些什么？又一年过去了，新的一年要来临了。现在的圣诞，我希望你能找到快乐。我身边的亲爱的人，无论是老人还是年轻人，这是一个非常快乐的圣诞，我希望再没有任何恐惧，因为战争已经结束了……"真的，我真是非常的感动，这是一个歌手更是一个诗人的歌。听这样的歌，我想起那张有名的照片：听到二次世界大战刚刚结束的消息时，一个美国水兵在街头情不自禁地与一个女郎抱吻。我相信列侬和那个美国兵和那个女郎的心情是一样的，只是他的歌中充满激动之后更深的感情期待，才在那一年的圣诞夜唱得这样平易却深切动人。

列侬还有一首非常有名的政治歌曲叫做《想象》（这也是他一盘磁带专辑的名字），同样是他对世界的发言，但那绝对是诗的发言，虽然有些浪漫和乌托邦，但他对世界和平统一的向往，让你无法不感动,感动他的真诚的同时,感慨我们有些歌手的浅薄和贫乏。你会感到列侬一步就迈过了那种浅薄却装点得豪华如同游泳场里的蘑菇池而走向那种宽阔的水域,立刻有一种潮平两岸阔,风正一帆悬的感觉。那一连串的排比是他对你我这样普通百姓的直抒胸臆:"想象这里没有天堂,这很简单,如果你想试试的话。我们的下面也没有地狱,我们的上面是天空。想象所有的人民,只为今天的和平生活;想象没有国家,想象没有杀戮,想象没有牺牲,想象没有宗教,这一切并不难做到。想象没有占有没有贪婪没有饥饿四海之内皆兄弟……你可以说我是做梦的人,但我不是唯一的一个,我希望有一天你能加入进来,那么世界就能变成一个。"

他的另一首《工人阶级英雄》,同样对普通百姓做着关于他这样顽固的世界梦想的真诚提示和蛊惑:"在你死时,你应该知道什么是微笑。你不应该成为墙上的照片,如果你想成为英雄,那么你跟着我。"这首歌让列侬唱得极其委婉,倾诉感很强,听起来非常像俄罗斯的民歌,尤其能让我们接受,仿佛列侬在向我们掏心窝子,一下子和我们很近,活要活出个人样儿来,要有自尊,别只做墙上的照片,即使戴着大红花再怎样风光,毕竟只是墙上的照片。

很多的时候,作为歌手列侬愿意成为诗人,愿意成为人民的代言人,广播喇叭一样,大声发言,用我们现在的话说是主旋律。对于这个时代对于这个世界,他不回避主旋律;站在摇滚歌坛上,列侬愿意是一个大写的我。可以说,在这一点上,整个世界摇滚歌坛上,无人可以与他比肩。

如果仅仅这样,列侬只是马雅可夫斯基似的诗人。可贵的是,列侬在很多的时候毫不隐讳地将自己个人的生活融入他的歌里。这使得他不仅有能力把握宏观叙事,而且得心应手地用歌声抒发自己的微观生活。这使得他伸手可摘天上星辰、俯首可触海底珊瑚,成为横跨阴阳两界的人物,处处都能让他点化为诗行。他便和那些一般只会吟唱男欢女爱的流行歌手,拉开了无法逾越的距离。

列侬唱自己的生活,同猫王普莱斯利不同,猫王只是唱自己的爱情。可以说,在摇滚史上,是列侬第一次将个人生活中的亲情和友情,那样真挚动人又别致亲切地融化在他的歌词和旋律里。无疑,最有名的是那首《妈妈》。那确实是一首无比动听的歌,前奏中钟声的频频响起,他歌声中每一句尾音如丝似缕的颤抖,让人心碎。在破碎的家庭中,列侬从小是由姨妈抚养长大,十八岁时妈妈在车祸中丧生,他对母亲的感情是非常复杂的,他对亲情的体味才会比我们一般人深刻。在这首歌中,他将他这种复杂而一往情深的感情唱得肝胆俱裂:

妈妈,你从来拥有我,
我却从来没有拥有你。
我需要你,你却不需要我,
所以我只能和你说再见。

爸爸,你离开了我,

我却从来没有离开过你。
我需要你,你却不需要我,
所以我只能和你说再见。

孩子们,
不要做我所做过的事,
我不会走,但却也想跑,
所以我只能和你说再见。

然后,他反复唱着:"妈妈没有离开,爸爸回家了……"每一次的反复,都有一种让人要哭的感觉,仿佛妈妈和爸爸就站在家的门外,一开门就能见到并能让我们扑入他们的怀中。没有一个人能唱出这样对妈妈的深厚而复杂的感情。

最好的歌手无疑应该是这样的,他和时代不脱节,他又能袒露自己的心扉。他是妈妈的孩子,又同时是时代之子。

列侬的无可替代,在我看来除了是他的音乐天赋,更得益于他这种得天独厚的诗人气质。正如有人写了一辈子的诗,只是将散文分行罢了;有人唱了一辈子的歌,还是一嘴大碴子味,不会有一点诗味。

列侬在一首歌中唱过这样的话:"出生时是渺小的,当你感到疼痛的时候,你长大了。"我以为这是理解列侬走近列侬的一道门槛。问题是我们不少歌手学会的只是摇滚的形式,并没有迈进这道门槛。原因很简单，他娇生惯养长大，从来没有感到过疼。

2006年3月初春，我从芝加哥乘飞机，不到两个小时，就到了纽约，比北京到广州的距离还近。下了飞机，先奔向中央公园，为的是寻找那里的草莓园。

约翰·列侬死后，他的妻子小野洋子请求纽约市政府能够在这里设立草莓园。列侬死前住的72街达克塔公寓，就在中央公园旁边，推开窗户，小野洋子希望就能够看到这片草莓园，列侬便也就一样能够看见了。

纽约市政府同意了她的请求，出资一百万美元修建了这座草莓园。远远地看，像一滴垂落在那里的泪珠。

每年列侬的祭辰，无数的歌迷们都会到这里来，点燃蜡烛，弹着吉他，唱着他的歌，怀念他。草莓园声名在全世界大振。三个多月前，是列侬逝世二十五周年的日子，这里从早到晚围满了人，夜晚的蜡烛让星星都黯然失色。可惜没能看到那样的壮观。

这么多年过去了，列侬的歌，还是那样的常听常新。

草莓园很好找，不仅因为有很醒目的路标，还因为所有的外国或者外地的游客到中央公园来，大多都是来看草莓园的，只要顺着人流走就可以了，那里仿佛有塞壬用歌声在诱惑着人们的脚步。

我找到那里，那里已经围着好多的人，不同的肤色，不同的年龄，都在向一位歌手致敬。草莓园，其实就是一个直径有三米多的圆圈，彩砖铺地，一条条放射线铺展开来，很有些动感。很多人围绕着圆圈,像是围绕着正在唱歌的列侬,轻声说着来自世界各地的语言,表达着对他的情感。这一天,多了我的一种中国语言。圆圈的四周放着许多鲜花,圆心中写着 IMAGINE,这就是约翰·列侬那首著名《想象》的名字。

禁不住又想起列侬的这首歌,心里充满着感慨。"想象所有的人民,只为今天的和平生活;想象没有国家,想象没有杀戮,想象没有牺牲……"

如今谁来为我们重唱这样动人的歌?

草莓园紧挨着公园出口,从这里抬头向公园出口望去,就可以望到达克塔公寓的高楼,正对着公园的那扇窗口,列侬曾经常常站在那里眺望,可惜现在他再也无法站到窗前望一眼这里的草莓园了。

草莓园,曾经是列侬家乡利物浦的一个童年之地,有他的儿时难忘的记忆,那一年,姨妈带着他到那里看演出,是他看到的第一次演唱会。正是那块草莓园让他迷上了音乐,成立了第一支乐队。1967 年,他唱了一首自己创作的《永恒的草莓园》。

如今,草莓园,真的成为一种永恒。

地上掉着一块旧丝绒

据说,他们这支乐队最初组建的时候,偶然发现地下室的地上掉着一块旧丝绒,随手就给自己的乐队起了这个名字。没想到这个名字日后一下子成为经典。

当然,这只是传说而已,明显带有演绎的色彩。不过,"地下丝绒",这个名字确实很好听,很容易引起人们的想象和联想,而且是歧义的想象和联想。有人说是唯美,有人说是性感……不管怎么说,和乐队风马牛不相及。

"地下丝绒"乐队,应该感谢安迪·沃霍尔(Andy Warhol)。这位上世纪中叶影响了一代人的波普艺术大师,既是一位画家,又是一位电影导演,多才多艺。他所发明的丝网印刷术,将照相的照片印在画布上,出现极其意外的效果。在上个世纪的六十年代,沃霍尔创作了一系列的水果、可乐瓶,以及玛丽莲·梦露、伊丽莎白·泰勒等明星的图像作品。这是一种新型的美术创作,它们以十分浓艳夸张的色彩,对当时乏味平庸的文化进行了波普式的批评,这叫做以子之矛攻子之盾。这些作品因为别具一格而又符合世俗的心态,在当时非常流行。沃霍尔主张流行,他有句名言:"每个人都有机会流行十五分钟。"这句话,和我们中国"各领风骚两三年",有着异曲同工之妙,表达了他对流行文化的态度和他对流行文化与群众关系的认识。(沃霍尔的名气和地位当时和以后都非常显赫,他死后,1994 年以他的名字命名的沃霍尔博物馆,在他的家乡匹兹堡开放。)

1966 年,后来成为"地下丝绒"的两位主将鲁·里德(Lou Reed)和约翰·凯尔(John Cale),在纽约的 Bizarre 咖啡馆里和这位大师意外相遇。

当时,鲁·里德是一位古钢琴家,约翰·凯尔是一位小提琴手兼古典理论的作曲家,他是获得了当时有名的伯恩斯坦奖学金,从英国威尔士专门来到美国学古典音乐作曲的。也就是说,他们两人起初都是古典音乐的追随者,如果不是和沃霍尔相遇,他们大概很难走进流行音乐的领域。当然,从另一个侧面来说,也说明流行和古典并不是那样水火不容般对峙,摇滚乐起步时文化的含量不低,做摇滚的是一批有音乐素养和思想力量的人,并不是只是有个哑嗓会弹个吉他知道个三和弦就可以做摇滚,更不是后来只是靠粗话和吸毒来诠释摇滚。

鲁·里德和约翰·凯尔那时因音乐而结识有两年时间,那时他们二十来岁正年轻,两人常常到咖啡馆演唱,一来排遣心绪,二来挣点零花钱。偏偏,他们被沃霍尔碰见了。沃霍尔的眼毒,非常欣赏他两人的才华，立刻推荐他们参加了纽约这一年的一场大型演出，把他们从地下引到地上，推到广阔的舞台，并对他们正儿八经地上一堂关于流行与古典的认识教育课。沃霍尔告诉他们，艺术不应该以曲高和寡为幌子脱离大众，古典不应该以贵族自居而鄙夷流行，商业化也不是十恶不赦的恶魔。相反，通过商业化的途径，可以使更多的人欣赏到艺术的美妙，这样做不会贬低你们心中艺术的神圣价值。

老谋深算的沃霍尔的这一堂课没白上，他影响了他们两人，尤其是鲁·里德。因为以后"地下丝绒"的主要音乐包括作曲作词，都是出自鲁·里德之手。如果说是沃霍尔的春风化雨使得"地下丝绒"破土而生，并不为过。事实上，也是沃霍尔的鼎力支持，自己出任"地下丝绒"第一张唱片的制作人，力荐当时女性偶像歌星来自德国的尼可（Nico），加盟地下丝绒当主唱，把这第一张唱片的名字就叫做《地下丝绒和尼可》，并且把自己的那张流行很广的丝网照片香蕉印在唱片的封套上，黄黄的，很醒目。

沃霍尔一手炮制的"地下丝绒"，就这样出笼了。

沃霍尔预言："地下丝绒"将会比披头士更有成就。

不过，当时人们没有理会沃霍尔的话。因为，他们用的乐器也好、录音的设备也好，实在是太简陋了，太廉价了，而他们所做的音乐也实在太简单了，不过就是 4/4 的拍子，几个小小的和弦，就算完事，连梳妆打扮都不再仔细了，一支曲子就敢往外招呼了。同时，他们的歌词也太大白话了，现实生活的照搬而已。总之，除了沃霍尔看好"地下丝绒",似乎没有什么人正眼瞅瞅"地下丝绒"。人们只是把丝绒当成了一块抹布。

说到底,是"地下丝绒"出生太早,是个生不逢时又其貌不扬的早产儿。

"地下丝绒"被世人所重视,起码是在二十年之后的事情了。时间证明了沃霍尔的预见,证明了"地下丝绒"的价值。因为在二十年中,美国的摇滚几乎没有不跟随"地下丝绒"的脚印留下来,那印在摇滚歌坛上大脚的深深印痕是那样的相似。人们才恍然大悟般意识到在朋克远未出现的二十年前,"地下丝绒"就如此前瞻性地天才般具有了朋克的特点。他们对后工业时代的冷漠和无序无力感的痛苦的发问,对社会现实泛滥的种种如吸毒、性泛滥、享乐主义、犬儒主义等进行的无情的批判,即使到现在依然充满活力。

人们对摇滚乐才有了一个新的认识,哦,原来摇滚并不只是单纯的另类音乐,摇滚原来是充满着批判、内省和呼吁的音乐。只不过,它的形式发生了革命性的变化,它少了古典音乐的和谐与优美,却多了古典音乐中不可能有的近距离的现实感,这种现实感也许很嘈杂,很冷峻,但很真实。如果说古典音乐可以滋润、陶冶人的心灵,摇滚乐则是人心的一面残酷却真实的凹凸镜。如果说古典音乐是将来自天国的晶莹的圣水接到我们的心灵里面,让我们的心灵得以净化,摇滚则是把我们心中郁积的污水倾泻出来,让我们的心别被沤烂。如果说古典音乐将人类世界美好的一面展示给我们看,摇滚乐则是把那阴暗丑陋的一面揭示给我们看,让我们更为立体而真实,别光记着往一面抹润肤霜,而忽略了还要往另一面抹开塞露。进入了现代,音乐就是这样一分为二,互补着我们的生活。

鲁·里德说:"生活被摇滚所拯救。"

这话说得似乎有点儿大。但是现在谁也不会否定摇滚以及"地下丝绒"乐队的价值和作用了。

现在,人们说,当初听"地下丝绒"的人很少,但当初听过"地下丝绒"的人,后来都拿起了吉他去成功地做了摇滚。

当然,同前面说的那块掉在地下室地上的丝绒一样,这也只是一个传说而已。

几十年之后,我找到了这张封套上印着安迪·沃霍尔那支黑了皮却依然鲜艳的香蕉图片的《地下丝绒和尼可》的唱片,有一种恍如隔世之感,时光流逝着不仅一个传说,更流逝着渐渐被人们遗忘的真理。几十年前他们所批判的诸如吸毒、性泛滥、享乐主义、犬儒主义……不是轮回般地又出现在我们的社会里,就在我们的身边不远而一点也不过时吗?

只是在这几十年之中,尼可和吉他手莫里森先后去世,"地下丝绒"已经只会如标本一样存在于这张唱片里了。

我听这张唱片,忽然涌出一种奇异的想法。这张唱片诞生的1966年,正是我们的"文化大革命"爆发的那一年。同样作为年轻人,我们和他们在干着两种不同的事情。当初,我们和他们肯定都认为那是有意义的事情。那么多年那么容易就过去了,我们的有意义变成了没意义,而他们的有意义成为永恒的意义。一代人的青春之河,就这样沿着不同的两个方向流逝而去。

现在再来听"地下丝绒",会觉得他们雪藏了那么多年似的,新鲜的味道依然清凉如昨。无论他们的音乐哪怕是加入了噪音的先锋性的实验,还是歌词中对现实生活的锋芒毕露的批判,都让我觉得他们先知般在历史的那一端朝着我们讪笑。我不得不回过头看沃霍尔曾经说过的那句话而重新认识这句话的意义:"地下丝绒"将会比披头士更有成就。"地下丝绒",过去和现在都没有披头士出版过那样多的唱片,拥有过那样多的听众,但"地下丝绒"在我看来却是摇滚的教父,虽然当初谁也不认他们。他们却实在是一部摇滚的启示录,抒写着一代人直指混沌末世和世相人心的现代警世恒言。

老艺摇批判

我一直以为上个世纪七十年代是摇滚最辉煌的时期。如果说五十年代和六十年代因有埃尔维斯·普莱斯利和披头士的出现,使得摇滚成为刚刚萌发的童年;七十年代便是它紧跟披头士后面的大队人马纷至沓来而涌现出的蓬勃发展的青春期,一夜恨不高千尺地飞速长大。

摇滚传入我国已经是八十年代的事情,我们错过了那个辉煌的时期,我们也缺少摇滚生长的文化背景,因为我们在六十年代和七十年代投身的所谓"文化大革命",企图颠覆一个旧世界的时候,遍地唱响唱红的是不古不洋的样板戏,和摇滚所呼喊的颠覆性的革命以及同样遍地唱响唱红的披头士,无论是皮是瓤实在都是南辕而北辙,音乐真是一段历史有声音的注脚。如今,我们只能找到那时的唱盘或磁带来听来想象七十年代的摇滚风起云涌的样子了。但由于事过境迁很可能只能是雾里看花,也可能是因距离和想象产生异样的感觉或错觉。

七十年代,是摇滚各种流派纷呈的时代,城头频换大王旗,多得如过江之鲫的各种摇滚乐队,不甘落后地纷纷亮出自己标新立异甚至是光怪陆离的招牌,现在看来也许很滑稽,比如"董事长"乐队、"乱蹦乱跳"乐队、"四月葡萄酒"乐队、"五层楼梯"乐队、"看玻璃"乐队、"蓝牡蛎崇拜"乐队……五花八门,此起彼伏,不一而足。我猜想那情景一定该如我们"文化大革命"中成立的多如牛毛的战斗队一样热闹。我们的"大喊大叫"战斗队、"红八月"战斗队、"忠于红太阳"战斗队和"乱蹦乱跳"、"四月葡萄酒"、"蓝牡蛎崇拜"有着异曲同工之妙,简直像是对仗的上下联。最近读了加拿大人菲尔·德里奥和斯考特·伍兹写的一本专门谈七十年代欧美摇滚的书《激情岁月》,里面光是涉及的乐队和歌手的名字就不下上千个,螃蟹的脚牵着脚一样,拉出一长串,能够又带出另一长串,真是乱花渐欲迷人眼。

艺术摇滚(Art Rock)就是其中最具有代表性的一种流派。在七十年代尤其是七十年代中期,艺术摇滚在整个欧洲的流行超出我们的想象。据说,那时所有的电台主要播放的都是艺术摇滚,多像是我们"文化大革命"中所有的电台里到处响叫的样板戏。当然,它们的本质是不一样的,但从某种程度上它们对世界的颠覆和同构的作用是一样的。它们都如同一把巨大无比的刷子,一夜之间就能够把所有的墙和所有人的脸都刷成了一种颜色。

如今,听艺术摇滚的被认为是老土了,艺术摇滚如出土文物一样被称为"老艺摇",早已经是隔夜的凉菜了,昔日的辉煌斑驳脱落,有点儿人老珠黄的感觉。在前面我提到的那本《激情岁月》里,两个加拿大人专门拿出一章的篇幅谈艺术摇滚,对它的历史赞赏有加,但也只得不无伤感地说:"在超过二十年的时间里,艺术摇滚经受了评论界的奚落和公众的嘲笑而撑过来了。"

不过,我是爱听老艺摇的,心里便总是为它如此的遭遇愤愤不平。怎么有点像是对待退位的老干部的味道呢?昔日的辉煌毕竟留下了勋章和伤疤,怎么人一走茶就凉了呢?我不大懂摇滚其中的深奥秘密,只是极其浅显而直觉地觉得它挺好听的,从"平克·弗洛伊德"(Pink Floyd)到"是"(Yes)到"橙色梦幻"(Tangerine Dream),哪个不好听呢?它们确实好听,即使二十多年过去了,它们依然好听,依然像是新摘下的草莓一样明亮清新,时间没有在它们的身上落下一点灰尘。

难道不是吗?老艺摇在七十年代初期诞生和七十年代中期鼎盛的时候,难道不是如新鲜的草莓一样明亮清新而被不少人摘下来口味不错地吃过吗?难道不是也充满着革命的朝气,不满足于摇滚歌坛上充斥着简单地对披头士的模仿、小调式单薄的吟唱和吉他架子鼓贝斯老三样单调的伴奏吗?没错,那时艺术摇滚的异峰突起,曾经是被称为激进摇滚,它的革命性和先锋性是不容置疑的。有时候,历史很容易被淡忘,见异思迁的人们最容易忘恩负义。

现在,回过头再来看看艺术摇滚生机勃勃的发端,会发现它是以保守的姿态以守为攻,大踏步地后退,是为了大举向现实进攻。

在我看来，它对于摇滚的贡献起码有这样两点：一是它运用了合成器，将摇滚音乐原来只是木吉他等原声乐器，发展到了电子乐器的一种新天地，扩大、丰富了摇滚乐声源。这本身就具有实验的先锋性的意义，一下子将这种1968年才开始发明为时不久尚未被更多人认识的电子键盘乐器的能量，挥发得淋漓尽致，合成器可以任人摆布，上天入地，呼风唤雨，模拟一切，无所不能。合成器是成全它的主要武器，合成器是它心目中了不起的英雄。（后来"橙色梦幻"出版自己的《半人马座阿尔法星》专辑时特意在封底上标明"录制此张大碟时没有使用任何原声乐器"。就如同今天在食品的包装上印着"不添加任何添加剂"似的，以此突出它合成器英雄纯洁和重要的位置。）因此，它增加了摇滚新的音乐织体，使得摇滚有了多种发展的可能性。

二是它有意识地移植了古典音乐的元素，打破了流行与古典壁垒森严的隔膜，使得摇滚更具有开放性和包容性，不仅可以从爵士、民谣吸收营养，也可以将古典为我所用。它使得摇滚进入了一个新的可塑性的领域，如同逐渐吸收了来自不同方向不同水质的水珠而将自己成为一块丰富而湿润的海绵。那一段时间里，不少艺术摇滚乐队喜欢制作概念专辑，讲究叙述完整的史诗性的故事，无形中加重了摇滚的分量和容量。很像是如今我们的作家愿意把短篇小说制作成长篇小说，我们可以说这长篇小说是人为拉长的，并不怎么样，但毕竟扩大了它的疆域，改变了它原来的窄小零碎的格局。

都说艺术摇滚的发端,是从"披头士"1967年的《佩帕军士孤寂之心俱乐部》,和"弗兰克·扎帕和发明之母"乐队(Frank Zappa & the Mothers of invention)1966年的《药瘾症状》开始的。我想之所以这样说,大概是说这两张唱片是摇滚史上最早的概念专辑,同时也是说艺术摇滚最早产生的那种英国迷幻音乐的背景的重要性。但我更想说的是这两张专辑出版的时候,Robert Moog 发明的合成器还没有出现,是合成器把艺术摇滚集合在其麾下而渐渐地壮大起来的。合成器的出现,对于艺术摇滚的出现起了卤水点豆腐一样重要的作用。没有合成器,便不会将那种迷幻发挥得魔鬼般的如醉如仙,更不会出现艺术摇滚以后的模拟世界乃至交响效果。因此,我更愿意说是"平克·弗洛伊德"乐队,首先完美地创造了艺术摇滚这一崭新的形式,他们在1973年出版的《干涉》和《月球的阴暗面》,那里面模拟咚咚的心跳、收款机收款的声音、直升机起飞的轰鸣、鬣狗刺耳的叫声……还有那里面乐队全体人员站在大峡谷中呼唤的回声……听了让人身临其境,气势磅礴,别有一番感触,是"披头士"和"弗兰克·扎帕和发明之母"所没有的。

不过,说起摇滚音乐,英国的确是一个了不起的地方,其他任何的地方都无法与之比拟。"披头士"和"弗兰克·扎帕和发明之母",对于艺术摇滚是起了启蒙作用的。此外,只要看看在那个时候,不要说其他风格的摇滚,仅仅是艺术摇滚,在英国就涌现出多少支乐队,多如星斗,而且一颗比一颗光芒灿烂。就如同在英国出现那样多的诗人拜伦、济慈、雪莱、彭斯、叶芝、休斯、布莱克和华兹华斯一样，星光璀璨直晃我们的眼睛一样。英国确实是一个布满艺术富有而多产土地的地方，不出现那么多的艺术摇滚倒是奇怪的事情了。看看那些诸如"软机器"（Soft Machine）、"杰索娄·图尔"（Jethro Tull）、"精妙"（The Nice）、"忧郁的布鲁斯"（The Moody Blues）、"Yes"、"ELP"乐队，或者艺术生命如"平克·弗洛伊德"一样久长的"创世纪"（Genesis）乐队，真是数不胜数，在英伦三岛上此起彼伏地荡漾着回响着。居然有那样多的乐队崇尚艺术摇滚，难道不说明在那个时候艺术摇滚确实正经风光一时吗？

  对于我来说，简单得很，它确实好听。当然，好听不是衡量音乐尤其是摇滚音乐的唯一标准，吸引我兴趣的更是它对于古典和流行的态度，那么多的乐队千方百计想将古典和流行捏合在一起，用他们的努力证明古典和摇滚并不是水火不容的天生敌人，为什么它们两者就不能有远距离交配的迷离的鱼水之欢？为什么它们两者就不能交叉火力一样迸发出更猛烈的火花纷飞？我特别赞赏他们不惜走向极端，不仅借鉴了古典交响的元素，甚至把古典音乐的活化石——交响乐团请过来，和他们一起重新演绎古典和摇滚，让来自不同方向和水域的水流淌到一起，碰撞出飞珠跳玉一般的水花。不要说"克里姆森国王"（King Crimson）乐队那种对古典主义绝对的服从，或者说被称为老艺摇里最出色的"电光管弦乐队"（ELO）所推崇的那种密不透风的交响乐的织体。还有的乐队甚至大段大段演奏纯钢琴独奏，把吉他冷落在一旁。他们对于古典和流行融合的这些执着乃至偏颇的实验和实践，让我叹服他们的勇气。

仅仅从最早的"忧郁的布鲁斯"乐队来看起，他们与伦敦节日交响乐团合作演奏《未来时光已逝》，到后来的"Yes"乐队在其经纪人布莱恩·莱恩的大力推动下走得更远，采用了巴洛克时代唱诗班的法子复古式演唱（他们都是受过英国皇家音乐学院正统古典训练的），还不解气，索性直接拿来勃拉姆斯的《第四交响乐》中的一段痛快淋漓地演奏一番，让古典和流行联欢；而"精妙"乐队则热衷于另一位古典音乐大师德沃夏克，在他们的《德沃夏克的理念》专辑里，又不失时机地加上了一段巴赫的《勃兰登堡协奏曲》，让巴赫和德沃夏克一起搅和搅和。到了"ELP"和"橙红色的梦"（"橙红色的梦"是德国乐队）那里，他们不约而同都对穆索尔斯基的《展览会上的图画》感上了兴趣（奇怪得很，许多摇滚乐队都对穆索尔斯基感兴趣，他们感兴趣的古典音乐家还有拉赫玛尼诺夫和科普兰。也许，他们不安分的音乐里和摇滚暗暗合拍，也说明古典音乐和摇滚不是非得有一条不可逾越的冥河）。"橙红色的梦"在他们专辑里，第一支曲子就用电子乐将《展览会上的图画》的序曲兴致勃勃自娱自乐地作为自己的开场白；"ELP"则干脆把《展览会上的图画》用摇滚的方式从头到尾不厌其烦完整地演奏了一遍，不知是让穆索尔斯基兴奋呢还是不解还是气愤？用现在北京音乐电台上的一个栏目的名称，叫做"让古典也流行"吧。

也许，任何事物的发展都有一个度，老艺摇有点儿像是车子飞奔在下坡的山道上，越开越快，越是刹不住闸，甚至踩坏了车闸，又没有装安全气囊,危险的到来是可想而知的了。他们如此大踏步地倒退,从古典直接寻求援兵救赎的姿态,可能早就让一批年轻人不满,以为那不过是戴上了假头套峨冠博带起来自以为是,又拉灭了现代的电灯和霓虹灯故意点上了尘埋网封的烛台去蒙事行,这是摇滚该干的事情吗?他们在悄悄地酝酿着对他们的颠覆,这是肯定的了。艺术摇滚大概在这时候就已经开始老了而自己浑然不知。

美国著名的乐评人莱斯特·邦说:"摇滚乐是终极的民粹主义的艺术形式,是落在实处的民主。摇滚乐又可以说并非是一种艺术形式,而是从灵魂最深处发出的朴素的呼喊。"而这一切,确实是老艺摇背离的。当然,得有人站出来不耐烦地发出朴素的呼喊了,冲着他们呼喊着赶他们下台。

第一个向老艺摇发出这样呼喊的是"性手枪"乐队(The Sex Pistols)。这便是摇滚史上新的篇章揭开了,朋克时代到来了,朋克时代取代了老艺摇时代。老艺摇您再有怎样的辉煌的历史资历和权势乃至好不容易垒建起曾被多少人朝拜过的骄傲的码头,也不行了。再怎样不心甘情愿,您也得打辞呈报告,要乖乖地下台了。

1977年,"性手枪"登上了舞台,用当年艺术摇滚初次登台时同样的原始爆发力呼喊着,在他们的背心上赫然醒目地写着:"我恨平克·弗洛伊德!"

他们的这一举动,让我想起在上一世纪的六十年代,披头士登上舞台疯狂演出的时候,有人打出的横幅醒目地写着:"猫王已死,披头士万岁!"历史真是有着惊人的相似,以一代人无情的死去一代人无可奈何的老去和一代人的蓬勃新生,呼喊着如狂风掠过,突然而残酷地掀开了新的一页。

1977年,猫王埃尔维斯·普莱斯利真的死去的时候,"性手枪"的主唱约翰尼·罗顿(Johnny Rotten)说:"好了,终于摆脱那个臭垃圾了!"这位专门受过古典音乐训练的长笛手,不仅把猫王当成臭垃圾,更是把"平克·弗洛伊德"和所有老艺摇也当成臭垃圾,他和他的同伴鄙夷并抛弃了自己曾经学过的娴熟的古典音乐,而是用朋克最不讲究技巧的简单的三和弦,取代了当年艺术摇滚强调的演奏技巧和合成器效果。他们用最粗鲁甚至淫秽的歌词,代替了艺术摇滚当年从巴赫亨德尔从艾略特布莱克借来的高雅与古典。他们以更加极端的方式,认为艺术摇滚是在用所谓高雅古典掩盖并回避着当时社会的萧瑟和糜烂,不过是隔江犹唱后庭花。而他们自己哪怕是赤身裸体从污腥的烂泥塘里走出来,也不愿意故作姿态从洒满香水铺着绣花缎被的席梦思软床上,披着睡衣袅袅婷婷地跳下来。

如果从理论上来讲,我当然理解老艺摇寿终正寝而朋克兴起的历史原因。但我的心里还是喜欢老艺摇的。也许,我真的老了,像老艺摇一样的老了。我当然知道摇滚天生是保守的敌人,摇滚从本质上也不为了怀旧,它更注重对现在进行时态的现实的批判和介入,"性手枪"出现的朋克运动,是对老艺摇的批判的前进和革命的必要和充满活力的象征。不过,我怎么也难以从心里服气,后者让我总是隐隐地在意。对于老艺摇来说,朋克音乐也实在太简单太粗糙了吧?在那个朋克兴起的时代当时就有人说:"你只要选好一个和弦,拨弦,就搞出音乐来了。"不是我理解错了,就是他说错了,这样的感觉怎么都让我觉得有点像是我们的小靳庄的诗歌,是个人只要弄出个四六句再会押韵,就可以成为诗人了一样,是个乐队就可以搞成朋克了。要不就是他对朋克的意义缺乏足够的理解,要不就是我对老艺摇依恋过重。对于我来说,我顽固地认为,为了脱离在五十年代和六十年代摇滚那个少年时期而走得更远,艺术摇滚大踏步地后退,以电子音乐为器,把摇滚和古典主义焊接成的一把双刃剑,而挥舞得矫枉过正,但不管怎么说都是有创造力的表现。是他们将那些仅仅是街头杂耍和酒吧里简单吟唱的摇滚变得丰富而开阔起来。可以说,正是有了他们这样一段青春期的成长,摇滚才渐渐地成熟了起来。

我也知道七十年代是一个摇滚蓬勃发展的辉煌年代,也是一个鱼龙混杂的年代,不少追寻古典的乐队不过是为了附庸风雅,所以才繁花容易纷纷落。以后重金属乐队中的"蝎子"(Scorpions)与柏林爱乐乐队合作、"金属"(Metallica)与伦敦交响乐团合作,更是一种商业行为,就像前几年将普契尼的《图兰朵》放在太庙里演出一样,图个新奇和热闹。在任何艺术之中,都不乏机会主义者。但不管怎么说,当年老艺摇把古典和摇滚结合起来,还是有勇气的,是富于创造力的。他们借古典的天河之水,以大江东去浪淘尽千古风流人物的水势,将摇滚那一段水域开阔也回环起来。

无论怎么说,我还是爱听"平克·弗洛伊德",甚过听"性手枪"。

即使将近三十年的时间过去到了新的世纪,"平克·弗洛伊德"活力不减当年还在不断出唱片。他们的专辑《墙》不仅成为了七十年代结束的象征,也随着他们的柏林墙慈善演唱会,成为告别上一个世纪的象征。进入新的世纪,2001年,他们还出了两张《世纪回响》的专辑。

"平克·弗洛伊德"是不朽的。老艺摇也是不朽的。

门旁凋谢的恶之花
——关于莫里森的笔记

一

那天的傍晚,朋友敲我家门时,我正在听"大门"乐队(The Doors)莫里森(Jim Morrison)的歌。音响里的莫里森把我家唱得震天的响。朋友进门就问谁的歌这么好听?我告诉他们是"大门"的莫里森的歌。他们感慨道:"三十年前的歌,一点也不显得旧,还是这样有现代感,还是这样好听!"

没错,时隔三十多年,再来听"大门",听莫里森,一点不显得陈旧,料峭的风依然清新扑面,尖利而阴冷。好像时间停滞了,依然能够感受得到西海岸热辣辣的阳光和阳光一样热辣辣的情绪,海浪粗犷的呼吸一样节奏强烈地在汹涌澎湃。

也许,和我听的唱片有关,不是"大门"早期的歌,是莫里森最后的一盘作品《洛杉矶的女人》,已经不再是那样无节制的疯狂,布鲁斯的味道很浓,音乐的旋律性加强,曼扎莱克的键盘敲打得有些古典的味道,嗓音变得有些粗粝的莫里森唱得很好听,衬托着清风朗月,有几分灯红酒绿的意思,甚至很有点时尚消闲的意思,很对我们中国人的口味。

其实,我们现在已经很难听出莫里森当年真正的味道了,虽然,唱片依然是当年1971年的出品,高保真的声音也清晰如昨,并没有长出发霉的青苔。但是,正是在这一年,1971年,莫里森在巴黎去世。他才二十七岁,生命凋谢得早了些。

我们确实已经很难听出莫里森当年的真正味道了。1965年,他和曼扎莱克、伯比、约翰三个朋友在洛杉矶成立"大门"这个乐队时,我们正迫不及待跌倒在一场疯狂的大革命边缘;1967年,他们出版第一张唱片《大门》的时候,我们正在忙不迭地披挂上阵搞那场轰轰烈烈的"文化大革命"。上一个世纪的六十年代,对于我们和他们这样同为一代人,所呈现出来的竟然是如此两种完全不同色彩和内容的画面。如果我们非要寻找其中的契合点,在于面对的都是世界的动荡和荒诞,区别只是我们以自己的行动制造着动荡和荒诞,而他们是用自己的歌来反抗着动荡和荒诞。

上一个世纪的六十年代,对于这个世界确实是一个动荡和荒诞甚至血腥的年代。我们对于我们的六十年代也许记忆犹新,对于美国人的六十年代也许并不那么清晰,隔岸观火的我们那时正要拯救他们于水深火热之中。我们并不真的了解六十年代越战、麦卡锡主义、暗杀、游行、经济大萧条所给社会和人心带来的动荡不安,我们便并不真的理解为什么会在那个年代涌现颓废派的文学和与它一脉相传的摇滚,我们也就很难真的明白出身将门之后"富二代"的莫里森,为什么放着好好的日子不过,偏偏对他那位海军上将的父亲那样恨之入骨,弑父情结不仅宣泄在他的第一首成名歌《结束》中,而且要在他即将告别歌坛甚至世界的时候也要吼起喉咙再唱一曲,反叛得那样彻头彻尾、直言不讳:"我们正在被平静的海军上将引向屠杀,那些肥胖的、迟钝的将军们,用年轻的鲜血保持淫荡。"(《美国祈祷者》)而在那个我们和他们共同拥有的六十年代里,我们正在高呼着那副赫赫有名的血统论的对联:老子英雄儿好汉,老子反动儿混蛋。而且,特别愿意用父辈的顶戴花翎装点自己的帽徽,以为唯有自己身上流淌的光荣前辈的高贵的血液鲜红永远O型不变。

六十年代!只要一提起那个六十年代,我们该涌起多少感慨。或许,我们永远听不懂莫里森在那个年代所唱的歌。我们会对他身穿紧身皮衣的形象感到陌生(其实那是他们那个年代的时髦装束,就好像我们那个年代腰扎武装带的绿军装),会对他吸毒、酗酒、廉价的政治波普、一次次和女歌迷的性丑闻、一场场越演越烈的性感表演、整场演出竟将自己的阳具暴露在外,乃至最后导致他死后官司也未了结的迈阿密裸体演出事件……我们无法想象和理解。但只要我们想一想那个我们曾经共同拥有过的六十年代,我们就多少能够明白一点,其实我们和莫里森殊路同归,是那样的相似,我们一样尽情地毫无节制地一点不懂得珍惜地挥洒着我们最可宝贵的青春。所不同的是,我们把所有作为精神寄托的供品,撒在了所谓的"革命"的祭坛上,而莫里森把自己的寄托化为了他疯狂的摇滚。

再一点不同的是,莫里森用他的摇滚唱出了那个时代但丁式地狱的黑暗和阴森,我们则把那个时代天真地唱成天堂般的狂欢。

在看奥利弗·斯通导演的电影《大门》里,看到瓦尔·基尔默扮演的莫里森时,这种感觉就越发强烈,不过是表现的形式不一样罢了,那种放浪形骸,大把大把青春疯狂地挥洒,乃至于生命不顾的蹉跎和荒废,只有在事过境迁之后才能够看得清楚和明白一些,却是此情可待成追忆,只是当时已惘然。

当然,诗、性和大麻,都成为莫里森摇滚中成功的元素,也成为莫里森摇滚中不可避免的杂音。莫里森一副青春漂亮的面容,连同他的摇滚成全了他,最后也无情地毁灭了他。

不过,说起毁灭,我们这一代不也一样有自己毁灭着自己青春的一回吗?我们没有大麻,却有和大麻一样的解放世界三分之二受苦受难人民的疯狂和膨胀的思想,同样蛇一样咬噬着那个时代和我们自己的心;我们没有性的泛滥,性却压抑在整个的青春期,连一个最简单的吻,都只能够晦暗地潜藏在被视为毒草的旧小说和阿尔巴尼亚的电影里;我们也有诗,却只是那些空洞的千篇一律的大字报和标语口号。我们和莫里森一样也拥有青春漂亮的面容,却徒将这一副青春漂亮的面容残留在我们发黄的相册里,如今需要戴上老花镜才能够看清照片上我们的似是而非的面容。

也许，从这一意义上讲，莫里森去世这三十多年来，他的唱片依然以每年一百万张的数字畅销，我们也多少明白了一些后来的人们依然怀念他喜欢他的原因了。我们再看看美国本土对"大门"和莫里森的评论："听过'大门'的歌，你和父母共进晚餐的感觉将不再和过去一样。""在'大门'震撼人心的音乐里，莫里森竖起了属于他也属于一个时代的纯洁的墓碑。"这些评价多少会产生一些遥远的共鸣，而"墓碑"一词，多少让我有些惊悚，那是青春的墓碑。或许，我们青春的墓碑和他的一样的纯洁，只是我们缺少了他那样的意义，而使得纯洁显得空洞而苍白。

二

我在听莫里森的时候，常常忍不住将他和帕蒂·史密斯做着对比。

这样的对比，不是没有道理的。从本质上讲，莫里森和帕蒂·史密斯都是诗人。在摇滚歌手里，属于诗人的并不多。但他们两个人无疑是诗人，而且是相当不错的诗人。可以说，从一开始，莫里森就是想当一名诗人的。在圣地亚哥大学里读书时，他就迷上了波德莱尔和兰波的诗（帕蒂·史密斯也喜欢兰波的诗）。即使他后来唱起了摇滚，他依然迷恋着诗，他常常和别人谈话的时候，突然想起了好的诗句，就要随手赶快在小本子上记下来。在外出的日子里，他也要把写好的诗，通过长途电话念给他的女朋友帕米拉听。在这一点上,莫里森和帕蒂·史密斯一样,诗成为他们的生命,摇滚只是他们诗歌存在的另一种形式。

不大一样的是,诗,就像一只只鸽子,随时都会飞翔在莫里森的身上身下,或者说莫里森愿意把诗放飞成一只只雪白的鸽子,展现在他和我们共同的面前;对于帕蒂·史密斯来说,诗只是一只猫,蜷缩在她密室的床头,只独自伸出舌头舔着她自己的手心或头发。

还有不大一样的,莫里森唱歌时,性感表现得要比帕蒂·史密斯强烈得多,这是莫里森的资本,他是远远要比帕蒂·史密斯漂亮得多,性感得多,他明显走的是猫王普莱斯利的路子。他也比帕蒂·史密斯疯狂怪异得多,在疯狂和怪异之中,他比帕蒂·史密斯多一些自恋般迷醉的想象和浪漫,而帕蒂·史密斯则比他多几分阴郁和恍惚。如果说莫里森像是烈日炎炎的天空,帕蒂·史密斯则像是没有一颗星星的沉沉的夜空。听莫里森,让我有时发热,听帕蒂·史密斯则常常让我感到有些冷。

莫里森总如火山口上疯狂劲舞的精灵,帕蒂·史密斯则是冷雨淋湿的河流。

莫里森如一具裸体的大卫雕像,帕蒂·史密斯则是一身黑衣的女巫。

如果他们确实都是属于诗人的话,帕蒂·史密斯是属于颓废的诗人的那一种,莫里森则是地地道道的堕落诗人的典型。

帕蒂·史密斯是里尔克笔下"四肢紧张的静寂"的豹子,莫里森则是波德莱尔诗中的那朵"恶之花"。

除此之外,他们在摇滚和诗歌中拥有着共同的颓废和绝望。只不过,莫里森的颓废像是燃烧的火,将他自己和一切烧成灰烬;帕蒂·史密斯的颓废像是一潭泥塘,慢慢地将我们陷进去,一点点浸透我们的衣衫和骨髓。莫里森的绝望是唱出来的,不甘心的声音绝望地飘向云天,撕心裂肺,袅袅不散;帕蒂·史密斯的绝望却是在表现在歌词飘散之后,荡漾在静默而枯寂的空气里。就像莫里森唱歌时尽情地扭动着身体,如同灵蛇四动喷射着火焰般的信子,而帕蒂·史密斯没有那么多的肢体语言,她唱歌时几乎是双手垂落,细高的身子一根葱似的笔直地站着,只是偶尔神经质地挥动着枯枝般的手臂,蚯蚓似的青筋历历可见。

面对同一个颓废动荡的时代,帕蒂·史密斯的歌和她的内心深处是乐观的,她说"六十年代死了许多的人,人们应该冷静地坐下来了";她说"我主要的秉性可能是乐观的"。她是相信天堂的存在的。莫里森不相信天堂的存在,他顽固地认为地狱才是唯一的彼岸。悲观是他摇滚和他生命的核心,他不止一次地将这种悲观的痛苦和死亡做比较。他说"较之死亡,生命的痛苦更深。只有死亡到来,痛苦才能结束。我猜想,死亡就像一个朋友"。他同时还说,"死亡让我们都成为天使"。我想,大概正因为如此,科波拉在导演他的那部《现代启示录》时,在电影充满死亡恐怖的战争屠杀场面中才选用了他的歌《结束》吧?

《结束》确实是一个属于六十年代的形象。

《点亮我的火》也是一个属于六十年代的形象。

所以,我说莫里森是那个时代摇滚歌手中少有的诗人。一般歌手和诗人的区别,就在于歌手只会唱雪月风花的后庭之花,而诗人却能够唱出那个时代最动心和最恸心之处。

三

明白了这一点,我们也就明白了为什么正在莫里森摇滚生涯鼎盛时期,他会毅然决然地离开了摇滚离开了美国,带着他的女友帕米拉来到了巴黎。他厌倦并毫不犹豫地远离了那些在别人看来格外羡慕的名誉地位和金钱。谁能够像他这样做得到?浅薄的歌手为了多出一盘盒带多登台几次亮亮相,不惜拜倒在石榴裙下或投入大款的怀抱;伪诗人更可以在刚刚写完告密信后立刻写效忠的诗,或在刚刚手淫之后立刻写出纯真无比的爱情诗。功成名就的摇滚名家赚了大把大把的钱,即使不再唱了,也会买辆高级轿车,在郊区再买幢豪宅,或是投资商业,办个自己的公司,顶不济也要开家咖啡馆……这样的例子随手可以举出许多,艺术和商业就是这样迅速地完成了从猿到人的转化,已经成为一种值得骄傲的时髦。

莫里森看透了这一切,他视这一切如浮云粪土。他来到了巴黎。他在巴黎一间并不大也不豪华的公寓写诗。在他写的那些诗里有一首诗,他这样愤世嫉俗地说:"我要在所有的美国音乐上面,尽情小便。"

莫里森抛弃了浮华热闹的一切,来到巴黎,不是为了别的,而是为了写诗,能够在一个他认为富于艺术气息的地方安安静静地写诗。

现在还有这样的诗人吗?

仅仅这一点,就足以让我原谅了他以往的酗酒、性乱和一切寻欢作乐的放荡不羁等等的劣迹斑斑。

诗和他的堕落,是莫里森的正反两面。他往昔那种将麦克和酒瓶齐飞、大麻共乱性一色的失控与疯狂,正是他对诗的追求而不可得的放纵的自残,是诗韵乱了阵脚而散落一地而长成满眼的荆棘。

他来到了巴黎,就是要把这些散落的诗韵重新捡回来。他自己说过:"我们原来是在山脚下疯狂起舞的精灵,如今变成了在黑暗中凝视前方的眼睛。"

据说,他在巴黎疯狂地坐在打字机前写诗。不住地写,写,直抵地狱之门。

1973年7月3日,心脏病突发,他死在自家的浴缸里。有人形容他头耷拉在浴缸旁的样子,像是大卫画的那幅名画《马拉之死》。如果有画家为他也画一幅画,名字应该叫做《诗人之死》。

他是一个真正的诗人。

他被埋在巴黎的拉雪兹墓地。那里埋有他学生时代就喜爱的诗人波德莱尔。他可以和他并肩长眠在那里,那里肯定有无数的诗和青草鲜花一起开放在他们的周围。

在他窄小的墓地里,那块灰白色的墓碑上只简洁地写着:"詹姆斯·道格拉斯·莫里森(1943—1971):诗人、歌手、作曲家。"

将"诗人"这一称谓写在最前面,是对的。莫里森确实是一个诗人。

十年之后,1981 年的 7 月 3 日,"大门"乐队的其余三个人:曼扎莱克、伯比和约翰相聚在拉雪兹墓地莫里森的墓前,面对歌迷一首首唱起莫里森生前唱过的歌。虽然,在莫里森在世时由于莫里森的放纵和癫狂,他们曾不无责怪地说自己简直是他的保姆,不住地替他擦屁股,而对他怨恨不止。但是,只有他们才理解莫里森。毕竟他们和他是同一时代的人。在墓地,他们三人喝光了带来的一瓶红葡萄酒。那情景,想想都会让我感动。

明年是莫里森去世整整四十年。不知拉雪兹墓地前还会不会有他们三人,还会不会有那些没有遗忘他的众多的歌迷。

就让他安静地躺在那里吧。"当音乐结束时,请将灯光也一并熄灭。"——这是他在歌中唱过的。

我是你的一面镜子
——关于尼可

现在看尼可（Nico）年轻时的照片,已经分不清她是否真的漂亮。并不是岁月已经把漂亮洗刷殆尽,我所看到的有关她的照片都有些模糊不清,只能隐隐看见她那一头金发好像曾经飘逸过,也曾经被人温柔地抚摸过。也许,是她的身材漂亮,她毕竟在巴黎做过一段时间的时装模特。或许,一切都并不重要,重要的是那时她非常年轻,青春就是一张最漂亮的通行证而畅行无阻。她和地下丝绒乐队合作那盘著名的《地下丝绒和尼可》唱盘时才二十二岁,正是花样的最好年华。

要不地下丝绒的鲁·里德和约翰·凯尔不会都那样喜欢她。以致因为她而闹得"地下丝绒"乐队分裂。

一个年轻的姑娘如果仅仅有才华,或者仅仅漂亮,都会是幸事。但一个年轻的姑娘既有才华又漂亮,不见得就一定是幸事。因为这非常有可能一半毁在世俗的手里一半毁在超越世俗的艺术手里,一半毁在男人的手里一半毁在女人自己的手里。

尼可命中注定不会一帆风顺。

这位我们现在看来是哥特摇滚的创始人,在六十年代初期不到二十岁的年龄的时候,独自一人离开家乡德国柏林。其实柏林也不是她的家乡,只不过她后来加入了德国国籍而已。她出生在匈牙利,父母分别是西班牙人和南斯拉夫人,注定了漂泊就是她一生的命运。她先是跑到意大利,然后又跑到法国,跑到美国,早早地开始了她漂泊无羁的生涯。当我看到她这一颠簸的经历,忽然想到现在我们许多年轻人,不是也和她一样在年轻而美好的年华时,离开家乡和祖国,跑到遥远的国外,开始了和她一样的漂泊生涯。为了什么呢?还不是和她一样用青春做一盘赌注,期待着只有一次的最可宝贵的青春,能够出现梦想中的奇迹,体现出最大的价值来吗?年轻的时候,梦带他们到远方,谁都会像长了翅膀的鸟一样,可劲地往外飞,外面不可知的地方,往往最有诱惑力。他们不会想到那些地方可能是你起飞的弹跳板,也可能是美丽而温柔的陷阱。

从某种角度说,尼可应该是这些出国淘金梦的幸运者。凭着她漂亮和才华这样两个条件,以为可以所向无敌。她的确在开始的时候并不像有的人撞得头破血流便轻易地撞开了世界的一扇扇大门。她在巴黎竞争那样激烈的地方当上了时装模特,在意大利当时颇负盛名的导演费里尼的电影《甜蜜的生活》里担任过角色。而后又凭着能操七国语言的天赋,带着她不到二十岁时和阿兰·

德隆生下的儿子的照片,像带着胎记或名片一样,来到了美国,没头苍蝇似的乱撞,先是遇见了安迪·沃霍尔,在沃霍尔的电影《切尔西女郎》里出演一个并不重要的角色;然后又尝鲜般去唱歌,在刚过二十岁的时候录制了一首单曲《最后里程》,也并不成功,却也无所谓,照样还是在闯荡。青春就是在这样一次次的跌撞之中,褪去了一层层青春痘而磨起了老茧。

1966年,尼可二十二岁的时候,由安迪·沃霍尔的推荐参加了"地下丝绒"乐队。这一步对于她至关重要,可能当时连她自己都没有想到,这一步等于揭开了她人生新的一幕。在模特、演员、歌手等多枚棋子的乱碰之后,她的终身事业演唱生涯莫名其妙地正式开始了,她的名气也悄悄地开始了,而不再仅仅是跟在费里尼和安迪·沃霍尔的后面,笼罩在他们身后的影子里了。

其实,尼可和"地下丝绒"合作的那盘经典唱片里,一共十一首歌中,尼可唱的只有两首歌:《所有明天的聚会》和《我是你的一面镜子》。就是这两首歌,成全了尼可的一生。

但也过早地结束了她的一生。

两首歌中,《我是你的一面镜子》是鲁·里德特意为她谱写的,是献给她的一首爱之歌。但爱情对于一个拥有才华和漂亮两种财富的女人来说,有时可以是一道让人艳羡的变色口红,有时却也可以是一枚好看不好吃而且难以消化的无花果。我不知道最终鲁·里德和尼可为何没有将这一首爱之歌唱到底,我只知道并不止鲁·里德一个人和尼可有染,约翰·凯尔、杰克逊·布朗、吉姆·

莫里森、伊基·波普、鲍伯·迪伦……很多当时鼎鼎有名的歌手和她的关系都非同一般。当然,不能说是这些人害了她,其实是这些人帮助了她,他们其中不少人专门为她以后出版的专辑写过歌,没有他们的帮助,不会有她日后的成功。但是爱有时就是这样呈相反的方向带着人不由自主地走,爱得越多越大,加速度就越猛,便如滑下坡的滚石一样无法遏止。况且,如此轮盘赌一般大面积不停旋转的爱,到底是不是真正意义上的爱,就连她自己恐怕也怀疑。

从三十岁到四十岁之间这十来年中,尼可在这样的山坡上,做这样的滚石运动。她身不由己,又乐此不疲。一般女人也是在这样的年龄阶段容易被爱包围或迷惑,弄得心旌摇荡、精神疲惫,而将一生的日子预支,失去了平衡。只不过一般女人,靠性靠梦或眼泪或混乱放荡,来维持这已经倾斜的心和日子,而尼可在这段时间里是靠更为可怕的毒品来维持的。

毒品让死亡更加接近了尼可。

在那次著名的欧洲巡演的现场,尼可对观众们说:"我是为你们的死而来演唱的。"她刺激她的观众,其实,也是事先留给自己的谶语。

除了《地下丝绒和尼可》之外,六十年代,尼可还出版了《切尔西女郎》;七十年代,她出版了《大理石目录》《戈壁滩》两盘专辑;八十年代出版了《行动或死去》《流放剧》两盘专辑;1991年,在她死后的第三年,出版了《空中花园》,其中有她死前最后的一些珍贵的录音,并有她重新演唱鲁·里德和大卫·鲍伊的一些歌曲。在整个九十年代,出版了各种版本她的精选。在这些张或成功或不成功的唱片中,人们听不出她在这二十年来的真实心情,找不清她的脉络轨迹,只能听见她二十年来一如既往的冷漠和悲凉,镜中花、水中月一样,似是而非,迷蒙一片。她把自己所有的心情和感情都隐藏在她这样的歌声中了,她大概以为这样才更加符合自己和这个世界。摇滚成为她隔绝世界和我们的一道厚厚的墙。

尼可曾经这样解释自己的歌:"我不是为观众演唱,我尽可能保持独处,不和任何人接触。我喜欢那些悲伤的歌,我喜欢即兴演唱,把当时的感情抒发出去。"

一般音乐界评论尼可的歌是晦涩阴暗、鬼气森森。不知为什么,我听她的歌却听不出这种感觉,在听她在《地下丝绒和尼可》中演唱的那两首歌时,冰冷确实是冰冷,冷漠确实是冷漠,但在冰冷和冷漠之中却有一种寥廓霜天清净浩渺的感觉,她那浑厚得听不出一点女性化的嗓音,在不动声色之中变化着渗透出一种神秘感。有时候,我会觉得她像是一个阅尽春秋的老人,在街头卖艺时那种凄凉卖唱而毫无表情的样子;有时我又会觉得她像是一个世事未谙的孩子,在教堂里唱圣歌那种纯净的样子。如果说她的歌如冰一样的冷,确实是有那么一点的冷,却也冷得如冰一样的清澈洁净甚至透明。她的那种在寒冷浑浊中洁净透明的感觉,实在像是开放在污泥中抖动在秋末寒风里洁白的枯荷残莲。她是飞翔在黑暗中的白鸽子,而不是蝙蝠。我很为自己突然感受到这种感觉而奇怪。

当然,这只是我自己的感觉而已。

1988年,尼可四十四岁。这一年,她一直孤独一人生活在西班牙一个叫做伊维萨的小岛上。一天,她上街买东西,忽然一个跟头倒了下去,便再也没有起来。脑溢血,她就那样孤零零地倒在街上,让血在别人看不见的脑袋里,突然之间奔流破裂,戛然而止。过往的行人那么多,却没有一个人认识她。毕竟在这个世界上听摇滚的人不多,听哥特式摇滚的人就更不多。谁也不会想起或知道她就是那个曾经和"地下丝绒"一起唱过《所有明天的聚会》和《我是你的一面镜子》的人,她只是一个四十四岁被毒品弄得有些苍老的老女人。

她突然一个跟头倒地的情景,总是像电影里不断重放的慢镜头一样,浮现在我的眼前。这篇文章写到这里,我到台湾去了一个月,在台湾的日子里,奇怪得很,尼可的影子总是不时并不清晰地掠过我的脑海,便让我想起临离开北京时匆忙写下的这篇文章,不能就这样结尾呀。在那些个远离家的日子里,也许多少能够体会一些尼可短短四十四年漂泊的生涯。她一辈子是在孤独漂泊中度过的,一辈子没有找到自己的国和自己家的感觉,只是最后的几年时间里生活在曼彻斯特和伊维萨岛,想图个清净,谁想伊维萨岛竟成了她生命的归宿。

可以说,尼可是这个世界上第一个多媒体时代的明星,和她同时代的玛丽莲·梦露也是明星,但只是电影明星,不是多媒体明星。只有她是，在三维的屏幕上，在服装模特的T型台上，在演出的舞台上，她都是明星。但是，她生得有些不合时宜，她所开创的哥特摇滚风格，在她死后的后朋克时代才红火起来，她也才像出土文物一样被重新提起。比她后起的"治疗"和"西克苏女妖"乐队生正逢时，享受了本该她享受的荣誉。她像一个遥远的先知一般，在后朋克时代到来之前突然死去，有点像我以前看过的电影《中锋在黎明前死去》，那些迟到的鲜花，只好摆放在她的墓前和再版的唱片里，或者李代桃僵送到了别人的怀中。

不过，既然她是一个先知，她生前就并不在意这一切，她像是早就看透了这一切似的，逃遁在这一切世界之外，跑到了伊维萨小岛，以为那里是她的世外桃源。她就像是一个交通四通八达地方的隐居者。她成了现在资讯疯狂发达的时代却连自己的出生地都不能确定的一团模糊的影子，淡出在阳光灿烂的云天之外。

我有时想，她也算不上是一个先知。她只是一个女人，只是比一般女人多出了漂亮和才华两样东西。这两样东西使得在她的身上出现许多悖论，比如引领她成名的她那特殊的嗓音，这沙哑低沉的嗓音，明显像是男人的声音，而牺牲着自己女性的特征。她是这样先天无意识地向男人靠拢着，并且事实证明她的这种靠拢，暂时得到了这个以男人为主宰的世界的承认。那种承认，只是男人在听完她的歌后喝口酒抿抿嘴点点头而已，就像和她上完床之后拍拍她的肩膀或屁股一样。她的这种投怀送抱的靠拢，最终并没有得到这个男性的强权世界的爱护和认同。男人的世界在运用了她、利用了她之后,最终是拒绝她,抛弃她,甚至背叛她。

难道不是这样吗?和她交往的人,无论鲁·里德也好,约翰·凯尔也好,鲍伯·迪伦也好,安迪·沃霍尔也好,或者是导演费里尼和菲力浦·卡雷尔也好,或者是在她仅仅二十岁就和她生了一个儿子的阿兰·德隆也好,都是我们所说的大腕儿。可以说,她没有向他们任何人索取过什么,她不像我们的那些下贱的女明星,利用这些大腕儿为自己的前程铺平道路,起码可以不那么孤独地死去而一时无人知晓那样凄惨。她是一个天生害羞的人,即使陌生人和她讲话,她都要回过头去,不好意思看人。可以说,都是这些大腕儿向她索取,都想在帮助她的同时得到她的一些什么,不要说阿兰·德隆和她生了儿子后再不去理她了,就是这个儿子,不也是后来用她的命运写了一本关于她的书来赚钱吗?更不要说她的朋友,在她去世之后拿走了她生前最后的录音出版唱片去赚钱。和她有过一段感情的法国导演菲力浦·卡雷尔,在她死后用这段感情拍了一部电影《余声不再》,菲力浦·卡雷尔甚至对那个饰演她的女演员提都没有提起过她这么个人,以至到拍片结束后这个女演员买到她的唱片,才知道她,看到了她的照片,听到了她的声音。他们在她生前用她的肉体和感情满足自己的需要,在她死后用她的名字来图名牟利,他们更是如蚂蟥一样,一直在吸吮着她的感情、她的才华和她的血。

我有时在猜想,也许正是她看透了这残酷的一切,才背叛了这个世界。这个无情的世界便也残酷地背叛了她。

离尼可1988年去世已经二十余年过去了。现在再来听她的歌,冷冽如冰一样的歌,黑暗如夜一样的歌,心里真不知是一种什么样的感觉。如今,约翰·凯尔、杰克逊·布朗、吉姆·莫里森、伊基·波普、鲍伯·迪伦……其中大都还健在,不知他们会是什么样的感觉?鲁·里德也还健在,他还会在偶尔之中听听他曾经特意为她谱写的那首《我是你的一面镜子》吗?那飘逝在过去岁月里的音符还会保鲜到今天吗?

邂逅帕蒂·史密斯

到辛辛那提,正好赶上帕蒂·史密斯展在这里展出。这是一个规模极小又是小众的展览,心想去的人不会太多,谁想去了一看,竟然有这么多和我同好,一样兴致浓郁与这位女摇滚歌手有这样一次难得的邂逅。

展览在辛辛那提当代艺术中心,就在市中心,是一个玻璃墙造型很现代的展览馆。但在馆外面没有什么关于帕蒂·史密斯的信息,以为找错地方。四围走了一圈,才在玻璃墙最下面一角发现一张广告,纯白的白纸上,只有下方写着一行黑色英文字母小字:帕蒂·史密斯,再下面是一行更小的黑字:珊瑚海,这是帕蒂·史密斯 1996 年出版的一本诗集的名字,也是这次展览的主题。黑白相间,倒也符合帕蒂·史密斯的风格。想起她的第一张专辑《马群》封套上的照片,便是上穿白衬衫,一件黑外衣搭在肩膀上,同样选择的是黑白色。

我对帕蒂·史密斯的兴趣,始自十多年前第一次听她唱的《因为这个夜晚》,便喜欢她的歌,从1975年出版的第一张唱片《马群》,买到她几乎所有的唱片,觉得她嗓音独特又敏感,情感细腻又奔放不羁,如雷雨前扯动那千疮百孔的风帆猎猎。帕蒂·史密斯的出现,颇有横空出世的感觉,她以女性的视角和女性的意识以及女性的生命体验,为传统的摇滚注入了新鲜的血液,人们才开始从摇滚中听到了再不仅仅是男人的声音,而终于有了女人对这个世界的发言,是那样的超尘拔俗,石破天惊。

我喜欢帕蒂·史密斯的另一个重要原因,在于她与众不同的文学素养,同时她还是一个天才的画家,早在年轻时就举办过她的素描展。就文学方面,在摇滚歌手里,我以为除了鲍勃·迪伦,再无人能和她比肩。但若论到绘画方面,鲍勃·迪伦也只能甘拜下风。1977年,三十岁时出版了她的第一部诗集《通天塔》;1999年,出版了自己的文集,里面收集了她所写的歌词、笔记和思考录。这一年,她还上了《时代周刊》的封面。三年前来美国,尽管根本看不懂,还是出于敬意买了她刚刚出版的自传《只是孩子》(*Just Kids*)英文版。当时觉得这个书名起得真是好,和我们爱说的"赤子之心"的意思相近,却更为平易而真实。可以说,那里有她和她的青春期的恋人、早逝的摄影家罗伯特·梅普尔索普的青春记忆,那时纯真的他们都只是孩子,小轩愁入丁香结,幽径春生豆蔻梢,出入在布鲁克林的小巷陋室,追求着他们孩子一般的梦想。

就在这一年,2010年的年底,她的这本自传获得美国国家图书奖非小说类大奖。虽然如今艺人出书几近泛滥,但是,在摇滚歌手里,帕蒂·史密斯是一位绝无仅有的真正作家,绝非玩票,比好多自称纯文学作家的书更值得一读。

走进展览大厅,一楼空荡荡的,只有一面墙上顶天立地画着帕蒂·史密斯大半身像,包围电梯间的三面墙上也画着她的像,都是鲜红的色彩作底,黑色木刻作像,让我以为看见了我们的宣传画,真的有些"触目惊心",和外面那简洁的黑白风格大相径庭,看不懂是什么意思。倒是电梯间墙上方帕蒂·史密斯像旁有她手写体写的一句话:不要相信时髦。或是给予我们的醒目警示?

展览在二楼,幽暗的空间,只有展柜和墙上的照片前有射灯闪烁,其余都是黑色,一下子和一楼拉开了距离,仿佛又回到帕蒂·史密斯《马群》的岁月里。色彩的反差,让人涌出上穷碧落下黄泉坐过山车的感觉。展览很小,展品不多,一面墙上,是一组房间里床之类的静物照片,不知道是不是罗伯特照的。另一面墙上,则是帕蒂·史密斯诗集《珊瑚海》的手稿,其中有她在诗稿旁边随手画的海的速写,逸笔草草,云淡风轻。在墙的尽头,是一幅帕蒂·史密斯手持花朵的黑白半身像,在《只是孩子》的书中见过,是罗伯特为她拍摄的。她写这一组《珊瑚海》诗的时候,他已经去世七年了。

仅仅两个玻璃展柜里,展出她各种唱盘和诗集,包括她的自传等书籍。最惹人注目的是帕蒂·史密斯小时候的一组照片,一张青春恋人的照片,这张照片在《只是孩子》的书中见过,是罗伯特二十四岁的证件照,摄于纽约42街。从照片看,比帕蒂·史密斯长得英俊潇洒。还有那封帕蒂·史密斯自巴黎写给他的信,在书中也曾见过。只是那一双大码的黑鞋,和她的小山一样积满烟灰缸里的烟灰,未曾见过,显得格外突兀。灰白色的烟灰,如燃烧过的生命和走过的岁月之后的一个隐喻,又像她已经苍老的头发的颜色,不甘心呈最后彻底的苍白。

大厅的中间,摆放着一张破旧的单人床,白色的床单已经变得灰蒙蒙,觉得沉甸甸的样子。我以前看过她专辑里的照片,她就趴在这张破床上写歌写诗看书。记得她曾经说过这样的话:"我不认为写作是一种安静壁橱式的行为,我认为写作是真正的体力活。当我在家里写东西时,我会疯狂,我会像猴子一样不停地动,全身的汗水会把自己弄湿。"那时候,实在想象不出她在床上写东西时像猴子一样不停地动是什么样子,看到这张单人床时,仿佛看到了她的那种样子,心里涌出酸楚,还有感动。

不过,这种痛苦也带给她快乐,这是我在她的歌和诗中体味不出来的。她喜欢兰波、金斯堡和威廉·巴勒斯。她不是那种拿文学来装点门面的人,她是将诗和音乐当成自己生命的人,她说过,在生活中除了音乐就是写诗能给她快乐了。诗和音乐,在她那里被豁然打开,水一样横竖相通,载她泛舟、覆舟,也载她轻舟过万重山。

在展厅的一角,用透明黑纱围成的一座帐篷式的空间,从外面可以看见里面朦朦胧胧的光影闪动。走进去看,墙上挂着一道幕布,地上躺着一道幕布,一侧有凳子,坐在那里,眼前和脚下的水一起在动。是黑白电影或录像,是大海的波浪一波波地滚来又滚去。

配有画外音,是帕蒂·史密斯的声音,她在用低沉的嗓音读她的诗集《珊瑚海》里的诗。那声音融合着波浪声,给人一种天低云暗雷声隐隐的感觉。那声音,和我时下在电视比赛中听多听滥的各种"好声音",是那样的不同。那是一种只有真正经历过痛苦和艰苦的世事沧桑之后才能够发出的声音。想起在她自传里写过她年轻时和一个大学教授生下了私生子忍痛送人;中年时,丈夫、弟弟、青春恋人,先后去世……她经历了真正悲凉的生离死别,在唱她的歌读她的诗时,才会拥有发自心底的声音,而非李代桃僵式的虚情假意。她说过:"痛苦流过我的血液,它们将会被找到。"她所说的"找到",是在她的歌她的诗里找到的,那里有她记忆和生命的回声。

走出展览馆,阳光灿烂,没心没肺地照耀,肆意地在辛辛那提的街头流淌。压抑的感觉一扫而空。市中心的广场上,喷泉女神双手指缝间水花如天花一般从天而落,溅起一片欢乐声。工作人员正在布置广场,今晚将在这里举办露天音乐会。不知道帕蒂·史密斯会不会来,为我们一展歌喉,或和我们擦肩而过?

整个故事的一个开头
——关于凯特·布什

凯特·布什（Kate Bush）是那种一听就会立刻喜欢的歌手。她的歌声有一种命定般的磁力，一定能够让人别无选择。起码对我是这样。

凯特·布什出的磁带有许多种，我听的只是其中的两种：1986年的《整个故事》和1993年的《红舞鞋》。就是这两盘磁带，也足以让我领略了她歌声的力量和魅力。虽然，很遗憾我没有听到她在1978年刚刚出道时出品的第一盘带子《内省》和第二盘带子《勇士》。曾经在书里看到过《勇士》的封面，上面是她很前卫的一张照片：金发披肩，赤身裸体，做一头狮子扬鬃怒吼状，颇具有象征的意味。她曾经被称为"狮女"，她就是这样以奇思妙想不同凡俗而惊艳于世的。不过，即便《整个故事》和《红舞鞋》这两盘磁带，也很能够代表她的音乐风格和水平。前者让她在第十六届英国 BRIT 大奖中获得了最佳女艺人奖，后者让她首次挤进美国排行榜的前三十名。

况且,《整个故事》是她1978年到1986年八年之间作品的精选,一网打尽她的好歌十二首,其中有她十七岁就开始演唱、1978她二十岁青春最美好季节正式推出的第一首成名之作《呼啸山庄》。这盘磁带里的《呼啸山庄》,是她1986年二十八岁时的重新录制,八年的光阴似乎没有改变她什么,倒是把她的歌声磨炼得越发精粹而耐人寻味。听她八年之后依然一遍遍在高声呼唤着她的同胞艾米莉·勃朗特的小说《呼啸山庄》里的主人公的名字:"希斯克利夫,是我——凯西,我回来了;我是这么的冷,让我进入你的窗户……"那疾如密雨的音速,那尖利如同刀刃划过透明玻璃的嗓音,细若丝弦,时时有迸裂的危险,却时时如在高空乌云与雷电间的精灵一般盘桓,实在让人听了柔肠寸断,撕心裂肺。

据说,凯特·布什当年看了根据小说改编的电影《呼啸山庄》。电影的结尾是女主人公凯西死了,但她化为了灵魂穿越茫茫荒野回到了呼啸山庄,希望重新获得她的恋人希斯克利夫。这个结尾很让凯特·布什感动,她认为表现出了人类当得不到自己想要的东西时应该如何对待这个冷酷的现实,她觉得凯西是一个被命运折磨的女英雄。在谈到这首她最有名的歌时,她说:"我要站在凯西的角度上写这首歌,凯西想要得到希斯克利夫的灵魂,那么即使死了她也不会孤独。在那个精神的世界里,她和希斯克利夫也能够生活在一起。"凯特·布什是站在了摇滚的角度上看待凯西,才会把凯西当成了主角,更把凯西当成了女英雄。想起是她十七岁时创作的这首歌，一个十七岁的小姑娘竟能够冒出对爱恨情仇和生死命运这样奇特的想法，实在让人叹为观止。这是和我们只会唱一些打情骂俏或晚会歌曲的年轻女歌手不可同日而语的，是生存在不同的维度的。再想起她的名字本来不叫做凯特·布什，原来就叫做凯西，和小说的女主人公的名字竟然那样巧合地雷同，便不得不相信冥冥之中的确是一定存在着命运这个东西的，要不她为什么和小说中的凯西一样为了所爱的人和所爱的艺术不惜赴汤蹈火，精卫填石一样，如此轰轰烈烈，让后人即使看不到她的面容只是听到她的声音，也要为之惊异，为之肃穆。

在这两盘磁带里，其他的歌也都是那样的优美动人，出神入化。那纯净得没有一点杂音的歌声，透彻得如同深山里清澈的瀑布，高悬天外，飞流而下，虽有几分孤独而冷冽，却那样的爽然，玉洁冰清又奋不顾身跌落下山，不惜粉身碎骨也要迸发个飞珠跳玉，让那激越的回声响彻旷远的山谷，余音袅袅，丝丝不绝，那种震撼之后幽幽清寂的感觉，是在世俗世界里少有的。尤其是那高亢入云、缥缈云天般的嗓音，云雀般地撩拨得人心忍不住随她一起轻盈地往上在飞，在飞，一直飞到望不见影子为止，仿佛能够立刻随她的歌声羽化而成仙，让人觉得一下子就远离了喧嚣的万丈红尘之外，有种冷艳的意味，有种孤绝的气息，有种世外桃源的感觉。

听她的歌，总让我想起在新疆过天山果子沟时见到的那耸入云天的冷杉。那种笔直，那种苍绿，那种迎风不动声色的呼啸，那种枝叶兵士排阵般枝枝昂首向上的凛然，那种树冠辉映着积雪和阳光晶莹剔透无言自威的鬼魅神光……真的,——都是那么地像她的歌声,是她嘴中飞溢缥缈的歌声在冰雪世界的结晶体。如果,歌声在这个世界上也有属于自己对应的造型的话,这种在雪线上的冷杉就是凯特·布什。其他的歌声也很动听,但也许只是雪线之下那些树木花草了。自然也是缤纷多彩的,芬芳万千的,但都不会有冷杉那样不同凡响冷冽绰约的风姿的。

作为七十年代出道的女摇滚歌手,在歌坛上以自己的特色风靡了三十余年,一直到2012年伦敦奥运会的闭幕式上,还有她的歌声出现,凯特·布什的开始和存在,都是具有开创意义的,她是女子摇滚中醒目的坐标。像她一样所有词曲都是自己一人创作,集演唱表演舞蹈于一身的女歌手,并不多见。听她的这两盘磁带,我常想起这位出生在英国肯特郡乡村的女歌手,最初的音乐天分真的就表现在家乡稻谷仓里那一架破旧的老风琴上吗?据说,她总是爱跑进稻谷仓里,去弹那架老风琴,那弥漫着英格兰乡村风味的琴声,伴随她的歌声,是否就已经在那时无可避免地烙印下她的风格的印记,就如同血液一样流淌在她的脉管里,才会让她的歌喉如同乡间田野上空自由而高渺的流云一样狂放无羁了呢?一个歌手天生的歌喉,真的就早早地和她童年的梦想,和她故土的水土,胶黏在一起,在那遥远的以前就庇护着她、成全着她了吗?

同时,我也常想起当年她刚出道时,《滚石》杂志对她那鄙夷不屑的评论,说她的磁带可以不用买。事过境迁,这样的话显得是多么的不公平,又是多么的可笑。而今,谁还敢这样说呢?多少女歌手要坦白甚至骄傲地承认汲取了凯特·布什的营养,自己的歌声里有凯特·布什剥离不掉的影子。

于是,我便想到这样一个问题:在一个本来由男性主宰的硬性摇滚歌坛里,女子摇滚歌手的出现并梦想取得成功,该是多么的艰难。比起女作家、女画家、女导演来说,女摇滚歌手的确更艰难些。因为无论女作家也好,还是女画家女导演也好,她们本人都可以躲在自己所创作的作品的背后,用文字或色彩或影像来曲折迂回,即使我们能够看到她们印在书上本人的玉照,也只是她们化妆过的,甚至是多年以前年轻一些时候的,有了有意或无意的遮掩,让人们看着似是而非。即使是那些标榜用身体或用隐私写作的作家,人们看到的也只是她们由文字编织的虚幻的天地,而非她们的真人活体再现。只有女摇滚歌手不再是间接地出现在我们的面前,而是最为直接地将她们的性别和面貌昭然若揭,自然,她们的压力就会更大。作为女摇滚歌手,她们除了要用自己的身体在舞台上去和男摇滚歌手做一番殊死搏斗之外,再有的便是用自己与男子不同的声音了。

可以说,从某种程度上,她们是以自己的声音来抗争着这个男性霸占已久的摇滚歌坛的,以自己的声音来塑造自己的艺术生命和形象,撑起自己眼前一片天空的。

于是,我回想在半个多世纪的摇滚历史中涌现出来的那些个卓尔不群的女歌手,并自作主张地从声音上给她们分了这样几类——

一类我把她们叫做天籁之声。无疑,凯特·布什是这类天籁之声早期的先驱,她把女性最美好也是最特长的嗓音发挥到了极致。以后由4AD公司先后推出的"双生鸟"乐队的弗雷泽、"腹腔"乐队的唐莉、"能者善舞"乐队的莉萨,以及九十年代出名的托里·阿莫斯,无一不能追溯出来自凯特·布什的渊源。

二类我把她们叫做浑浊之声。她们本身的嗓音就具有男性化的特点,又特别有意向男性靠拢或掺杂了男性的特征,而将女性的阴柔淡化或重新处理,在阴性的水中注入了棱角分明而呈阳性的冰块或泥沙,使得透明的水变了一种新的色彩和样子。早期参加"地下丝绒"乐队有杰出表现却不幸早夭的尼可,应该是这类浑浊之声的代表和领衔人物。她之后的帕蒂·史密斯、PJ.哈维和戴·格拉斯,都是尼可的变种或延长线。

三类我把她们叫做寓言之声。很显然,这类的代表属冰岛的女歌手比约克当仁不让。她是真正女子摇滚的异类,以独特的嗓音跳出了男女二元对立的事端,跃入了机器人和网络时代的非人化的世界,给人以寒彻肌骨的冰冷物化的感觉,那是一种异化的感觉。物是人非之后,再听那种非人化的声音,觉得真正是后工业寓言式的歌声。

如果我俗一下,将这三类的声音拿花做一番比较,第一类应该是莲花或梅花,出淤泥而不染,迎飞雪而独艳,特立独行,馨香别致。第二类应该是仙人掌上开的花或铁树上开的花之类,是属于那种借助于高大粗壮的铁树和仙人掌为依托,让硕大无比的花醒人眼目。第三类则应该是属于梦笔生花或网络上用特制的文件制作出来的花,惊世骇俗,与众不同,色彩浓丽,却不再以传统的芬芳来袭人邀宠。

如果真的男人是泥女人是水,那就拿水来将这三类声音再做一番比较,第一类应该是清澈而清冽的山泉,是那种出自没有人烟的莽莽大山里的泉水,没有一丝污染,纯净得如同露水和泪珠;第二类应该是酒,即使不是烈性的烧酒,也该是色泽浓郁的葡萄酒,即使不是如火般滚过喉咙,也是灼热得腾起血花如注;第三类则大概是属于特别调制出来的鸡尾酒,五彩斑斓,味道异常,起码也该是那种威士忌朗姆咖啡之类的饮料,是水,是咖啡,又已经有了别样的状态和意思,让你能够想入非非,也能够让你沉醉于迷离之夜。

在这三类女子摇滚歌手中,最能够代表女性特质的,无疑是第一类,而凯特·布什起到了无可取代的先锋作用。后两类怎么说也是在有意无意向强权的男性靠拢、折腰和融合的意思。现在来听凯特·布什,有时会觉得她的歌声摇滚的味道显得并不那么足,但想一想她在《呼啸山庄》中那女子高腔鬼魅一样的嗓音,在吉他的伴奏下大珠小珠落玉盘般清澈地呼唤出"希斯克利夫,是我——凯西,我回来了……"那本身就带有原创性的意义,这意义在我看来,她是那样得天独厚先天地注定,又是那样极其丰富地发挥了女性自身的潜质,使之赫赫醒目地孑然独立于男性独霸的世界中。她的意义不仅影响在女子摇滚绵延的承继的脉络里,而且在流行乐中也明显地吸收了她的特点,比如现在流行的莎拉·布莱曼和恩雅,那种清澈如水和高腔入云,都可以轻而易举地找到凯特·布什的影子。只不过,莎拉·布莱曼是将美声唱法带入了流行,恩雅是将民歌化为了流行,而凯特·布什依然坚守在摇滚之中,不那么愿意走流行的路子罢了。

据说,舞台上看凯特·布什演唱,她魔鬼般疯狂,和听她的磁带的感觉不大一样,听的感觉是那样的娴静。我没有看过她演唱的录像带,但从心里不大喜欢那种疯狂,便一直保留着听的感觉,其实也是一种想象的感觉,仿佛面对的始终还是一个纯情的少女,尽管其实早已经物是人非。今天,听凯特·布什几十年前的《呼啸山庄》那样纯粹的歌,感觉还是那样的新鲜,那样纯净,时光似乎停滞了一样。仿佛只有遥远的以前的天空,才是那样的蔚蓝,圣水洗礼了一般,而没有什么污染,那样的白云缥缈,婴儿的屁股蛋儿一般,没有一点渣滓。她那种扑朔迷离又狂野激荡的高腔,实在是只有在原始的山野里才最适合;在雪落得厚厚没膝的沉静月夜下的森林里,才是她这样歌声回荡的适合背景。她那种惊天地、泣鬼神的高拔云天的嗓音,即使听不懂一句歌词,也会让人震撼,并觉得是那样的久违。凯特·布什实在是个天才。如果用她的磁带的名字《整个故事》来做一个引申,她在摇滚的历史中所处的地位和所起的作用,她是所有女摇滚歌手整个故事发展的一个精彩的开头。

现在来看待这样的一点意义,重新审视凯特·布什,很有点像如今回过头来看我们的才女李清照在我国诗歌界的开创性意义,在一直是男性骄傲地雄峙的唐诗宋词之中,是李清照以一个女儿之身的独树一帜让唐诗宋词为之一震,别开生面,而使得李清照的名字和苏轼和陆游和辛弃疾分庭抗礼、并驾齐驱。现在想一想,只会感慨如李清照、凯特·布什这样的女艺术家太少或远遁于我们,而大量的女性艺术家越发向这个男性的强权世界卑躬屈膝,误以为女性的魅力和力量就是展示自己的身体,甚至不惜出卖自己一点最后的隐私和色相,迅速地滑出了可怜的底线之外。云中谁寄锦书来?雁字回时,月满西楼。李清照的词成了我们今天的疑惑,"是我——凯西,我回来了",凯特·布什的歌,仿佛是对李清照的回答,却只有让我们心中徒生一片无力的茫然。

谈起自己的音乐,凯特·布什对评论界和听众很宽容地这样讲:"如果人们不能够如我希望的一样理解我的歌,那也没关系。当然,如果人们能够如我希望的那样理解我的歌,那也很好。"

虽然,至1993年《红舞鞋》之后,凯特·布什再没有新的唱片出版,但越来越多她的各种精选专辑的出版,让我相信越来越多的人理解她的歌,并越来越深刻地认识到她的存在对于摇滚的价值和意义。凯特·布什的确是个罕见的才女,当年的独行女侠,在男性摇滚的天地里闯出一条血路。她是一个成功的典范,让众人瞩目,而不像尼可,徒有别样的歌喉,却没有爱没有钱甚至没有自己的一幢房子自己的家,脑溢血,一个跟头跌倒在大街上,和那些死在街头的许多中年女人一样孤独无助地死去,没有人管,没有人问,一直到她的儿子到街上去找,才将她那双大眼睛最后合上。同样作为摇滚女歌手,对比尼可的悲剧,凯特·布什是幸运的。我不该再为她感到抱怨。

还应该记录下和凯特·布什有关的这样一段经历。有一年的夏天,我和儿子到昆明,特意去云南大学对面的一二一大街上找一个叫做"重金属"的商店,听说那里专门卖摇滚唱片、书籍和服饰之类的。顶着高原上热辣辣的太阳找了半天,最后找到的是一家很小的小店,大概生意不怎么好,里面空落落的,没有什么东西。一排旧磁带七零八落地摆在架子上,落满尘土,很久没人动了。我们翻了翻,大多是价值不大的磁带,儿子称之"糟泔"。但我们忽然惊喜地有了意外的发现,是一盘凯特·布什的《恋爱癖》(*Hounds of Love*),这是她1985年的出品,里面有她的挤入英国单曲排行榜第四名的《跑上那座山》,非常有名,我一直没有听过。我们像得了宝一样,老板却连看都不带看一眼的,只花了五块钱就买了下来。想不到深山藏宝,凯特·布什竟跑上了这座山,藏在了偏远的昆明。不管怎么说,意外的相逢,和凯特·布什总是一种难得的缘分吧。

可惜,那盘凯特·布什是坏的,怎么修也修不好,一直到现在也没有听到那首歌。

汤姆·韦茨之梦

一

第一次见到汤姆·韦茨(Tom Waits),是在美国大导演科波拉导演的电影《棉花俱乐部》里。那是一部老片子,汤姆·韦茨在里面演一个并不怎么重要的角色,是个不起眼的小人物,但很有个性和光彩。那时,不知道他居然还能唱那样好听的歌。他不仅能演能唱,还能作曲,科波拉的好几部电影都是他配的乐。他为电影《从心而来》配制的音乐还曾获得奥斯卡奖提名。

其实,他出道很早,早在上个世纪六十年代末就开始了他的演唱生涯,1972年出版第一张虽然销量不佳而不堪回首的专辑《打烊时间》,但在美国摇滚乐坛中,他也算是一棵常青树了,一直唱到现在,宝刀不老,依然拥有着他自己的歌迷。如此的辉煌,大概只有比他大八岁的鲍伯·迪伦等少数几人能和他相比。

汤姆·韦茨出生于1949年,算一算,他实在是够老的了,但想一想今年格莱美奖最佳蓝调获得者 B.B.金都七十六岁了,他还老什么呢?据他自己说,他是生在加利福尼亚一辆出租汽车的后座上的,而且出生的那一天正巧是珍珠港事件爆发的纪念日,以后便以讹传讹传开了。我是不大相信的,他对记者采访每次所说的细节都会变化,只是出生在出租汽车这一点不变,我想这不过是他自己编造的传说,增加一些故事性和传奇的色彩。当然,汤姆·韦茨本人确实经历不凡,他给比萨店里送过外卖,当过夜总会的看门人,生活在底层社会的黑暗和动荡中。那时他能够阅读的东西只有菜单和杂志,那时他最大的梦是拥有一个小餐馆,音乐尚在遥远的天国之外。这样的一个人出生在出租汽车里,很适合汤姆·韦茨,像是一部电影里人物的出场,呱呱落地,为的是引起人们的注意。

　　我是非常喜欢汤姆·韦茨的歌声的。第一次听到,就立刻被吸引。音乐像是黏合剂,让你的心不由自主地向它靠拢,在那一刻,人和音乐像光影重合一般融合在一起。那是一个冬天的夜晚,窗外正飘飞着纷纷扬扬的雪花,汤姆·韦茨的歌声响了。那是一种格外低沉而粗犷的歌声,粗犷得像是沙漠风中翻飞的石砾,低沉得像是没有一颗星星的夜。但你会感到他那粗犷低沉的歌声中所包含的心是脆弱柔软的,就像窗外铺满一地的那白茸茸的雪花。

　　不知怎么搞的,他的歌声让我的心里涌出一种悲伤和感动,那种悲伤和感动是遥远的,是在我的记忆深处的,是不愿意轻易示人的,铁锚似的早已经沉入海底。但被他的歌声打捞了上来,水淋淋的在月光下闪着以往岁月锈迹斑斑的回响。他的歌声有一种浓重的怀旧味道,听他的歌,像是搭乘上一艘虽赶不上泰坦尼克那样豪华的客轮,却是一只船头雕刻着古旧的花纹、白帆上飘荡着往昔风雨的双桅船,沿时光隧道回溯到以前即使并不那么美好却现在看来是水清岸阔的回忆之中。

汤姆·韦茨的歌,真的很适合我。我确实喜欢他。他的歌声总给我夜色中蓊郁而林涛澎湃的黑森林和黄昏夕阳辉映下浑浊而缓缓流动的河流的感觉。在他的歌声中,总有平民的声音,有底层的呼吸和他多愁善感的心跳。那种刻骨铭心的悲伤和重压下撕扯的呻吟,让我仿佛看到那饱经风霜的皱纹、卷发和油腻腻手指甲中黑乎乎的油垢。总能感到有一种《汤姆叔叔的小屋》中飘来的音乐感觉,有一种《老人河》里荡漾的音乐灵魂钻进你的心里,让你不由自主地想起黑人的蓝调,那种萨克斯吹奏的布鲁斯,是在灯光昏暗的下层酒吧或咖啡馆,烟雾腾腾,喧哗嘈杂,蒸腾着醉醺醺的热汗和劣质烟草的味道,混杂着女人的体香和刺鼻的香水气味,和他的歌声一起搅成一杯杯味道独具的鸡尾酒。

起初,我真的以为他是一个黑人歌手。不是,他的音乐只是从黑人的布鲁斯和爵士乐中吸取了精华,他同时从金斯堡的诗和杰克·凯鲁亚克的小说获取过营养。所以,他的歌才会如此丰厚,不是像我们有些歌手只会唱些时令的流行小调,时过境迁,便如潮水过后甩在沙滩上的石子一样被人迅速地遗忘。他的歌几乎全部都是他自己作词作曲(其中一些是和他妻子合作的),这更和我们的有些歌手包括现在走红的大牌歌星拉开了无法逾越的距离,因为这些人只永远唱着别人为他们写的歌,就像嘴里永远叼着旁人递上来的奶嘴而无法长大,他们只是起着一个麦克的作用,他们的歌只是一种机器的声音,而汤姆·韦茨则是从心里发出的歌声。

我听的这盘磁带《弗兰克的疯狂年代》,是 1986 年出品,距离他首张唱片已有十四年多的历史,想想他的首张唱片是以惨败而告终,他实在应该感谢"老鹰"乐队和蒂姆·巴克利,还有赫伯·柯恩,前者翻唱了的他的歌,帮他打开了名声;后者是当时著名的"弗兰克·扎帕和发明之母"乐队的经纪人,是他发现了汤姆·韦茨的潜质而与之签约出版唱片。他的成功还要归功于他自己的努力和坚持。以他那样出身贫困的人,没有这样的努力和坚持,他走不到今天。年轻时是从邻居家的钢琴自学出来的音乐,是在床铺底下准备好纸,半夜里睡不着忽然想起了好的乐句,就爬起来在纸上记下来练出的功夫。当然,更主要靠的是他聪明的天分。据说,他对音乐的兴趣来自他在夜总会当看门人时,一次听到酒鬼一边喝酒一边对话,他随手记了下来,他忽然觉得这里面隐藏着音乐。他说:"我真的开始相信,酒鬼身上有一些有意思而精彩的美国的特性,所以我告诉自己要把这些写出来。"能从酒鬼的对话感受到并谱写出音乐来,确实不是一般人能有的天才悟性。

早期汤姆·韦茨的音乐,和他本身就是以酒鬼的形象一起出名的。其实,这是对汤姆·韦茨的误解,潦倒的酒鬼只是底层带有极致而夸张的一种缩写。汤姆·韦茨的歌,唱出底层人的辛酸、痛苦、悲伤和呻吟的同时，也唱出他们对生活的渴望和从未泯灭的希望。

汤姆·韦茨的歌中出现最多的词的是 dream——梦。就在这盘《弗兰克的疯狂年代》里，他在《火车之歌》中唱道："我喝光了我每次借来的所有的钱……现在夜晚的黑色就像乌鸦，一辆火车要带我离开这里，却不能再带我回家。那些使我梦想成空的东西，正在火车站上彷徨……"在《我将要离开》中他这样唱道："早晨我将要离开，我将带走每一个正在呼吸的梦……"在《诱惑》中他这样唱道："白兰地生锈在钻石杯里，所有的东西都是梦做的，时间是由蜜做的，缓慢而甘甜，只有傻瓜知道它代表什么……"而在《弗兰克主题曲》中他用排比句式唱出一连串他的 dream："梦幻中你的眼泪消失，梦幻中你的悲伤不再，梦幻中不再有离别，在梦幻中度过明天……"

所以，听他的歌，在低沉而粗犷之中总能感受到一些脆弱而柔软的东西，这东西就是他的梦。想一想，所有的东西都是梦做的，而且每一个梦都正在呼吸着，那该是什么样的感觉？那该是怎样的脆弱柔软而多情？所以，他总是不厌其烦地唱着他的 dream。

也许，包括音乐在内的所有艺术，都应该包含着梦和来自底层生活这样两个方面，后者是艺术得以生长的根基，前者是艺术能够飞翔的翅膀。汤姆·韦茨的歌恰恰具备了这两个方面，所以，他的歌唱得年头长久，从六十年代末一直唱到现在，从二十来岁一直唱到五十多岁。而且，他的歌没有什么商业的热点和包装，他也从来不进行有些歌星热衷的实际为了进行商业宣传的巡回演唱,这更是难能可贵。要说人心是尺,人眼是秤,难能可贵的包括他的歌迷。1996年,他在旧金山进行一次慈善演唱,不到四十五分钟,所有的票便被一抢而空。正在他演唱时,一位他的老歌迷站起来对他说:"嗨,汤姆,最近你到哪儿去了?"他立刻亲切而风趣地反问:"最近你到哪儿去了?还在机场工作吗?"他和他的歌迷、他的歌和底层氛围的那种亲近的融合,一直也是汤姆·韦茨的梦。不是所有的歌手都拥有这样的梦的。

二

要说真是太巧了,冥冥之中真的有什么东西让我和汤姆·韦茨一线相连,紧紧的,不愿扯开。刚刚写完上面一段,想休息休息,看了张DVD的电影,基姆·贾姆什导演的《地球上的一夜》,是部老片子。电影一开始,人物还没出场,图像还没有,只是字幕时,便响起了片头曲,苍凉而嘶哑的歌声,真像汤姆·韦茨。但我不敢断定真的就一定是他,一直看到完,片尾曲又响了起来,还是那样的苍凉而嘶哑。一直到字幕打出来,不是真像,就是他,是汤姆·韦茨!片头片尾曲是他唱的,整部电影的音乐都是他作的。

汤姆·韦茨!不愿意离开我的耳朵,或者说我们实在是有缘分,他的音乐确实渗入我的心里,很长一段时间,他那苍凉而嘶哑、低沉而粗糙的歌声在我的心里回荡,风中总像是飘来他的旋律。

像他这样有才华的歌手实在是不多。歌手涉足电影界的,也有不少,麦当娜、斯汀、比约克、惠特尼·休斯顿,都曾在电影中又演又唱。但能够像汤姆·韦茨一样不仅能演能唱,而且还能作曲,不是一支单曲,而是整部电影的配乐,实在是少见的。这样的人,即使把他的骨头碾碎了,大概也是碎了的音符吧?

《地球上的一夜》里的音乐,和汤姆·韦茨其他的音乐一样好听,尤其是他唱的片头片尾曲,更是动听之极。那旋律和味道,让我想起他的《火车之歌》,其中的情感有几分相通,那种漂泊无根,那种冷漠,那种凄怆,苍迈又心不甘,嘶喊而哭泣。他让你的心跟随他的歌声紧紧地揪成一团,刺猬一样扎得慌。

我总以为汤姆·韦茨最大的特色,是他的声音。他不是那种保罗·罗伯逊的男低音,与保罗相比,他没有人家那样的气沉丹田的共鸣和厚重的回声。区别于他人的,是他嗓音粗粝之中的嘶哑,那种嘶哑像是钝锯拼命地撕扯着声带,锯未断,声声锯,藕断丝连,杜鹃啼血。重要的是他将他的声音和他的感情那样好地融为了一体,这一体成为一种歌声的象征一样,只象征着底层人,绝不是贵族或小布尔乔亚似的假贵族。我们的歌,晚会的堂皇度身制作,辉煌而艳丽的音响效果,却少了真正的感情,只是纸扎的花的,太多;或是虚情假意、顾影自怜、自己胳肢自己的腰眼、眼里洒满眼药水当晶莹泪花的,太多。

听汤姆·韦茨的歌,总能让你一下子就想起河边沙滩上的纤夫、矿井上黑汗淋漓的煤黑子、风浪过后站在船头的水手,或者低级肮脏酒馆灯光昏暗中醉意蒙眬的醉汉。在一盘题为《汤姆·韦茨回顾展》的磁带的说明书上,写着这样的话,向我们描述着他:"在好莱坞的卓比坎那旅馆、公爵咖啡店的楼上,你总能看到他。那里的每一个房间,或者被油腻腻的舞池所环绕,或者刚好可以俯视公园的景色。这些地方成为他生命的栖所,让他更觉得像自己的家一样……汤姆·韦茨走进破旧凋零的酒吧,他想要实践他所有的想法……"描述得很像我想象中的他。他的歌,和电影中的他,和生活中的他,常常就是这样地混为了一谈,交错地出现,模糊了界限,让你只能去使劲地想象。

有这样三件事,一直在我的想象中,但是怎么使劲地想象,也实在想象不出它们的样子。

一件是1972年他的第一张唱片《打烊时间》发行之后,卖得不好,他再上台演出时听众开始起哄,弄得他很尴尬。这时候,他离开了舞台,离开了美国,去了欧洲,后来到英国伦敦一住好长时间,用我的话说是进行了认真的反思,认真写了好多歌。四年之后,在他的第二盘磁带《小小改变》中,我知道这些歌成全了他,他改变了他最初的那些乡村音乐和民歌的混合而自己的风格特点不足的唱法,而向黑人音乐尤其是蓝调和爵士学习,同时他的嗓音也刻意发生了改变,渐渐变得像现在我听的这样,和别人有了明显的区别。但是,我想象不出那失意的四年,他是怎样度过的,为什么非要去国离家,跑到异邦去卧薪尝胆?难道只有伦敦才能给他灵感?

另一件是据说有一段时间他曾和有名的乡村歌手斯特尔·盖

尔合作，专门演唱了不少爱情歌曲。据说，唱得温柔之极。我没有听过这样的唱片或磁带，想象不出他那样粗粝嘶哑的嗓子如何能唱得温柔之极？莫非苍凉的沙漠也能小桥流水细雨江南？他的歌很少唱爱情，只听过一首《我希望我没有爱上你》，也没有听出温柔之极，依然是那种苍凉和沧桑，那歌词很有意思："我希望我没有爱上你，因为爱上你使我变得忧郁……我希望我没有爱上你，房间里挤满了人，我在想着我是否给你留一个位置……"虽然唱着爱情，但冷静，还有一点冷漠，似乎和爱情离得很远。

  第三件是据说他现在正在频繁和人打官司。原因是现在他的嗓音和风格被越来越多的人看好，模仿他唱他的歌的人也多了起来，他在和别人打版权的官司。演唱他创作的歌要付费，这是没得说的，但作为音乐的风格和演唱的嗓子，版权如何保护汤姆·韦茨，我实在想象不出。因为我们眼前的模仿实在太多，明目张胆地扒带子攫为己有，有人调侃已经到了后扒带子时代，克隆现象已经是见多不怪了。我同时也想象不出和别人打官司的汤姆·韦茨是一种什么样子，还是用他唱歌时那种粗粝而嘶哑的嗓音吗？或许，这独特而魅力无穷的嗓音正好打动了法官的心？

  汤姆·韦茨！

关于老鹰

老鹰(Eagles)是美国一支老牌的摇滚乐队。上个世纪七十年代,在美国,他们曾经风光一时。最有名的《加州旅店》一张专辑就卖出了1 100万张。一支"老鹰",短短几年光景,就为美国卖出四亿美元,让同行望洋兴叹,酸掉下巴,是摇滚乐绝无仅有的奇迹。1979年,乐队解散,乐手们漂流各方,直到1994年不知出于什么原因,他们心血来潮,重新复出,而且进行了全球巡回演出,推出他们的新专辑《地狱解冻》,居然宝刀不老,梅开二度,一下子卖出500万张,让那么多歌迷依然痴迷而不能释怀,真是匪夷所思。据说现场演唱会最高门票一张要115美元,是少有的高价(那也没有我们在故宫午门前的三大男高音演唱会的票价高),25万张门票短短几个小时被一抢而空。歌迷同球迷一样,有时是最无法理喻的一群。

我找到了一张《地狱解冻》的DVD来听。重新走到一起的那五只老鹰,已经老了,头发都白了,一脸的沧桑,歌声中也透着几分苍凉。现场的歌迷疯狂得让我有些吃惊,好多人岁数已经不小了,却个个像是吃了伟哥似的年轻而亢奋起来,我不知道他们为什么那样激情洋溢而不可遏止。我真的没听出能让我激动的什么来,我就像一个局外人一样,站在海边,任他们那样汹涌澎湃,飞溅过来的浪花,沾不湿我身上一星一点。

一身牛仔的他们唱得不错,放松得很,潇洒得很,喃喃自语一般,倾诉感极强。优美的和声不错,音响的效果也不错,尤其是几把吉他、一个架子鼓,配合着优雅的弦乐乐队和清如雨珠滴落飞迸的钢琴,此起彼伏,摇曳多姿,音乐本身显得很浑厚悠扬,作得精致而认真。但是,我只能说是不错,看他们五人鬓发斑白的样子,再怎么敞着怀,胸脯松弛的赘肉也已经显现出来。再看他们年轻时的照片,觉得有点似是而非,甚至有点滑稽的感觉。严格地讲,他们也算不上是真正意义上的摇滚,只是乡村民谣略加以改造的摇滚,很司空见惯的东西,开始会让你以为是约翰·丹佛的翻版。我实在听不出那些歌迷为之疯狂的旋律。也许,每一个音符的意义因地域不同而不同吧,就像橘易地而成枳。

每个时代会有每个时代的音乐。这个时代的音乐就成为了这一代人的精神饮品,在当时和以后回忆口渴时饮用;便也成为了这一代人心头烙印上的钙化点或疤痕,成为这一代人记忆里抹不去的一种带有声音图案的标本,注释着那一段属于他们的历史。就像一枚海星、海葵或夜光荧螺,虽然已经离开大海甚至沙滩,却依然回响着海的潮起潮落的呼啸。

想到这一点,便也就理解了为什么有那么多的人为老鹰的这盘新专辑而疯狂。

1971年,当鼓手唐·亨利从得克萨斯州的一个小镇、吉他手格伦·弗雷从底特律、贝斯手兰迪·迈斯特从内布拉斯加,无所事事地在洛杉矶走到了一起,他们便有一种一见如故的感觉,心中涌出的想法,让他们相见恨晚而一拍即合。后来加入的伯尼·利顿和唐·菲尔德,原来都是给别人的演唱当伴奏,一样默默无闻而渴望出名,一样囊中羞涩而渴望富有。那时,他们都是二十三四岁的年轻人,住在廉价的公寓里,坐上音乐这辆并不新颖的大篷车,开始了向他们梦想的成名之路进发。

那时美国和苏联的关系正紧张,越战打得人心越来越乱,在国内引起激烈的争论。老鹰会师洛杉矶的那一年,美国的经济很不景气,有460万人失业,逃避与颓废的风气正在年轻人的心头弥漫。就在这时,他们给自己的乐队起名叫做"老鹰",用了美国的国鸟来比喻自己,说明他们的正儿八经,不是在玩闹。1972年,他们推出了第一张专辑,名字就叫做《老鹰》。他们唱的主题是神秘的英雄、逃亡者和孤独的独行人。他们给自己提出的要求是尊重、名誉和金钱。他们的音乐和他们的目标,都是和美国的那个年代那样的吻合,有那么多的人爱听他们的歌,以至那么多年过去了,只要一听到他们的歌,依然会想到那个逝去的岁月,就一点也不奇怪。

比如说那首到现在依然是主打歌曲的《加州旅店》,亨利唱的是一个驾车行驶在高速公路上的人,被引到加州旅店,他不知道那其实是一家黑店,他在里面尽情地跳舞饮酒,最后发现自己已无法脱身。亨利最后唱道:"你任何时候都可以付账,但你永远无法离去。"这家加州旅店,是象征?是写实?如果不是那一代和美国七十年代历史息息相关的人,便很难理解这些空洞乏味而显得颓废的歌词,居然也能够使他们如此疯狂。就像我们现在的假货盛行、房价飞涨,下一代很难理解一样,只可惜我们没有这样类似《加州旅店》的歌流行。

《加州旅店》也好,或者《浪费时间》也好,《昨天的女孩》也好,《一排美女》也好,《特奎拉日出》也好,《没关系》也好……他们那些歌,是那个年代遗留下来的老照片,在我们看来颜色已退,面目凋零,但对于和那段历史荣辱与共的一代人来说,却是踩上尾巴头就会动的啊。老鹰的重新复出,用他们的这些熟悉的在我们听来似乎是有些老掉牙的老歌,给美国这一代人端起了怀旧的最好的酒杯。

这种情景,很像如今我们的歌迷听邓丽君、听罗大佑、听蔡琴时,那种我们中国特有的怀旧感情和感觉。事过境迁,歌词都只是次要的,即使忘记都没有什么关系,只要那熟悉的旋律蓦然间响起,就能够听得出来那过去了的生活,再遥远也立刻近在咫尺;或者说一想起那过去的生活,耳边便总能不由自主地响起与之对应的那熟悉的旋律,一下子把许多想说的话都在音乐中淋漓尽致地体现出来了。音乐成了那段历史的一个别致的饰物,即使许久未见,只要看见它,立刻他乡遇故知一样,引起无限青春岁月的回忆。音乐的引子只要一响起,便如泄洪堤坝拉开闸门一样,无法遏止,开了头,就没了个头。音乐的作用有时就是这样的奇特。

我对老鹰乐队最感兴趣的,是他们的年龄,因为这五个人中除了弗雷是1948年出生,其余四人都是和我一样1947年生人。应该说我们是地地道道的一代人。在七十年代初他们出道杀出一条血路,在整个七十年代他们红透美利坚的时候,我正在干什么?

1971年,我在北大荒插队,在那一年的秋天割豆子,一人一条垄,一条垄八里长,从清早一直割到天黑,结了霜带着冰碴儿的豆荚,把戴着手套的手割破,一片齐刷刷的豆子前仆后继还在前面站着。这样的日子就像长长的田垄一样没有尽头,希望消失在夜雾笼罩的冰冷的豆地里。

1973年,也就是老鹰出版他们第一张专辑的第二年,父亲突然去世,家中只剩下老母一人,我星夜赶回北京,料理完丧事,开始了和母亲相依为命的在北京待业的生涯。

我现在在想,那时属于我们的音乐是什么?无论在北大荒漫无边涯霜冻的豆地里,还是在北京城到处流浪求生觅食的日子里,什么样的音乐如同老鹰的歌一样伴随着我呢?

我仔细想了想,有这样三部分的音乐在那时伴随着我和我们这样一代人:一是在知青中流传的自己编的歌,一是前苏联那些老歌,再有便是样板戏。真是这样,在收工的一望无边的田野里,在冬夜漫长的炕头上,在松花江黑龙江畔开江时潮湿的晨风里,在白桦林柞树林的树林里,在达紫香和野百合开花的田野里……有多少时候就是那样情不自禁地唱起了这些歌,有时唱得那样豪放,有时唱得那样悲伤,有时唱得那样凄凉。记得有一次到完达山的老林子里伐木,住在帐篷里的人在一天夜里齐声唱起了苏联的老歌,一首接一首,唱着唱着,全帐篷里的人竟然没来由地都哭了起来,哭声越来越大,以至响彻了整个黑夜。

在有人类的历史中,没有文字时就先有了音乐,音乐是历史的一块活化石,是即使我们说不出也道不明的历史的最为生动的表情或潜台词。明白了这一点,也就明白了,前些天北京的舞台上,上演了一出由浩亮、刘长瑜、袁世海等原班人马出演的现代京戏《红灯记》时,为什么那么多人为之兴奋雀跃,竟然和老鹰复出一般遥相呼应,不分中外地雷同。熟悉的旋律,熟悉的戏词,乃至熟悉的一招一式,都会唤起那一代人共同的集体回忆。《红灯记》的内容已不是什么主要的了,样板戏和我们知青自己编的歌,以及那些前苏联的老歌所起的作用,在这时是一样的,只是作为一种象征,作为载我们溯流回到以往岁月的一条船。它们能够让时光重现,让逝去的一切尤其是青春的岁月复活,童话般重新绽开缤纷的花朵。不知道别人听到它时想到什么,听到它时我就会忍不住想起那时的待业和割豆子,在特殊的音乐的荡漾中荡漾起一代人那无情逝去的青春泡沫。

有时候,音乐就是这样的一种青春致幻剂。

天堂兄弟

　　一个人，一把吉他，就那样简单得不能再简单地吟唱。单纯的歌声，单纯的吉他，没有什么杂音，没有什么杂念，有些慵懒，甚至有些信马由缰、散漫无章，一任水从罐子里淌出，流湿了一地，甚至濡湿了自己的脚，还是那样唱着，弹着。歌声有些单调，重复着一种至死不变的旋律；吉他有些醉意似的，晃晃悠悠的声音，炊烟一样袅袅飘荡在空中；眼睛望着远方，焦点却不知散落在哪里，一片迷茫，如同眼前的草地里的草在风中和阳光中疯长，摇曳的草叶间翻转着一闪即逝的微弱的光斑。

　　"天堂兄弟"，一个好听的名字，容易让人遐想。十多年前买这盘磁带时，对它一无所知，就是看到了"天堂兄弟"（Palace Brothers）这个名字，忍不住把它买下了。当时想，还有什么比天堂和兄弟这两个词更美好的组合吗？说"天堂父子"好听吗？说"天堂姊妹"好听吗？说"天堂情人"好听吗？或者说"天堂哥们"好听吗？不是太俗、太硬，就是透着假，都赶不上"天堂兄弟"动听。

"天堂兄弟",确实能够让你遐想悠悠,想起一种比亲情更加美好的人世间的关系,想起遥远的一个你从来没有去过的地方,纯净得没有一点污染。

我相信每一个人的心里都会有属于自己的音乐,在一个特定的时刻和音乐家的演奏或演唱他乡遇故知一般的相契合。这是与生俱来的,从这一意义上说,每一个人都是音乐家。做画家,需要懂得色彩和造型,做文学家,需要会编造故事,音乐不需要那么多外在的东西,只要你的心中想到了它,它就一定能够在你的心中回荡起来,即使一时没有回荡起来,也必定有一种旋律在远方等待着你,和你心中的向往遥相呼应,就像树上的叶子,有远方的微风吹来,即使你还没有感到叶子在动,其实叶子已经感受到风的气息了。

"天堂兄弟",就是我向往的那种远方的微风,轻轻地拂来,带来远方雨的湿润和草的芬芳,以及地平线上地气氤氲的蠢蠢欲动。

我真的很喜欢"天堂兄弟",它只是一个人的乐队,独行侠一样行走在摇滚乐坛之上,来无影,去无风,人们很难知道他个人经历稍微细致一点的讯息。他有点神秘,缥缈如抓不着的影子。只知道他的名字叫做威尔·奥尔德哈姆(Will Oldham),他的名字虽然还很陌生,但他的音乐很早就回旋在另类摇滚乐坛上了。只是他不愿意抛头露面,一直躲在幕后,为别人写歌作词,将自己的名字融化在音乐里去自得其乐。一直到 1993 年才独自一人出山,在 Drag City 唱片公司出版了第一张自己的专辑《没有一个人要关心你》。即使专辑出版了,里面也没有他自己的任何介绍,甚至连一句歌词都没有印上。有人说得对:"在这个人挤人、资讯快转的焦虑时代,他像是位隐士。"

就男子摇滚中如"天堂兄弟"这样的唱法而言,大概有这样类似的两类:一类如"红房子画家"(Red House Painters)和"低"(Low),很舒缓的旋律,很慢的节奏,很内省的音乐,低迷、凄婉,强调个人的经历和私密性的感受,弥漫着烟火之气,却也相对格局狭窄一些;一类如尼克·凯夫(Nick Cave),虽然也很感伤、凄迷,但由于受迷幻之声的影响,更加唯美,又由于尼克·凯夫本人的文学修养好,音乐的内容就更加丰富。

显然,"天堂兄弟"属于前者的路子,借鉴的更多的是自拉自唱自说自话的民谣小调,音乐的形式简单,歌词的内容单一,只是个人的生活日记式的记录和喃喃自语式的吟唱。尽管狭窄了一些、自闭了一些,甚至有那么一点顾影自怜和自怨自艾,但"天堂兄弟"的音乐还是让我喜欢。毕竟离我更近些,散漫慵懒,疲惫不堪,风尘仆仆,饮食男女,家长里短,歌哭鬼唱,一律都和我那样的近,那样的息息相通,真的如同你隔壁邻居家的孩子,或是你自己的兄弟。

去年夏天的一个傍晚,一连多日的闷热不雨,天气很燥热,我在离家不远的街上散步,看见两个年轻的小伙子,坐在街头一家早就下班关了门的公司前的台阶上,四周围着好多乘凉的人,他们一人弹着一把木吉他,边弹边唱,唱着完全是自己随意的即兴小调,旁若无人,很投入、很忘情的样子,尽管四周的人都热汗淋淋,但一点热汗都没有在他们的脸上显现,傍晚昏暗的天光辉映在他们的身上,糅合进他们很忧郁却也很清凉的歌声中,让我想"天堂兄弟"的歌声大概就是这样子的吧。

听"天堂兄弟",有时,我会想我们的音乐里以前并不缺少这样的民谣小调,周璇唱的《四季歌》等那些歌,刘天华拉的《二泉映月》那样的二胡曲,应该都属于那样的小调,至于陕北信天游里的酸曲,内蒙古的长调短调,还有青海的花儿,其中不少都是这样的小调。只是一到我们的主流音乐里,这样的民间小调就很难找到了。我们可以随手数出鱼甩子一样多歌手的名字,他们频繁地在电视的娱乐节目和报纸的娱乐版上出现,涂脂抹粉地和我们逗着闷子,以此来增加他们的上镜率和知名度,但我们真是很难找到他们其中谁是如"天堂兄弟"一样唱民间小调的。一个都没有。我们的电视屏幕上制作了一批又一批的晚会歌曲,我们的唱片公司孵化了更多的那种千篇一律的爱情歌曲,不是愿意走宏大叙事的路子邀宠媚上,就是愿意吃着别人嚼过的馍,透着几分虚假和造作,屈膝于市场和时尚。

我们缺少这样自我吟唱式的小调,是因为我们已经缺少了这样朴素的表达方式。从历史的原因来说,是因为和我们社会曾经长期处于的假大空有着明里暗里的关系,或是无奈的藕断丝连,或惯性的轻车熟路。从现实的原因来看,是因为数字化时代的到来,让我们的个人情感的表达可以轻而易举地被程序化和模式化,我们可以随心所欲地从电脑软盘里找到设计好的所有文件,也可以手到擒来从各种漂亮精美的贺卡中找到我们所要的标准化词汇,复制出我们所要表达的所有的感情,用快递公司派送。我们同时也受到流行文化和消费文化致命到骨髓的影响,因此我们更愿意九百九十九朵玫瑰式的和爱你一千年一万年不变的感情奢靡和空泛的抒发。朴素的表达方式便这样理所当然地被抛弃,真诚便这样轻而易举地被阉割,而本属于私人化的感情,当然更方便的就被当成卫生巾一样最频繁地亮相在广告中去轻歌曼舞。

有人说,"天堂兄弟"的威尔·奥尔德哈姆的嗓音有些像尼尔·扬(Neil Young),其实,威尔·奥尔德哈姆的嗓音无论和尼尔·扬,还是和"红房子画家"的马克·科兹里克(Mark Kozelek)来比较,确实都有那么几分相似,但他比起他们来说都更显得纤细而柔弱,有一阵微风吹来,就可以把他的歌声吹得游丝散尽。他那份呜咽幽怨也是独有的,是化解在那把简单的吉他和他自己淡薄的嗓音里的。而他那种远遁于世"隐士"般的态度,更是别人不具有的,确是和他简单得甚至有些单调重复的音乐吻合得天衣无缝。他的歌有些像是风中飘曳的蒲公英,轻若羽毛,翩翩飞舞,有阳光辉映的时候闪着迷惑的金色的柔光,飘在阴影里的时候一身迷途难返的迷茫。

听"天堂兄弟",总会有一种征鸿过尽,万千心事难寄;连天衰草,望断归来路的苦涩和无奈。

听"天堂兄弟",总会有千里暮烟愁,一川秋草恨弥漫满身的感伤,也总会有红了樱桃,绿了芭蕉的一闪一亮。

听"天堂兄弟",总会涌出断肠人在天涯的共鸣。

听"天堂兄弟",让我想起诺贝尔文学奖得主爱尔兰的诗人西默斯·希尼的诗——

> 你就像一个有钱人听到一滴雨声,
> 便进了天堂。现在再听。

当然,这和有钱没钱无关,只和音乐有关。

前两天的晚上,孩子从美国打来电话,告诉我说:我看见你最喜欢的"天堂兄弟"了!他是从网上看到"天堂兄弟"要来芝加哥演出的消息,说是芝加哥,他开车开到芝加哥郊外很远的一个地方,但全场爆满,所有人都站着听完他的演唱。放下电话,找出他的磁带,重新听了一遍,歌声荡漾,昔日重现。

黑色也是一种彩色

在摇滚音乐里,噪音是其组成的重要元素,而且,还可以细致地分为工业噪音、电子噪音、金属噪音等并不科学却极为流行的多种形状。白色噪音就是其中的一种,虽然到现在我也不明白为什么要称之为白色噪音,难道还有黑色噪音和它对应吗?难道它不是电子器乐所制造的噪音吗?它和电子噪音有什么区别吗?也许,提出这样的问题,就是十足的外行。噪音就是这样自然而然、理所当然地出现在摇滚音乐里,分类只是人为的好事而已。

在古典音乐里,是没有噪音的。因为古典音乐崇尚的是谐和、平衡、高雅、持久、匀称,源于古罗马拉丁语古典 classic 一词,在拉丁语里就是这些含义,噪音显然是被摒弃在外的。尽管现代音乐的创始人勋伯格(Arnold Schoenberg)曾经将噪音尝试地运用在古典音乐里,终究没有成为古典音乐的主流,而是被认为有些离经叛道。另一位现代音乐家拉赫玛尼诺夫在十九世纪末曾经敏感地预言:噪音在下个世纪将成为古典音乐重要的组成部分,但下个世纪真正到来的时候,噪音始终也没有能够成为古典音乐的组成部分。

命中注定,使噪音成为音乐重要组成部分的,不可能是古典音乐,而只能是摇滚音乐。从这一点来说,说明古典音乐的局限性,也说明摇滚音乐的开创性,所谓尺有所短,寸有所长。背负着悠长历史岁月和高贵而骄傲的古典音乐,便也背负着沉重的包袱,靠自身是不能打破自己的局限的。运用古典音乐制作的模式,可以虚拟和再造出十七世纪古典音乐天空的辉煌,但星光灿烂辉映出的已经不再是巴赫和莫扎特生活的十七世纪的天空了。新的天空毕竟要出现新的星辰。

可以说,将噪音制造成音乐的人,是和创作古典音乐并排的人。

它拓宽了音乐自身的疆域,并创造出了新的音乐美学标准。

因此,与其说它使得音乐变化了内容和另一种可能存在的形态,不如说它是在用新的方式对现实世界的情景进行描述和诠释。对于他们来说,秦时明月汉时关,只属于古典时代,绝对不再属于现代,现实的情景中也绝对不复再现。

生活在古典音乐时期的人们,追求的是人性善良美好的一面和自我的心理平衡,向往的是梦与现实混淆的境界,而回避和规避着一些现实。而生活在摇滚音乐时期的年轻一代,表现的则是人性扭曲和压抑的一面,彰显的是现实不合理的丑陋甚至残酷的一面。梦是灰色的,现实则是如同头顶上污染的天空一样,雨后很难再见到彩虹。

也许,对于我们这样一代,如丝似缕的小提琴和清亮透明的钢琴以及荡气回肠的交响乐最适合我们,让我们哪怕是枯涩的回忆,也发酵变得美好而诗化起来。对于年轻的一代,噪音则是他们赖以生存的这个躁动不安充满着战争、骚乱、尔虞我诈、欲望膨胀的背景,是他们由此激发的感情外化和生存状态的一种形式。不用说,回荡在他们生命之中的尽是这样的噪音,就是回忆里的诗也散乱了韵脚而成为了浑浊的杂音。

我猜想,噪音在最适合淋漓尽致地表现年轻一代情感的摇滚音乐之中,大概就是这样应运而生。

我不知道是什么时候噪音开始出现在摇滚音乐里的。据说,早期的布鲁斯时期,就有摇滚歌手不满足做一个仅仅对社会负责任的行吟诗人了,他们开始大胆妄为地做古典音乐不能做的事情,将噪音引入摇滚世界。在欧洲曾经涌现出的浮士德运动中,便有工业噪音在摇滚音乐中生机勃勃地躁动,认为自古希腊歌剧中和教堂圣咏中的美妙人声,已经变得不那么重要和主要,而拎起了人们从来难以接受的噪音,残酷而真实地表现后工业时代的冷漠。即使到了摇滚的新古典主义时期,以 4AD 公司出品的一系列唱片,不食人间烟火,逃避现实,唯美主义盛行,如凯特·布什等依然也出现了白色噪音。到目前为止,噪音在摇滚中几乎比比皆是,见怪不怪了。就好像水果中的榴莲,最初吃起来会觉得有股子怪味甚至臭味而不习惯,吃习惯了会觉得是一种特殊的香味呢。

就我个人而言,不是什么噪音都可以接受,比如重金属,总觉得太闹得慌,过于嘈杂而沉重。但白色噪音是能够接受的。我不知道它源于何处何时何人,以我听摇滚有限的经验和知识来看,似乎不是最早也是较早的六十年代出现在"地下丝绒"乐队;而后被八十年代初期的"耶稣和玛丽锁链"乐队(The Jesus and Mary Chain)学得了奥秘;八十年代末出道的"我的血腥情人节"乐队(My Bloody Valentine),则是明显地受益于这两支乐队的影响。我很喜欢"我的血腥情人节"这支乐队的演唱,他们让我对噪音有了全新的认识,对白色噪音有了感性的了解。它和我以前的想象完全不一样。

也是,以前,对噪音多的只是固有的印象和无知的误解。

1984年,以天才的凯文·希尔兹为首,作着音乐、弹着吉他,和鼓手科·奥索尔伊格、歌手戴夫·康伟、键盘手蒂娜,一起组建了"我的血腥情人节"乐队。这名字有些古怪而匪夷所思,据说乐队的名字来自一部恐怖电影。他们一共只出过两张唱片:《非物》(1988)和《无爱》(1991),但数量少并不妨碍他们的出色。据说他们在演出时只是静静地站在舞台上,只顾自弹自唱,并不和听众交流,被人称之为"自赏派",也算是我行我素,自成一格,花开花落两由之。

我喜欢听它的音乐,他们所制造出的白色噪音,不似重金属那样震天动地,满耳轰鸣,他们似乎将那噪音别有用心地拉成了一条条丝线,织成了一缕缕亚麻的布帘,密麻麻地飘荡在我们的面前,不停地晃动着,晃得我们有些眼花缭乱。吉他声很难听到,只能听到噪音制作出的短促的音符在不断地重复着,就像电影片子卡住了,总是来回重复放映着同一个片段。但节奏很明显而清楚,这样有节奏的噪音循环往复,有一种大弦嘈嘈如急雨的效果,那情景不像是在机器轰鸣的车间,而像是在黄梅天披着雨衣或撑着伞走在车水马龙的大街上,地面上积下的雨水在哗哗打着旋涡往地沟里流着,身旁流过的是脚步急匆匆而面孔冷漠的人们,眼前是灰蒙蒙的雨雾一片,什么也看不大清,只有雨水不断线在下着,香烟一支接着一支在抽,酒一瓶接着一瓶在喝,脚下浑浊而厚重的雨水哗哗地在流。

这种白色噪音制作出的噪音墙,隔住了什么,却也在隔住的空间当中让人感到了一种与世隔绝般的自己的天地。那种由此产生的孤独,多的不是愤世嫉俗,而是有些凄婉和隐约的美。那种美不会让人感伤或震惊,却有一种隐隐的痛让人无法言说。没有那种重金属噪音所宣泄出的声嘶力竭、撕心裂肺的疯狂,不是那种痛不欲生、呼天抢地的发泄,而是一种压抑却不想迸发的情感、慵散而有些颓废的情绪,以及无所事事,脑子一片空白,却依然存有一丝梦幻的灰烬残存地闪烁,雨蒙蒙中带有几分瑟瑟的凉意,一起随音乐袭来。有点像戴望舒的《雨巷》,只是在巷子里没有丁香,多了一些隐隐约约的噪音。

我听《无爱》这盘唱盘时,窗外正下着淅淅沥沥的冬雨,这种感觉就越发明显,密密的雨丝和密密的噪音墙,一起飘忽在了眼前,不知是音乐在为冬雨伴奏,还是冬雨在为音乐伴奏,两者的形象那样相似,一种空虚而孤独无助的气氛袅袅地弥散开来。音乐里散发出的噪音,仿佛通过弱音器,进入了一个魔盒子似的,再出来变成了另外一种装束。间或主唱并不明显而是有些含混不清的声音,絮语般的和噪音此起彼伏,像是把噪音当成一只只雨中淋湿了的鸟在逗着玩。噪音便不像是平常日子里分贝数字吓人的杀手,而像是一位天才的雕塑师,为我们雕塑起了另一种音乐的形象。

"我的血腥情人节"中绝大多数的音乐出自凯文·希尔兹之手,他杰出的音乐天赋,确实为我们展示出噪音的想象力和创造力。

想起画家马蒂斯说过的一句话:"黑色也是一种彩色。"噪音确实也可以化腐朽为神奇而成为一种音乐。

为何我唱布鲁斯

民间音乐的生命力,旺盛得有时让我吃惊。它们就像一条从遥远的历史长河中游来的鱼,既可以存活在出土的古老陶罐的图案里,想象在遥远的岁月里;也可以出现在现实的时间里,振鳍掉尾活灵活现在我们的面前。它们活在两个时空中,游刃有余,呈对称的两极,辉映在音乐之流中。

美国的蓝调音乐即布鲁斯,大概是美国也是全世界最富有生命力的民间音乐之一了。

听到美国的布鲁斯,我会很自然、很感性地想起密西西比河上的天空、得克萨斯州的田野、路易斯安那的林区……那里是蓝调音乐的发源地,就像肥沃的土壤一定会生长茁壮的森林和牛羊一样,那里生长着绵延至今的蓝调,蓝调是那里盛开的忧郁的勿忘我似的不败的蓝色花朵。

听到美国的布鲁斯,我也会想起电影《飘》和《汤姆叔叔的小屋》,那里面黑人奴隶们在南方炎热的土地上痛苦劳作时的歌唱,那种或是独自忧伤的呻吟、或是群体低沉的合唱,实在是有种比哭泣更让人撕心裂肺的感觉,那种音乐飘荡在空中像是云一样无所不在的流浪,始终笼罩在我们的头顶,飘落下便像是水能够无所不能地渗透进土里石缝里一样,一点一滴地渗透进我们的心里,然后烈酒一样发酵在我们的心里。除非我们的心是一个大漏勺,我们不会不为它湿润为它盈满感动得浑浊泪滴。

记得刚上中学,我背诵并在学校里朗诵过一首叫做《在美国,有一个孩子被杀死了!》的诗。我想,那飘浮在密西西比河上空被残暴害死的黑孩子不屈和不死的灵魂,该就是布鲁斯的旋律吧?

即使时间过去了那么久,只要一听到布鲁斯,我的脑子里总还是立刻就想起了那个死在密西西比河里的黑孩子。我相信许多人听到布鲁斯即使没有想起那个黑孩子,也一定会想到美国的黑人,想到美国的南方,就像一听到《紫竹调》和《茉莉花》,立刻就会想到我们杏花春雨的南方一样。民间的音乐即使不和民族的记忆联系在一起,也是这样的和自己的土地紧密地联系在一起。

那种挥洒在美国南方热辣辣的种植园里的汗水和音符搅拌在一起,那种郁积在一代代奴隶心头的愤怒和旋律搅拌在一起,那种收工在夕阳西下时分的火烧云下的尽情地宣泄和节奏搅拌在一起,或者在夜晚昏暗的酒馆里,或燃烧的篝火旁,那一醉方休的饮酒和疯狂的跳舞踢踏得泥土飞扬的节拍搅拌在一起……我猜想,布鲁斯应该就是在这时诞生的吧?布鲁斯的诞生,不是为了高雅或高贵,布鲁斯首先是和悲伤是和痛苦是和沉重的劳作联系在一起的。它不是那种必须要身穿晚礼服喷洒着香水环佩叮咚珠光宝气去欣赏的音乐,它只是那种赤着脚光着胸膛在烈日下热汗流淌的奴隶们的音乐。是那种喷涌着酒气和劣等烟草的烟味以及南方伐木林区和种植园泥土和腐殖质的气息混杂在一起的音乐。是那种砍刀和锄头碰撞、汗珠和血滴相涌、内心呼喊和口中宣泄交织,所一并发出尖利如同荒野上嚎叫的狼一般的音乐。布鲁斯的音乐从来打上的都应该是下里巴人的印记,如果打上了假贵族或伪诗人的徽章,就一定不再是真正的布鲁斯。

那些从非洲移民来到南方这块土地上的黑人奴隶们,把开垦和收获连同辛酸和音乐一起带到了这里,播撒进泥土里开放出布鲁斯这朵勿忘我的蓝色花朵来。那种班卓琴、曼陀铃和小提琴的交融,尤其是吉他的加入(如今不少是钢琴的伴奏),布鲁斯才犹如一个姑娘恰逢其时的成熟,有了经血一般有了气韵有了养殖的生命力,将曲线流溢的身段和丰满的情致,荡漾在我们的面前,并繁衍了无数美丽的布鲁斯的歌曲,星星一样多得首先遍布在密西西比三角洲。

我所了解的布鲁斯的知识很少,小时候,说起布鲁斯,我只知道保罗·罗伯逊,他也许算不上真正的布鲁斯,不过那纯粹男低音的歌唱,即使几十年过去依然清晰在耳,而且是以后再也没有听到过的男低音,更重要的是他是一个黑人,我便不由地把他和布鲁斯联系在一起而自认为是我第一次听到的布鲁斯了。后来,渐渐地长大以后,我知道了 W.C.汉迪,知道了他那有名的《孟菲斯布鲁斯》和《圣路易斯布鲁斯》；知道了 J. 布兰德，那首动听而深情的明尼苏达州州歌《带我回到老弗吉尼亚》，就是他的杰作。

再后来，我知道了 B.B.金。

说实话，我对 B.B.金一无所知，只是在今年的格莱美奖获奖名单中看到了 B.B.金。我不知道其实早在 1987 年格莱美就给了他一个终身成就奖。我问儿子，他说："你问 B.B.金呀，'老炮儿'啦！"我才知道，这位出生在密西西比的布鲁斯大王今年已经七十六岁了，是够老的了。在老一茬的蓝调歌手中，他几乎成了硕果仅存的一位，说他是布鲁斯的一块活化石，大概不为过。从四十年代一直唱到现在，横跨了半个多世纪，从一个比尔大街的布鲁斯男孩（因为比尔和布鲁斯的英文单词 Beal、Blues 开头各有一个 B，所以后来简称为 B.B.金），到如今白发苍苍，还没有一个摇滚歌手能够像他宝刀不老唱得如此长的岁月（鲍伯·迪伦算是摇滚的常青树了，也赶不上他的时间长），唱得歌声和时间一并如雪斑白锁定在布鲁斯的歌声中，不是活化石是什么？

那天，我去买磁带，说起 B.B.金。卖磁带的小伙子几乎惊奇地问："您买 B.B.金？"再一问，才知道现在听 B.B.金的人已经很少了。新的蓝调大王频频出现，谁还在乎一个老头子？

不过，小伙子很热情地对我说："我这儿还真给您准备着两盘 B.B.金的磁带。"

一盘 B.B.金的专辑，一盘 B.B.金在库克郡监狱的现场演唱会。

我请教小伙子，请他为我推荐其中的一盘。他想了想，把那盘在监狱的现场演唱会的磁带递给我:"您还是听这盘吧,布鲁斯的演唱,即兴的成分很强,听现场更有味道些。"

小伙子说得很行家,即兴性和民间性,是布鲁斯的双飞翼。听布鲁斯,当然是现场更见水平,现场的气氛有助于歌手的发挥,布鲁斯的音乐本身就有着这样发挥的成分的天地,一把抱在怀里的吉他就像是一个不安分的女人,时时被他撩拨得如蛇扭动,生龙活虎,风情万种,随着他的歌喉一起交欢,风起云动,出神入化。

这盘现场演唱会的磁带,是B.B.金1980年的制作,那一年,他五十五岁,正值壮年。他的嗓音非常洪亮,嘶哑的嚎叫都是那么底气充沛,和沸腾的听众的对唱对说得此起彼伏,气氛很是热烈,让人想起布鲁斯发蒙时期,那种歌声呼应的幽幽韵律和从心底发出的激情。

在这盘磁带里,B.B.金唱了五十年代和六十年代曾经风靡一时的歌曲,比如《亲爱的你知道我爱你》(1952)、《每天我都有布鲁斯》(1955)、《请接受我的爱》(1958)、《甜蜜的十六岁》(1960)、《你能有多忧郁》(1964)……看来虽然是在监狱里给犯人演唱,他还是很认真地精选了自己得意的作品,不愿意对付他们。

五十年代和六十年代,正是B.B.金鼎盛的黄金时候,他上足了发条似的一年有三百天在现场演唱——这实在是一个惊人的数字,另外的时间他在录音棚里录音。这也就是说,除了睡觉,他把时间都交给了他钟爱的音乐。他身体里的每一个细胞似乎都燃烧在他的布鲁斯里,或者说他的布鲁斯再造了他的生命,他才会具有如此旺盛的生命力,同他唱的蓝调一样喷发着火山般的热力,并奇迹般地将这座火山持久地喷发一直保持到如今七十六岁的年纪。

这位童年在颠沛流离的生活中成长起来的布鲁斯大王,得益于他的前辈布鲁斯大师博恩·沃克(T‐B.Walker)的指引,并受益于民间的布鲁斯艺人布卡·怀特(Bukka White),后者发现了他的天才,亲自指点他演奏吉他的非凡技巧,而画龙点睛使得他唱念做打样样技艺超群。只是在我听来,对比那种狂野的布鲁斯,B.B.金显得软了一些,少了一些原始布鲁斯的嚎叫和呻吟,多了一些舒缓和抒情,远离了黑人当年移民初期时背井离乡的荒凉和悲伤,以及在南方的种植园里当奴隶时的痛苦和苍凉。也许,是布鲁斯在时代的变迁中已经发展成多种分支,我是不大懂,也分不清,布鲁斯在这样的发展中生长了一些新的东西,也可能失去了一些东西。

或许,这就是B.B.金。和我想象中的B.B.金不大一样,和我想象的布鲁斯也不大一样。

不过,我忽然想起同样为民间音乐,我们的《紫竹调》《茉莉花》,和这些布鲁斯真是大不一样。漫长的封建社会,我们的农民所经受的一切不比黑人奴隶痛苦吗?怎么我们的音乐删繁就简只剩下了轻柔缠绵和小花小草般的玲珑剔透?我们为什么就缺少了布鲁斯那样的粗犷?那种对痛苦的不平的嚎叫,对忧伤本能的呻吟,以及那合唱般地动山摇的你呼我应?即使是同样表现痛苦的山西民间小调《走西口》,也只是一唱三叹的哀婉,缺少那种内心与外在共有的震撼。也许,是民族的性格特点不尽相同,我们更讲究的是阴柔含蓄和制怒于心里不要外露的中庸。也许，从我们的西北的花儿和信天游的酸曲或蒙古族的长调中，能够多少听出这样一些的粗犷和呼号，但多的大概是一唱三叹，还是少了些如沙漠戈壁本性和本能的粗粝荒凉和尖锐。我闹不大清。同时闹不清的是，在美国处于民间音乐的布鲁斯，在日后的发展中成为摇滚乐的一支劲旅，而我们的民间音乐只演绎出一台管弦丝竹的演奏或民族唱法的演唱，在我们的流行音乐和摇滚歌坛里，只有舶来的现兑现卖，恰恰没有什么我们自己民间音乐的成分。

1969年，B.B.金曾经唱过一首叫做《为何我唱布鲁斯》的歌，但反响一般，和他的那些脍炙人口的歌相比，这首《为何我唱布鲁斯》甚少为人所知。我没有听过这首歌，但我很感兴趣，不知道他是如何自唱自答的。这是一个重要的问题，因为只有回答这个问题——为何我唱布鲁斯，才能够明白历史中诞生在密西西比、得克萨斯、路易斯安那的林区和种植园里，诞生在黑人奴隶痛苦的汗水眼泪和愤怒的拳头中的布鲁斯，绵延至今的意义和价值。

据说，一部音乐记录片《布鲁斯（蓝调）》，即将拍摄。这部记录布鲁斯发展历史的电影，将由拍过《直到世界的尽头》和《百万美元酒店》的著名导演维姆·文德斯、拍过007的《黑日危机》的著名导演迈克尔·艾普特等人联手导演，阵容强大，肯定是部好看的片子。在这部电影里，将有包括B.B.金在内的一批布鲁斯大师出现。也许，到那时，他们会告诉我们"为何我唱布鲁斯"这个问题。

黄昏的曼托瓦尼

可以毫不遮掩并毫不夸张地讲，在当今世界我所听过的轻音乐乐队中，曼托瓦尼（A.P.Mantovani）是最出色的。起码在我的心目中，谁也无法和他比肩。我曾经情不自禁向不少人推荐过曼托瓦尼，并将我买的磁带送给听了之后一样也喜欢他的朋友，以致我原来保存的曼托瓦尼的磁带越来越少，不得不重新购买。

二十多年前，我在北京灯市口的一家音像商店里买了第一盘曼托瓦尼的磁带《Mantovani Magic》（DECCA 公司出品）。那时，我对世界流行轻音乐乐队一无所知，连听都没听说过有这么一个曼托瓦尼，随手买下它，与其说是冥冥中的缘分，不如说是瞎猫碰死耗子，纯粹瞎蒙的，只是看封套上的曼托瓦尼有些像我稍微熟悉的海菲兹。其实，在我们中国人看来，外国人大都长得有点相像。

带子里的第一支曲子，就一下子抓住了我的心，紧紧地吸引了我。弦乐轻轻地荡漾着，仿佛从遥远的天边隐隐地传来，忽然在管乐的撩拨下掀起了弦乐一起在最高音区飞翔，柔曼而婉转，弥漫在整个眼前的世界,仿佛有一只神奇的大手轻轻一抚摸,大地上所有的花立刻同时绽开了芬芳的花瓣。然后是在大提琴微微弹拨衬托下小提琴的一段独奏,色彩温柔,朦胧而带有一点回忆和忧伤,真是柔肠寸断,至情至爱,美丽至极,让人涌出一种如梦如幻和此曲只有天上闻的感觉。

这支曲子叫做《Misty》,不知别人怎样翻译,我将它叫做《薄雾蒙蒙》。这名字很适合曲子的氛围和我听后的心境。在我听来,所有曼托瓦尼的乐曲中,它是最出色的几首之一。

其实,听曼托瓦尼,完全可以不必看它们的曲名。虽然,它们的曲名都很动听,比如《星尘》《秋叶》《鸳鸯茶》《蒙娜丽莎》《小青苹果》《爱情是多姿多彩的》《烟雾迷住你的眼睛》《漫步在黑森林》《献给忧郁女人的红玫瑰》……不过,这些都只是它们的代号,曼托瓦尼一般并不在意它们浓郁的名字,或看重它们表面跳跃的情致。曼托瓦尼演绎的是自己的情感,那种情感,在曼托瓦尼所有的演奏中,几乎是万变不离其宗的,即是对逝去的古典情怀的一种追忆,只不过在他的追忆中,有他自己的沙里淘金,有他自己的精雕细刻,有他的执着和痴情,有他对古典精神的理解和诠释,有他对当今尘世中失衡与失落的珍贵的东西的温情的反抗和执意的打捞。

当然,这里的曲名许多并不是曼托瓦尼主观所为,而是来自他对民歌的选择,便也带上民歌原本名字质朴的气息,比如典型的《鸳鸯茶》《月亮河》《伦敦德里小调》《一路平安》,都让曼托瓦尼染上了他自己强烈的色彩,让这些民歌传遍世界许多地方。曼托瓦尼对民歌的钟爱,对民歌的重新改造和开掘,是他对音乐的一种态度。他不仅仅将古典囿于那些伟大的音乐家的身上,而是将其扩展到经久不衰的民歌领域。将民间清澈的溪水引进来,与这些古典音乐家的河流交汇相融,使得河床扩宽加深。这是曼托瓦尼的旋律不仅动听,而且朴素平易根深叶茂的一个原因。

曼托瓦尼自己创作的乐曲并不太多,一般都是他对古典音乐家作品的改造和演绎,尽管在一些乐曲中有属于他自己的改造,比如加入拉丁和爵士的一些音乐元素,但总有其自己明显恒定的风格。听多了,或许会感到他有些为我所用得太厉害,经过他的指挥棒一挥和他特有的弦乐的轻揉慢搓,就像把所有音乐家的作品都煮在他特制的大锅里,文火慢炖煮熟之后浸泡出一种味道,过于缠绵悱恻了些。其实,并不完全是这样的,曼托瓦尼只不过太热爱他的弦乐,尤其是他那占满乐队大多数的小提琴,便极其容易将那些古典乐章都请到他的弓弦上比试一番,就像一位武林高手总愿意让人和他比试拳脚,或一位高超的棋手爱让你和他在纹枰上对阵一样。或许,这和他的父亲老曼托瓦尼就是一位技艺高超的小提琴手有关,而曼托瓦尼自己很小就开始了他的小提琴演奏生涯,他对小提琴实在是太情有独钟。

曼托瓦尼对古典音乐家和作品的选择和改造,有他的美学标准。他不是那种深刻的音乐家,他便不想将其乐队演奏得过于阳春白雪,只是少数人的知音。他不是将自己和乐队向那些古典大师靠拢,而是将那些大师向自己向现代人靠拢。他也不是让音乐侵入理性,而是让感性弥漫音乐。正是这种姿态,他将那些大师头上几个世纪的假头套摘去,将身上笔挺的燕尾服脱去,将程序和规范复杂的起承转合剥去,而轻松洒脱地走下台来和大家握手言欢。他拉着这些古典大师的手,让他们一步就走到了现代,他让他们变得年轻。在将古典音乐从高深莫测的殿堂中请下来,可能做了过多的减法,会使得古典音乐失去一些什么,但使其变得通俗易懂而为更广大的听众接受,曼托瓦尼做出了他的努力。

　　曼托瓦尼改造和演绎古典大师的作品的方法、标准及其效果,同当代其他轻音乐乐队是极其不同的。与曼托瓦尼并驾齐驱号称当今世界三大轻音乐乐队的另外两支——詹姆斯·拉斯特(James Last)和保罗·莫里亚(Paul Mauriat)相比,后两者也都有古典大师音乐作品的专辑,曼托瓦尼和他们的绝不相同,不仅在于后两者多了许多打击乐(大概因为詹姆斯·拉斯特最早是演奏铜管乐的,保罗·莫里亚以前是弹奏钢琴的,而曼托瓦尼则是一位小提琴家),让古典重新镀了金漆一样,洋溢得更加节奏明亮、辉煌灿烂和热闹非凡,重要的在于曼托瓦尼注重古典典雅的意境,将那一份美好和温馨更加细化,作细致入微的处理,打磨得更加玲珑剔透,蓝水晶一般透明,紫丝绒一般熨帖,细腻非常,珍贵无限。就像打开一瓶陈年老酒,詹姆斯·拉斯特和保罗·莫里亚是要把酒倒进现代的磨花透明高脚杯中,他不,他要把酒装进古老的木制的碗里,让酒和碗虽然淳朴却一起弥漫着古典的气质和气息。因此,他的古典演绎更具有浓重的怀旧色彩,让你觉得似乎时光倒流,忍不住旧梦重温；让你总觉得似乎如此的美好在与你失之交臂而充满恍惚惘然无比珍惜之感。

在曼托瓦尼的古典音乐专辑中，有一盘题为《歌剧中的著名旋律》(Great Melodies from the Operas)的CD，是DECCA公司根据1978年曼托瓦尼还在世时的录音，于1984年出版的版本。这是一盘非常好听的CD,听曼托瓦尼演奏弗洛托的《玛尔塔》、威尔第的《阿依达》、普契尼的《托斯卡》、比才的《卡门》，以及瓦格纳的《汤豪舍》，会觉出与听歌剧里这些唱段不一样的感受。曼托瓦尼像是专门从中挑出最缠绵打动人心的旋律，就如同攀登上最高的山崖，钻进深深的山洞，将清冽而甘甜的泉水从泉眼里为我们打了出来，让我们一饮而尽，实在是畅快无比，美味无比。

曼托瓦尼乐队最拿手的是他的弦乐，尤其是庞大的小提琴队伍。曼托瓦尼将小提琴队伍发挥到了极致。虽然，他也偶尔运用木管乐器、小号、钢琴和手风琴，但他只是让它们作为陪衬，他绝不会让它们作为主角。他总是让小提琴出尽风头，他总是让小提琴在高音区和低音区上穷碧落下黄泉一般尽情表现，在百转千回的对比中，显得那样的明澈，那样的飘逸，那样的绕指柔肠而绵延不绝。他让他的小提琴织就的弦乐，溪水般四处流淌，浪潮般此起彼伏，瀑布般叠加而落，花开花落般缤纷满地，细雨潇潇般迷蒙满天，撩起你的内心最为温情的一角，昆虫的薄翼微微颤动着，和着他的旋律一起共鸣。当世界变得越来越嘈杂，情感越来越粗糙，心越来越疲惫，能够感受一些温馨，是人们普遍的欠缺和渴望，抒情便成了曼托瓦尼乐队最大的特点,小提琴就是他心中的诗。

与其说曼托瓦尼把握住了世态人心,不如说是他的天性使然,他无可选择地将自己内心和小提琴所蕴含的抒情特性发挥得淋漓尽致。可以这样说,在所有这些美妙的曲子里,都可以听到他的小提琴声,他的每一把小提琴都像是伸出了一只轻柔无比的小手,紧紧攥着你的心,随那美妙的旋律款款飞舞。像铺开一天云锦,曼托瓦尼让那一把把小提琴变成了一把把梭子,织就得他的弦乐那样灿烂而妩媚丰腴,让你的心里总涌起一种碧海青天、梦里关山的感觉,让你的心和眼睛一起湿润,手禁不住伸出去,在漠漠的夜空中想要握住他那遥远的手。

我确实非常喜欢曼托瓦尼,有一次我看到两张一套纪念曼托瓦尼逝世十周年的螺纹胶木唱片,因为听这种唱片比较麻烦,当时没有买,后来非常后悔,跑去买再也没有买到。那是曼托瓦尼在世时的现场录音,非常珍贵。除了这一次,十年来,凡是见到的曼托瓦尼的磁带和CD,我都买回了家。曼托瓦尼是这十年来陪伴我最多的流行乐队了。每一次听,都会让你新鲜,让你的心变软,让你忘却眼前许多的烦恼,让你充满逝去温馨的回忆。许多事情,过去了就过去了,不可能重现,唯有音乐尤其曼托瓦尼的音乐,能够有让往事重现的魔力。买他的每一张唱片,都不会让你后悔。

前些年,DECCA公司又一次出版曼托瓦尼的唱片,一款两张套,是曼托瓦尼的精选版,录音从1958年到曼托瓦尼逝世的1980年(那年5月他逝世的第二天,CBS早间新闻中高度评价了他,说他"曾使成千上万的人愉快,他将被人们怀念")。越经二十二年,一共精选三十八支绝妙的乐曲(第一支曲子就是他最为著名的《Charmaine》,第八支曲子就是我第一次听到的那支《Misty》),播放的总时间有两个小时零八分钟。实在是物有所值,不可多得。说这样的话,好像我拿了 DECCA 公司的什么好处,或是曼托瓦尼的"托儿"。但是,这确实是实实在在的。想想曼托瓦尼在上个世纪三十年代最开始组织乐队闯天下时,只能在马戏团里演出,艰辛之状可以想象。而后来他的唱片《Charmaine》在 1955 年一下子就发行到一百万张,最后他的唱片总发行量达到 3 500 万张,他指挥的曼托瓦尼乐队演奏的乐曲,几乎传遍了世界的每一个角落。他的辉煌是靠他的音乐,靠时间的淘洗,群众的眼睛真是雪亮雪亮的,世上爱乐者的心里都有一个精密的筛子,知道该筛下什么,该留下什么。

曼托瓦尼最辉煌的时刻,是在上个世纪六十年代和七十年代。想想那个时代,我们听惯的只是样板戏和语录歌的旋律,却自以为是在北大荒插队时大唱特唱,傻不傻? 哪里会知道这个世界的另一面居然还有这样美妙而动人的曼托瓦尼,真是无以言说。而事过境迁,几十年过后,样板戏的旋律虽然还在苟延残喘,只是作为一种标本的存在了;语录歌的旋律是彻底被人们遗忘了。但是,曼托瓦尼的旋律却是经久不衰,他的唱片被 DECCA 公司一版再版,层出不穷,常出常新。

前几年,曼托瓦尼乐队曾经来中国演出,对于中国乐迷,是件值得期待的大事。但是,实际听过之后,只有失望,乐队仿佛临时拼凑起来的一样。此曼托瓦尼已经非彼曼托瓦尼乐队。自曼托瓦尼去世之后,乐队虽然还打着他的牌子,却已经是江河日下,颇像我们的有些老字号卖的东西,味道早已经不是那么一回事了。

真的是相见不如怀念。如今,听曼托瓦尼,只有去听他的唱盘了。无疑,这套双盘精选版的唱盘,是听曼托瓦尼的最佳选择。

它的名字叫做《醉人的黄昏》(*Some Enchanted Evening*),封套上印着淡淡棕红色的海滨景色,暮色朦胧,细雨蒙蒙,有鸽子飞起飞落,翅膀上驮着迷离的黄昏,有终于相会的情人在踮着脚尖拥抱,有尚在等待的情人在眺望苍茫的大海。封套制作得情调氤氲,想想倒也有些符合曼托瓦尼的风格。曼托瓦尼极其适合这迷离的黄昏和霏霏的细雨,适合等待、遥望和冥想。脸颊上拂来湿漉漉的雨丝,远方有朦胧的天光在闪动,云层里有星星和月亮正在袅袅升起,这时,一丝轻柔的弦乐悠悠地飘来,荡漾在你的心中,最是恰逢其时,动人心扉,让你细雨梦回……

这一定得是曼托瓦尼。

崔健的意义

崔健的意义,不仅限于中国的流行歌坛,而且波及文学乃至整个艺术界。可以说,还没有一个流行歌手能和他站在同一个等量级的位置上。虽然,对他的沉默、议论、批评乃至否定,一直没有停息。

三十多年了,当他第一次从胸腔中迸发出那一曲《一无所有》的时候,确实如一道醒目的闪电,哪怕后来他再也不唱什么歌,也奠定了他无可争议的地位。在我看来,他当时的地位起码是和星星画展、朦胧派诗,以及刘心武《班主任》为代表的伤痕派小说等量其观。他唱出了一个时代的声音,是一个旧的时代的结束一个新的时代的来临那种交替和交织的声音。是那个几乎将我们民族葬送在濒临崩溃的边缘的时代,让我们从物质到精神都一无所有;是那个百废待兴的新时代,让我们合着崔健的节拍一起在心里吟唱"我曾经问个不休,你何时跟我走?""我要抓起你的双手,你这就跟我走;这时你的手在颤抖,这时你的泪在流。"我相信,绝不是我一个人，拥有着在三十年前的春风秋月中突然听到这首歌时荡漾在心中清澈的共鸣。

音乐史在评价约翰·列侬和披头士这样的摇滚音乐时说它们使人们的脑子重新组装。崔健的音乐，一开始就有着这样强悍的力量。仅一首《一无所有》便概括那个时代一代人的精神特征，以叛逆的精神和先锋的姿态唱出了我们心中渴望的共有。

崔健的意义，可贵在于他三十余年来一直保持着这种精神和姿态。在一个以始乱终弃为时髦和价值取向的流行中，在大多数歌星永远只会唱着别人的歌的歌坛上，崔健的音乐坚持近三十年的固守，是一种品德良知更是艺术的操守。崔健的意义，我以为首先在于他对时代出乎本能的敏感和高度的艺术概括力，迄今无人可以比拟和匹敌。在他的早期音乐中除了《一无所有》的概括之外，"我的病就是没有感觉"、"我要人们都看到我，但不知道我是谁"、"不是我不明白，这世界变化快"……一直到近些年他所唱的"情况太复杂，现实太残酷了"、"钱要是挣多了事情自然就会变了，不知不觉挣钱挣晕了把什么都忘了"、"快乐的标准降低，杂念开始出现，忘掉了灵魂的存在，生活如此鲜艳"……无一不打上崔健音乐品格的印记，体现崔健对从政治社会到经济社会过渡时期细枝末梢又深入骨髓的触动。

他不是那种故作哲学状的思考，或摆弄洋枪洋炮的舶来货唬人，而是用嘶哑的嗓子，带有几分玩世不恭的发泄，却一下子就捅到时代和我们生活的腰眼儿上。几乎每一首这样的歌都拥有一个宏大的主题,都可以演绎出一篇小说和一出戏剧。实际上,我们在不同时期都能找到这样的小说和戏剧,和他的音乐相对应,异曲同工,不谋而合,实在是文学史上和音乐史上难得的巧合。这恰恰是崔健音乐的不同凡响之处,便和他一直痛恨的败坏人胃口的"酸歌蜜曲"拉开无法逾越的距离。他是棵枝叶茂盛的大树,当然可以傲视低矮倒伏甚至萎靡的小草。

崔健的意义,不在于他仅仅只是一种发泄,他的叛逆姿态中融有批判的同时,更有难得的追求。他在唱"一无所有"的时候,他同时在唱"你何时跟我走";他在唱"我的病就是没有感觉"的时候,同时在唱"让我在雪地上撒点儿野";他在唱"我要人们都看到我,却不知道我是谁"的时候,同时在唱"我要从南走到北,我要从白走到黑";他在唱着"你带我走进你的花房,我无法逃脱花的迷香"的时候,同时在唱"你要我留在这地方,你要我和他们一样,我看着你默默地说:不能这样"……这不是说他一定有多么深刻的思想,而是他有真诚,面对内心与艺术的真诚,反复诉说着人生的悖论、困惑和忧愁,挣扎与奋争,那是最让人感动的地方。

崔健再版他的歌带《新长征路上的摇滚》之后(其实早在前两年他的《无能的力量》出版后),就有人开始批评崔健,说他旋律差了,说他节奏乱了,说他廉颇老矣、激情不再,说他最好的歌还是《一无所有》那些早期的作品。这些都是对崔健的误解。对于我国年轻的摇滚乐,我们确实充满太多的误解。

其实,崔健早以他的敏感,用他的音乐去努力把握这个"其实心中早就明白,你我同在九十年代"这个和他共生共存已不是激情的年代,改用崔健的《一无所有》中的一句歌词,是"这时你的手已不再颤抖,这时你的泪已不再流"。而我们还顽固地渴望激情和抒情乃至爱情和温情,并要求崔健将这些统统再唱给我们听,要求崔健的手和泪依然如以前一样颤抖和流淌。

其实,是我们自己在寻找着虚脱的依靠,是我们自己在迅速地变老,得需要一根依赖的龙头拐杖。渴望回到从前,希冀保持一种恒定的状态,便和一直前行者拉开了双倍的距离,因为参照物已经大不相同。我们早已经不再是一无所有而在物质上丰富了许多,拥在怀中得到了许多,只是我们依然一无所是一事无成,却偏偏还要渴望重返一无所有的背景下从头再来的童话,实在是我们自己的一种带有浓重怀旧色彩的软弱。我们潜意识里还是无可救药地希望恢复传统规范的秩序,所以才会面对崔健那种无节奏而产生无法容忍乃至恐惧之情。崔健早看到这问题,他不是在偷偷地笑,而是在《时代的晚上》以他一贯的敏锐和自我批判唱道:"我的心在疼痛,像童年的委屈,却不是那么简单也不是那么容易。请摸着我的手吧,是不是我越软弱越像你的情人?"他依然保持着他先锋批判的锐气,向前走了好远的路,我们却还只是留在了老地方。崔健只好用他的歌再一次轻轻地对我们说:"不能这样。"

对崔健的音乐的发展,我是这样来划分阶段的:《新长征路上的摇滚》为前期,《红旗下的蛋》和《解决》为过渡,《无能的力量》为后期。无论哪一时期,崔健都是和时代和现实胶黏一起,可以说,崔健和他的音乐都是时代之子。虽然,他没有在电视晚会或MTV中频频亮相,混个脸儿熟和钱包鼓胀,但他却是我国流行歌坛尤其是摇滚歌坛中当之无愧的一面旗帜,从来没有淡出在潮流之外,从来和我们这个时代和我们的生活紧密相关。

在我看来,崔健的问题不是出现在激情的减退,而是他对现实的把握逐渐不如以往那样准确,表达得有些过于直白。前者,表现着他的痛苦,是面对现实和内心的带有些许神经质的茫然和矛盾的痛苦。他在不止一首歌中唱出他的这种痛苦:"语言已经不够准确,生活中有各种感觉"(《九十年代》);"天空太黑,灯光太鲜艳,我已经摸不着北"(《无能的力量》)。在新歌《新鲜摇滚》中最能代表他这种矛盾和痛苦:"你还是不敢彻底跟她说,因为你这个人还是太软弱。你曾经迅速地得到了她,你说这就是什么摇滚 Rock'n Roll。可是现在你的激情已经过去,你已经不是那么单纯。"后者,也许崔健自身并不满足以前《一无所有》《一块红布》《花房姑娘》《让我在雪地上撒点儿野》等那种过于比兴和暗喻的方式,觉得这样的直白是一种变化,而且正适合如今赤裸裸比直白更实际实惠实用的时代,这便是他内心也是他音乐的一种选择方式。但我总觉得艺术还是有自身的规律,像《混子》唱的"反正不愁吃,我也反正不愁穿,反正实在没地住就和我父母一起住,白天出门忙活,晚上出门转悠,碰见熟人打招呼'怎么样?''咳,凑合!'"虽然还保持着崔健对时代和生活的敏感,多的却是表象的捕捉,已经缺少了崔健以前的概括力和张力。这一点,恰恰是崔健常常皱眉头的地方。

大约几年前，忽然在中央电视台的旅游卫视频道看到崔健音乐会长达一个多小时的转播，有些意外。这大概是崔健第一次如此规模地在电视上亮相。也许，会有许多人并不怎么留意，但它的意义，在宏大叙事的晚会歌曲和各种模仿秀大赛充斥电视荧屏的今天，不同寻常。可惜，这不过是惊鸿一瞥，好几年过去了，我再没有在电视上看到崔健的出现。

如今，这么多年过去了，在中国摇滚歌坛上，崔健这样的地位与意义，依然没有动摇，也没有人可以超越。

对于中国摇滚现状，崔健曾经做出他自己的一次次努力。但是，无论是丽江雪山还是宁夏贺兰山，或是在沈阳等地举办的摇滚节，可以说都是失败而归。那天，我碰见一位当年的摇滚歌手，他对我说，崔健虽然还要维持每场演出的二十万元的演出费，但是，都是热爱他的人在组织他的演出，其实大多都是赔钱的。

我想这种状况，崔健一定是知道的，因为那天我参加北京一次建筑论坛，他也参加了，并发言道：如今中国有三个最弱：一是中国足球，一是中国建筑，一是中国摇滚。可见，他是极其清醒的。这么多年过去了，并没有出现新的歌手超越他，他依然宝刀不老，顽强地挺立在摇滚歌坛上，足见他的寂寞、不甘和无奈。如今，真正的摇滚还是在民间，流行在场面上的，比如年轻的花儿乐队，商业色彩越来越重。

不过，以为中国摇滚不行了，大概是崔健绝对不能接受的。事实上，新的摇滚歌手如左小诅咒等，还在顽强却也艰难地生存着，并拥有着执着的歌迷。因此，当不止一次有人批评或误解他自己和中国摇滚的时候，他总是以犀利的语言给予回击。他曾经说过一段很有意思的话："因为你本身是蹲着的，但摇滚乐已经站起来了。尽管摇摇晃晃，它已经站起来，试图站起来，你只能蹲在角落里看着跟你平行的缺点。"这是对那些对自己对中国摇滚误解乃至批评者毫不留情的回击。他说得很准确形象，一如他的歌。

尽管好几年过去了，总还会想起在电视中看到他出现的情景，那么多的观众站着，和着他音乐的节拍，和他一起吟唱，那火爆热烈的情景，让我想起大约二十来年前，在北京一个叫做"火山"的酒吧里，也是那么多人站着，听他一口气演唱了十几支曲子。在唱那支熟悉的"花房姑娘"，唱到"我就要回到老地方，我就要走在老路上，我明知我已离不开你，哦——"的时候，本来应该唱"哦——姑娘！"他指着周围那些可爱的大学生临时改为："哦——学生！"当他反复再唱到"我明知我已离不开你，哦——"时，学生们一起高唱："崔健！"那情景真是和今天一样，让人感动而难忘。

如今，世事变迁非常大，那座"火山"酒吧早已经没有了，那群大学生已经老了。但是，崔健的歌声还在，只不过多了些风霜和时光沉淀的沧桑感。

青春罗大佑

在华语歌坛中,罗大佑是一棵常青树,或者说是一个异数。三十多年前,自从我买了他的一盘《青春舞曲》之后,我听过他的每一盘唱盘。前几年出版的《美丽岛》,是他沉默十年来出版的最新专辑。和有些如鱼甩子似的频繁出唱盘的歌手不一样,罗大佑珍惜自己的音乐,他的《往事 2000》,和《恋曲 1990》,也是相隔了六年。当然,同有些如嚼别人吃过的馍一样只会唱别人的歌的歌手更不一样,罗大佑音乐的原创力,永远让他们汗颜。特别是在当今流行老歌翻唱的年月里(比如刀郎和零点乐队的新唱盘《风雷动》),罗大佑更是让口味趋同的他们望尘莫及。

罗大佑最早出道的歌曲《乡愁四韵》,是 1974 年的创作。一开始,他便没有让自己的脚跟落入脂粉和温柔乡中,而是将乡愁这一带有永恒主题尤其是台湾人心头极为敏感深刻的情结,首先带进他的音乐之中。出手不凡,一下子他便高人一筹。可能刚刚起步,他觉得自己的实力还不大够,他借助了台湾著名诗人余光中先生的诗,自己为其谱曲。那诗本来就是一唱三叹,余音袅袅,充满韵味,再让他谱上略带忧郁的曲调,确实让人冥想感怀。

他在开始的时候,似乎就懂得艺术其实是应该极其朴素的,朴素得就像我们自己的身体。而许多流行歌曲已经二八月乱穿衣,以为穿得越花哨才越好,偏偏将自己最为真实的身体遮掩干净了。或许,他们本身的身体就不那么漂亮,只好去借助外在的力量。罗大佑却用最为简单的旋律,而且四段所唱的四韵都是一样,反复重复吟唱,只是在结尾处的唱法上略作小小的处理。好的音乐,就是这样的简单,那旋律一下子能让人记住,像水渗入泥土之中,而不是作貌似耀眼的珍珠在精致的盘中只做矫揉作态的滚动状。

三十多年前,我第一次听《乡愁四韵》,一下子就记住了他的旋律,马上就会唱了。而且那么多年过去了,现在依然能记住那旋律,即使余光中的歌词忘记了,但那旋律没有忘记。这真是奇怪的事情,但说明好的音乐确实比好的诗还要让人铭记心扉。这就是音乐自己独特的魅力。如果说好诗是一杯好酒,那么好的音乐则是围绕在我们身旁好的、没有被污染的空气。空气看不见摸不着,却是时时在我们的身旁,天籁般默默地滋润着我们;而即使再好的酒,也只是制造出来的,而且不会时时出现,只能在宴会上供我们品尝,越是好酒越需要这样的场合和机会,便怎么也有些人为的痕迹。

罗大佑早期的歌曲,据说现在有些人觉得有些幼稚,开始不大喜欢了。我不知道罗大佑自己对它们取什么样的态度,是否有些悔其少作？我却很喜欢他这时期的音乐,借助一点现代的摇滚,但不那么肆意,那么刻意,而且很随意,很自然。他后期的音乐有的有些造作,让人感到他是在有意改变自己,以显示自己是在不断前进不断创新。其实,不断变化是一种追求,固守自己坚持一种保守主义的方式,同样也是一种艺术的追求,就怕在这两者之间徘徊,像一条发情又饥饿的狗在两根骨头间奔跑。

这个时期的歌曲,《童年》《鹿港小镇》《光阴的故事》,确实不错。《童年》的明快带有的少年心绪,《光阴的故事》的跳跃带有的青春情怀,说明着他对待生活的态度,这态度让人感到温暖而温馨。"流水它带走光阴的故事改变了我们,就在那多愁善感而初次回忆的青春。"他的歌词和他的旋律极其吻合。《鹿港小镇》唱得略有哀婉却很动情。它是一首怀乡之作,又是一首流浪之作,它有情有景,有人有物,而绝非常见的那种大而无当的音乐,那歌词可以像换衣裳一样随意更换,那旋律像卖笑女一样可以人尽可夫。"假如你先生来自鹿港小镇,请问你是否看见我的爹娘,我家就住在妈祖庙的后面,卖着香火的那家小杂货店。假如你先生来自鹿港小镇,请问你是否看见我的爱人,想当年我离家时她一十八,有一颗善良的心和一卷长发……"在这几句低吟唱完之后,接着是节奏明显变快的发问般的旋律:"台北不是我的家,我的家乡没有霓虹灯……"水银泻地,一气呵成。他那种被人们称为"词曲咬合"带有说唱结合的独特的音乐风格(倾诉感极强,但多少有些絮叨),让他显得有些少年老成,似乎饱经沧桑,游历了天涯海角,看遍了春秋演义。这一点点内核,这一点点韵味,恰恰是许多年轻歌手没有也学不来的,甚至也是罗大佑后来的演唱再也找不回来的。

上面说的这三首歌不仅曲子是罗大佑自己谱的,词也都是罗大佑自己写出来的。他再不需要拐棍,即使是再大的诗人也不需要。在我听到他以后的歌曲,几乎全部都是他自己写作歌词。这在大陆包括港台的歌手之中,是绝无仅有的。这一点上,罗大佑和那些只会唱别人为其写的歌词而且许多是陈词滥调虚假空洞得要命的歌词的歌的歌手们,再一次拉开了距离。

罗大佑的歌词并非写得篇篇精彩,从诗的角度看,他的歌词大多写得比较直白。但他的歌词的最大特点恰恰是用这类似大白话的词语,来诉说着他对现实尤其是现代化都市介入批判的态度,表达着一位艺术家可贵的思想和良心。这和那些浅薄的歌手实在不一样。没有良心的歌手也许只是少数,但没有思想的歌手却是可以大把大把地抓,哪怕他们唱得再动听,也只是衣裳架子缺少血肉。比如罗大佑在一首歌中这样唱道:"眼看着高楼越盖越高,可是人们见面的机会却越来越少;苹果的价钱卖得比以前高,味道却不见得比以前的好;彩色电视机越来越花哨,能辨别黑白的人却越来越少……"确实写得不错,写出商业社会中人们的得到与失去、物质与精神的反差、心灵的干涸与渴求,写得平易却让人感喟,让人能面对一些东西,思索一些东西,而不只是被流行淹没或在流行之中找不着自己。

因此,罗大佑是值得期待的。一个歌手,就是这样坚韧而坚持地走过了三十年。

听他的这盘新专辑《美丽岛》,第一首歌《伴侣》,以前曾经熟悉的旋律是那样亲切,以为恍惚又回到十多年前。心里暗暗地替罗大佑担心,如果都是这样的歌,罗大佑真的是有些廉颇老矣,轻车熟路地走回到老路上了。幸亏从第二首开始,发生了变化。好的歌手总是要用音乐来说话的,罗大佑的这盘《美丽岛》,首先是音乐的丰富,和许多流行歌手拉开了距离。其中《美丽岛》的摇滚色彩,《舞女》的圆舞曲调式中的爵士味道,《初恋的少年家》的民谣风格,《真的假的》的 Rap 的词曲咬合,《时光在慢慢消失》,则更多地借助于电声效果,以及《啊!停不住的爱人》的抒情、《网络》的调侃、《往事 2000》的忧郁、《倾城之雨》的一唱三叹……都能够随手触摸到罗大佑仔细而小心的努力和变化。从心中流淌出来的音乐,和嘴里讲出来的话,是不一样的,特别是和电视秀场里矫揉造作或装腔作势的讲话更不一样。音乐最难骗人。

《美丽岛》,传承了罗大佑以往一贯的对现实社会的介入态度。他宁肯做出形而下的低姿态,而不愿意贵族化,或贴胸毛剪胸毛那样假模假式。《伴侣》对过去不久那年春天 SARS 的反思,《倾城之雨》对白小燕案件的关切,《绿色恐怖分子》和《阿辉饲了一只狗》对台湾政治的抨击,表现出他一贯旺盛的政治情结;以及对网络时代所带来隐患的担忧(《网络》),对台湾岛一往情深的忧虑与乡愁(《美丽岛》),都可以看到一个音乐家入世的姿态,而不是躲在象牙塔里,或避在桃花源里,或爬在中产阶级的软椅里、文化亚官员的主席台上,拍另一张名人照去顾影自怜。

《美丽岛》的歌词,同以往一样张扬着罗大佑的风格。这是罗大佑的长项。这里有罗大佑的文学功底,更有他对政治人生的态度。他不是靠男欢女爱的那一口酸曲小调,也不是靠贺卡或短信上格式化的名言警句来吸引涉世未深的年轻人,诱骗误入歧途的歌迷。罗大佑的长处就是以直白得近似大白话的方式,直率地将世相人情戳开醒目的大窟窿,让我们心有所动而恍然共鸣。

在旋转不停的人生舞台上,"舞者的难处是没人会期待你张口把话说出来","舞者的缘分是上台的拥抱总不是你人生伴侣"(《舞女》),一丝苍凉的人生况味,写得真的是不错。"青春年少承诺时的勇气,比不上回心转意担当住的珍惜,胜利让给英雄们去轮替,真情要靠我们凡人自己努力"(《啊! 停不住的爱人》),虽不深奥,却也会让我们点头称诺。"子时丑时到寅时,悲欢离合都化为流转的舞池,辰时亥时总有时,醉生梦死快变成无常的历史。"文字游戏之中,却含有无奈的感慨,让我们会想起以前他的那首《之乎者也》。至于"风吹的 evening,久违了往事 2000"(《往事 2000》),那种新世纪到来之际罗大佑式的聪明;"这个世界生病了,因为太多太多人都想当医生"(《真的假的》),那种自己当过医生的罗大佑式的讽刺;"不论能不能,心软的总是骨头硬"(《往事 2000》),那种罗大佑式的大味必淡……都可以让我们听到他心的吟唱,而这种吟唱的可贵之处是保持了以往的真诚。

一盘唱盘,能够给我们这么多的好处,他的短处也就让我们可以忽略不计了。只不过,在这盘《美丽岛》里,除了能够听到罗大佑对现实过于急切而直白的表达,我们还能够听到罗大佑上了年纪之后倒有的矛盾和彷徨,减少了《恋曲1990》中的那种开朗与自信,以及对爱情的惘然和茫然,以致有几分宿命地唱道:"爱是一个难赦的罪行",再没有了以前"生命终究难舍蓝蓝的白云天"。在《时光在慢慢消失》中所吟唱出的对未来的茫然,《宁静温泉》中所流露出的对无常的佛旨禅意的向往,以及在《真的假的》中所表现出的对网络虚拟世界"君不君来臣不臣,花不香来鸟不语"的悲观,都道出了他的迷茫。

  难得的是他没有教父一般故作超尘拔俗的深沉状,用一种防晒霜或油彩遮掩或覆盖这种迷茫,而是真诚袒露出这种迷茫。于是,他才一遍遍地自己问自己:"体力不支的盛世,该皈依巫师还是找一个牧师;流浪人海的游泳池,该忘记往事还是念一段宋词?"

  这种迷茫,何尝不是我们心中的呢?我们也曾经是这样一次次地自己问自己。只不过,他再一次替我们唱了出来。

花儿开在粪土之上

那天半夜,孩子在星光剧场听歌的现场给我打来电话,告诉我他回家要晚些,正在听苏阳唱歌,非常的棒。

那是我第一次听到苏阳的名字。是什么样的力量,吸引孩子大半夜的不回家?

孩子一再向我推荐苏阳。毕竟年龄大了,对于新一代的摇滚歌手,本来就陌生,这个苏阳就越发的陌生。

暑假过后,孩子回美国读书去了,发来电子邮件,还在锲而不舍地向我力荐苏阳,并将载有苏阳的歌的网站网址写上,让我链接可以直接听听。

我听了两首,果然不错。民谣的风格,典型宁夏花儿小调,浅吟低唱中,融入了摇滚的色彩,便像在一杯清凉的井水中又加上了棱角分明的冰块,越发的透心凉的感觉,清洌,而爽朗,犹如西北辽阔田野上空那一直能够连接着地平线的莽莽长天。

我们有多么美妙的民间小调呀,可是,我们现在已经不怎么能够听得见了。我想起惯常见到电视上、晚会上的那些歌曲,也想起刚刚结束的央视青年歌手大赛上的那些所谓民族唱法的歌曲,已经几乎找不到它们的影子了。我们似乎羞于见到它们,起码是淡忘了它们,我们想起它们,更多的时候是愿意将它们当成点缀,把它们打扮一新,描眉秀鬓一番,方才可以出门示人。我们有些嫌它们简单,嫌它们粗俗,嫌它们难登大雅之堂。化了妆的民谣小调,其实是伪民歌,只是貌似光鲜的衣裳架子,没有生命的喘息,没有弹性的皮肤,没有了汗味鼻息和心跳,没有了可以让我们亲近地想去触摸,甚至拥抱的感觉。

苏阳的民谣,也已经不是原来土生土长的民谣,他也经过了改造,也给它们洗了洗脸,填充进一些新的材料,不再只是老牛老破车在泥土地上一个劲儿地转悠。但是,苏阳没有伤了它们的筋骨,他握住了它们的命根子,张扬着勃勃的活力,而没有把它们阉割成不伦不类的变性人,徒剩下一脸浓重的油彩。

听《贤良》中的那鼓声,听《劳动与爱情》中那板胡,虽然只是点缀,真的听得让人心动,有种想哭的感觉。是的,这是只有西北的音乐元素,苍凉,粗放,随意,漫不经心,赤裸着脊梁,晒黑了脸庞,云一样四处流浪,风一样无遮无拦,草一样无拘无束,紫外线一样,刺青一般暗暗地刺进你的肤色之中。

我只听了这两首歌,就一下子喜欢上了。曲风是相近的,歌词却不大一样,虽然都直接借鉴了民间说唱的样式,却一为暗讽,比兴和比喻一锅烩;一为直白,调侃的意思,洒脱地自娱自乐。

《劳动与爱情》，歌名宏大，故意敞开了衣襟的样子，露出的并不是那么肌肉饱满的块儿，而是瘦筋筋排骨一样的肋巴条。这是首唱农民工的歌："太阳出来照街上，街上走着一个吊儿郎，卷起铺盖我盖起这楼，楼高十层我住在地上。东到平罗麦子香，西到银川花儿漂亮，人说那蜜蜂最勤劳，我比那蜜蜂更繁忙……"特别是那句"卷起铺盖我盖起这楼，楼高十层我住在地上"，听得让我感动，虽然只是楼和人浅显的对比，无奈的辛酸，残酷的现实，唱得那样的朴素而真切，起码是晚会歌曲中没有听到过的，是那些唱烂了的城里人的酸文假醋一般的恋曲中没有的。

《贤良》，歌词作得更好，唱的是三娘教子一类事，却将传统的唱法反串成现实的寓言，将如今道德和价值观念的失衡与坍塌，勾勒得活灵活现。贤良，显然是指民间的那种传统美德，这里用的是反讽的意思，在不露声色中弹讥现实。

歌里唱的姨娘教女："一学那贤良的王二姐，二学那开磨坊的李三娘。王二姐月光下站街旁，李三娘开的是个红磨坊，两块布子做的是花衣裳。"很显然，这个三娘教子，再不是当年的三娘断机织布，教子学业有成成才成人，而是让孩子去站街叫卖皮肉生涯。

歌里唱的姨爹教子："张二哥的本事真正的强，满院子的牵牛花上了二房，满院子的牵牛软掉了地上。李大爷的学习真正的强，上了一个大学上中专，中专里学的是蹦，擦，擦！"很显然，歌中触及的是包二奶，以及知识贬值享乐主义至上等社会现象。

每段后面都有一段副歌，唱的是"你是世上的奇女（男）子呀，我就是那地上的拉拉缨。我说要给你那新鲜的花儿,你让我闻到了刺骨的香味儿"。当然,如此刺鼻刺骨,我们和他们的理解是不一样的,我们以为的"堕落",而他们的父母却被表面的荣光所蒙蔽,误认为是好,是一种"贤良",才去这样教育自己的子女?如此,"贤良"的歌名,便又多了一层能指,包含了另一层辛酸。

这样的音乐,需要良知,这良知来自生活底层,其实,并不需要如何高深的望闻问切,或貌似惊人的警句,或熨烫整齐的韵律,只要鼻子没有伤风,应该用的嗅觉,就足够了。只是在我们现在的歌坛中,鼻子变成了大象的长鼻,可以舒展自如地追名逐利,邀宠取媚,却已经失去了原本灵敏一些的嗅觉了。

在北京,苏阳为我们演唱遥远西北的歌,他的歌没有油头粉面,没有花里胡哨,没有故作高深,就像他唱的花儿一样,就像西北的土地一样,质朴却真实、真诚。在他的另外一首我没听过的歌里,有这样的几句歌词:"我要带你们去我的家乡,那里有很多人活着和你们一样,花儿开在粪土之上,像草一样,像草一样。"

我非常喜欢这句歌词,谈到民歌,就像"花儿开在粪土之上"一样,民间或来自底层的民歌,似乎有一种更粗野、更直露的美学,或民间逻辑,而这正是矫情乔装之后的民歌所没有的,或者说是文化精英再怎样模仿也学不到的。没有在屎一样的环境中磨砺过的人,是不会真的知道粪土里面也能长出花来的。现在我们所谓的民歌里更多的是一种城市精英假想出的事不关己式的民间。

从另一个角度来观照,民间性的利用问题,尤其是在现在这个全球化的时代里，本土性或民间性，已经越来越多地被发掘为了可利用的全球流通资本，最明显的例子是唱改装后西藏式的民歌（作曲家何训田专门给她而写）的朱哲琴，她的唱盘在国外卖得很好。在一种面向全球而把民间或地方性审美化、神秘化的运作之外，能看到民间本源力量的重新自我利用，并把民间性（苏阳的歌表现为西北调子和传统意象）重新真的和民间现实连在一起，就像作家希望用方言习作一样，一直是真正的民间文艺工作者的一个梦想吧。在无孔不入的全球资本对弱势文化的掠夺开发背景下，这种源自民间的尝试不仅是值得尊重的，而且将会是意义深远的。

在苏阳的家乡，苏阳一直有一个梦想，他说：我一直想在西门桥头为那里的农民工唱歌。他说：那样的音乐很纯粹，没有社会角度的批判，没有音乐门类、知名度、舞台灯光的暗示……

这样的歌手，让我心怀敬意。我猜想，站在银川的西门桥头，他一定会唱《贤良》，唱《劳动与爱情》。

在北京，有许多歌手歌星和歌唱家，没听说哪一个也如苏阳一样说过，想在西直门东直门哪座桥头为那里的农民工唱歌。那里附近一定有许多建筑工地上或其他场合中的农民工的。

我们的歌手的梦想一直都集中在央视的演播大厅，最好是在春节的晚会上。于是，我们的歌像软壳蛋一样，或者精致点儿，像蛋壳上雕刻画一样了，已经孵不出新的生命来了。民谣的萎缩，乃至假民歌的流行，就已经见怪不怪了。

答案在身上还是在风中飘

新一代摇滚,听得很少。那天,偶然听到胡吗个的《不插腿》,觉得很有意思。这是一盘概念专辑,明显的民谣风格,却不仅和他的祖师爷鲍伯·迪伦大不一样,就是和他同辈的歌手也十分迥异。这在鱼龙混杂的摇滚歌坛中,有着十分难得的个性。

他的音乐做得很有趣,现在的摇滚音乐中,坚持不插电的,已经绝无仅有。在这盘唱盘里,似乎有许多其他的乐器混杂在一起,从唱盘里听,会觉得电声的味道很浓,和鲍伯·迪伦上个世纪六十年代的纯不插电相比,《不插腿》只是一种戏仿和谐谑。比起科特·柯本和"涅槃"乐队不插电的专辑,音乐做得更自然而充满烟火气息。

背景音乐做得特别有意思。混录着各种异质的声音,有意要和纯吉他做个对比或较量似的,颇有些偏偏在那种圆领的老头衫上系条领带一样,再不是传统的那种鸡尾酒的调制方法。

还有时候特意加上的人声,是那种说话的声音,男男女女的,在背景音乐中惊飞起的鸽子一般,此起彼伏,错错落落,大珠小珠落玉盘。还有《黄娣的新装》中那些小孩子们嘻嘻哈哈的笑声,《很多年以后》中小孩子的撒尿声,《他们在床上,床在台北》音乐戛然而止时候,最后瞅不冷子甩出一句"那女孩也爱好文学",充满谐谑的反讽,小孩信笔涂鸦一般,让你忍俊不禁。

没有听过胡吗个以前的唱片,只知道一首《两个四川的厨子》,唱的是上海菜在北京很流行,两个四川的厨子跑到上海餐馆里点菜聊天,心情很郁闷。这盘《不插腿》与之相比,虽然还是小人物叙事的角度,所有的歌都是围绕着一个叫胡裁缝展开的故事,却从写实到虚拟,有意识的外来者的身份,融入了北京现代生活的今日摇滚景观,颇为新鲜。底层写作,是如今文学界的一种时髦,胡吗个的歌其实也属于底层写作,只不过他没有那种赤裸裸苦难浅表层的有意渲染,在他意象中虚拟的天地里驰骋得更自由而舒展,有那么点自吟自乐的放浪。

从歌唱的角度而言,其实是属于很清澈流行的那种,模仿齐秦,尤其显出本质。许多歌中,他却掩饰了唱的嗓音,用得更多的是 RAP 说唱,略带点儿南方的口音,随意的吟唱,有点像美国的柴斯纳特(V. Chesnutt)或"天堂兄弟",但比人家更显得吊儿郎当,又不是那种嬉皮士,而有些像小痞子,在北京,叫做"胡同串子"。

比起以前窦唯演唱的时候脸上化着妆,比起以前在五道口小朋克的演唱简单粗暴的歌词,比起盘古乐队原始化音乐"力比多"的发泄,胡吗个的音乐真的有了很大的不同,或曰发展,让人们感慨一个时代有一个时代自己的音乐,而彼此无法取代。他的这些说唱,虽然还是平民的姿态,还是叙事的风格,也还有很多的文化指涉,却多了文字游戏的成分。没有了上个世纪八十年代音乐的遗毒,那种歌词像诗,讲究对仗,讲究比附,讲究寓意,但现在听让人觉得有些做作得可疑。胡吗个的音乐,不再相信诗,也不再拘泥现实,因此,他的音乐并不是真的要告诉我们一些什么真实发生的事情,他有意地逃避了歌词背后的微言大义和宏大叙事——如他的前辈崔健和罗大佑那样,对现实有什么批判的思想锋芒。更多的是对现实开一下玩笑,略微有一些无关痛痒的嘲讽;再有便是对经典的解构和戏仿。

这后一点的解构和戏仿,让我对他最感兴趣。这种解构和戏仿,并不是对经典的反叛,由此揭竿而起故意装扮成新一代的英雄,而更多的是融进世俗的成分,类似赵本山演的小品、郭德纲说的相声,或周星驰的无厘头。这真的是一种非常有意思的文化现象。娱乐化的时代,大众文化中,相声、小品、影视和音乐,都有了这样以搞笑为宗旨的全方位对应,彼此遥相呼应,道是有情还无情,诘问我们这个时代的生活与艺术为什么如此四处开花式的需要搞笑,而且是离不开这样无厘头的搞笑?

也许,胡吗个就是要以这样搞笑的形式创作新一代的音乐,暗合了时代和生活那一根谑笑的神经。在这里,有意思取代了有意义,好玩取代了好听,粗俗取代了高雅,身上的答案取代了风中的答案,随意而搞笑的休闲装,取代了一身西装的正襟危坐。

最有代表性的,大概要属《黄娣的新装》和《答案在身上飘扬》这两首歌了。

《黄娣的新装》号称胡吗个的"情景悲剧"之一。但是,悲剧的成分,几近于无。更多的是家庭世俗的肥皂剧。不过,要是真的演起来,或许会比赵本山的小品(起码比今年的《捐款》)更风趣,逗人发笑。

胡裁缝和老婆黄娣隔三差五在卧室里要共同演出安徒生的童话《皇帝的新装》,老婆演皇帝,胡裁缝一人出演骗子、众大臣和那个童言无忌的小孩,每一次他都要在最后唱道:"可是她下面什么也没穿啊!"特别强调的是"下面"。在这里,他有意将皇帝的他和老婆的她做了置换,不仅是皇帝到平民的位移,同时也是男女的变性。于是,同样是皇帝的新装,剪裁出的意思大不一样,安徒生的童话所要讲述的事实真相的意义,移花接木开出了性之花。

《答案在身上飘扬》,更明显是对鲍伯·迪伦的经典老歌《答案在风中飘》的戏仿。只不过,他把鲍伯·迪伦那样的深沉发自思想深处的天问般的歌唱,重新演绎成为了搞笑一般的无厘头。

他这样唱道:"如果有五尺布,可以做多少件衣服,为此,我专门请教了一个裁缝。裁缝说,若是个儿大一点,超过两米三的话,就会做的少一些;若是个儿小一点,不到一米三四的话,就会做的多一些。如果有五尺布,可以做多少件衣服,为此,我专门请教了一个时装设计师。设计师说,若是做旗袍的话,就会做的少一些;若是做比基尼的话,就会做的多一些。究竟五尺布可以做多少件衣服呢？答案咯,噢,我的朋友,答案在身上飘扬！"

而鲍伯·迪伦的《答案在风中飘》中是怎样唱的呢？鲍伯·迪伦这样唱道:"一个男人要走多少路,才能被称为男人;一只白鸽要飞越多少海洋,才能够在沙漠入眠;炮弹还要发多少次,才会被永远禁止……啊,答案在风中飘!"在上个世纪六十年代,鲍伯·迪伦不止一次唱过这首歌,也不止一次感动那个时代的年轻人。

不用再多说什么,只要将这两首歌对比听一下,便会感到,时代真的是变了,一代人老去了,一代人长大了。原来所关心的一个男人真正的成长,以及战争与和平这个关乎世界的宏观的理想追求,轻而易举地变化成关心五尺布这样和现实最为贴近的话题。答案在哪里飘？从风中一下子落在了身上,就像鸽子从白云蓝天之上一下子落到餐桌上,一代人走着一代人自己的路。

胡吗个说这首歌是向鲍伯·迪伦致敬。当然,这是新的一代致敬的一种方式。

不插电,可以是一种理想,也可以是一种形式,一种戏仿,一种与现实拉近的路数。

在蚂蚁的隔壁，在蜗牛的对门

而今的草根歌手"旭日阳刚"，只是偶尔在电视的二锅头酒的广告中惊鸿一瞥。几年之前，他们亮相春晚之后迅速走红，各种关心和议论纷至沓来，特别是汪峰收回自己《春天里》的演出权，致使"旭日阳刚"一时出现无歌可唱的窘状，其前景也跟着一起莫测纷纭。时间最是无情，草根歌手的生存境遇和创作空间，比时间要更无情而残酷。

我想起另两位草根歌手。

一位是美国的柴斯纳特，他不仅是一位草根歌手，而且还是残疾人。他一直坚持自编自唱，坐在轮椅上，云游僧一样四处游荡，从来没有大红大紫过，却从来都受到喜爱他的歌迷的喜爱。

十多年前，我曾经从唱盘里听到他唱的一首叫做《海绵》的歌，很动听，便记住了这个名字。他这样唱道："快乐像巧克力一样融化，我那带着蓝丝带的勇气也已不在。肮脏的阶梯，冰冷的混凝土，脚下虚伪的土地，街道里沉浮的气息……是的，这世界是一块海绵……在这一次丑陋的出行中,我喃喃自语我本该大吼出的东西,但我马上就会安静了,你将什么都听不见,因为这个世界是一块海绵!这个世界,这个世界,这个世界是一块海绵!"

现在想起来,最后柴斯纳特反复唱的"这个世界是一块海绵",非常像"旭日阳刚"唱《春天里》最后反复大吼出来的"有一天我老无所依,请把我埋在这春天里"。一样的历经人生沧桑、看遍春秋演绎之后的苍凉。

不同的是,唱完《海绵》之后,这十几年里,柴斯纳特一直有新歌在唱,每一首都是他自己的创作,都给人以感动,让人能看到他生活的耐性和生命的韧劲,以及对现实和世界独特的带有哲理性的看法和态度。一般都是他坐在轮椅上唱,人们站在他的四周听,表达着对他的敬意。那情景不是电视上豪华舞台上,而像是在工地或地铁通道的感觉。

另一位草根歌手,是我国盲人歌手周云蓬。周云蓬出道多年,却从来没有上过春晚甚至任何的电视,但他和柴斯纳特一样,游吟诗人一样自编自唱,背着一把吉他,云游四方,走遍大江南北,到处流浪卖唱,唱着那动人的歌谣,禽鸟皆遂性,草木自吹香,别有一番风景,且唱得年头那样久远。

前几年,我偶然听到他的一盘唱盘《中国孩子》,这是他出版的第二张唱盘。其中《中国孩子》《煮熟的鸭子要飞走》《买房子》,听了之后,非常的感动。特别是《中国孩子》,真的让我非常感动,他哀恸地唱克拉玛依那场大火中"死到临头让领导先走"的大人们,唱那些"火烧伤皮肤让娘心焦"的孩子们。最后反复吟唱着"中国孩子！中国孩子！"和"旭日阳刚"唱《春天里》最后反复大吼出来的"有一天我老无所依，请把我埋在这春天里"一样，唱得我心里发热，再也忘不了这位歌手。

对于这个世界的现实，他有着自己的发言，不仅拥有一腔正义与真情，还有那样独特而敏感的艺术感觉。他的歌和我们的电视屏幕上制作的一批又一批的晚会歌曲、我们的唱片公司孵化的更多的那种千篇一律的爱情歌曲，真的大不相同。他不愿意走宏大叙事的路子邀宠媚上，不愿意吃着别人嚼过的馍，去屈膝于市场和时尚。

后来我又听到了他的《北京三次》，同样的感动，在叙事的唱风和幽默的语调中，同样让我感受到他对于生活独特的发现和感受，和汪峰的直抒胸臆显得沧桑也显得视角大了的《北京北京》完全不同，他将一个外乡人北京梦的艰辛、心酸和执着，爱恨交加，三次来到北京不同的遭遇和心情，以叙事风格唱出，唱得那样别致，那样辛酸，那样幽默，又那样撕心裂肺。他的音乐不是别人的，他唱的不是他人为他编织好的哪怕是再精致的花环，而是属于自己的心和情感的延伸，坚持的依然是草根。

在他出版的《中国孩子》的唱盘的前言里，我抄录过他说的这样一段话："音乐不在空中，它在泥土里，在蚂蚁的隔壁，在蜗牛的对门。当我们无路可走的时候，当我们说不出来的时候，音乐，愿你降临。"这样的话，特别适合同样作为草根歌手的"旭日阳刚"。

所以,我说,电视的各种晚会或选秀或大赛,特别是春晚,是一把双刃剑,既可成也草根,亦可败也草根。有眼光有志气的草根歌手,真正的舞台不在春晚,不在商演,而在广阔的民间。用你歌唱的真心,用你创作的能力,用你对这个世界独特的音乐发言,未来的路才可以一路花开,走得长远。

没错,"音乐不在空中,它在泥土里,在蚂蚁的隔壁,在蜗牛的对门"。

第二辑

那一晚忽然洞开的窗子

我一直认为,音乐和其他艺术形式不一样,音乐靠的更是一种心灵上的启示,冥冥中神的一种启示。当然,我指的是古典的音乐。古典 classic 一词,最早源于古罗马的拉丁语 classicus 的意思,就包含着和谐、高雅、典范、持久的意义。而能保证这些意义存在而不褪色,人为的力量是达不到的,只能求助于神。

音乐,从某种程度上说,是充满神秘感的。心灵和神,是音乐飞翔的两翼。

罗曼·罗兰说:"个人的感受,内心的体验,除了心灵和音乐之外再不需要什么。"德国哲学家莱布尼茨说:"音乐是心灵的算数练习,心灵在听音乐时计算着自己的不知。"我想说的都是这个道理,或是神作用于心灵,或是心灵参谒于神,真正美好的音乐才能诞生。而且,我坚信别的艺术可以后天培养,大器晚成;音乐只能从童年时起步,错过童年,音乐便不会再次降临驻足。因为只有童年的心灵最纯洁而未受到污染,便也最易于得到神的启示和帮助。

成年人的心，已经板结成水泥地板，神的雨露便难以渗透进去。

童年的巴赫(J. Bach, 1685—1750)，便曾经这样得到神的启示和帮助，否则他日后就不会成为那么伟大的音乐家，起码我是这样认为的。

在音乐史上没有这样的记载，但在巴赫的传记中确有这样一段生动的描述。童年的巴赫，家境贫寒，但酷爱音乐。只要汉堡有音乐会，他必要参加，虽身无分文，步行也要去。那时，巴赫十五岁，住在吕内堡他的大哥家里。吕内堡和汉堡隔着一条易北河，相距三十公里。为听一场音乐会，他常常一个人过河，步行到汉堡，往返六十公里，对于一个孩子来说，实在是够累的了。

一次，在汉堡听完音乐会，他还想继续听第二天下一场的音乐会，可是他没有一文钱，只好无奈地踏上归途。三十公里的路一下子变得漫长起来。走到半路，天就黑了下来，他又没钱住店，连饿带困，只好小猫一样蜷缩在一家旅店屋檐下的草地上，捱过这一个没有音乐的寂寞之夜。沉沉睡到夜半时分，一股扑鼻的香味萦绕身旁，竟撩拨得他突然醒来。就在他刚刚醒来的一刹那，头顶上的窗子"砰"的一声忽然打开，紧接着从窗口落下一包东西，正落在他的身旁。他打开包一看，是一个喷香的鲱鱼头，鱼头里还藏着一枚丹麦金币！

是谁赐予了他今晚的晚餐？又给予了他能够返回汉堡听音乐会的费用？

童年的巴赫感到莫名的兴奋，也感到格外的奇怪。他抬起头望望窗子,窗子已经关上了,只有头顶的夜空满天繁星怒放。他认为这肯定是上帝赐予他的恩惠,他立刻跪在草地上,对着漠漠的夜空,向上帝祷告膜拜。他相信万能的上帝一定就藏在闪烁的星光之中。

音乐史中并没有这样的记载,大概认为这只是传说而已,不足为凭。但我却是宁愿信其有,不愿信其无。即使是传说,也表明着巴赫和人们对于神灵与音乐相通的感情与向往。

我不知道那扇神秘的窗子里住的究竟是什么人,为什么要给巴赫以默默的帮助?巴赫那时还只是默默无闻的孩子呀!莫非他或她或他们早已猜到巴赫将来的命运?那么为什么只给巴赫一个可怜的鲱鱼头?为什么不给巴赫更美好一点的晚餐?或者干脆把巴赫请进屋去,给他一盏更加温暖的灯火?……

我猜不出来。但我想如果那样的话,也就没有了神秘的感觉,可能也就没有了以后的巴赫。

对于孩子,对于艺术,是需要一些神秘的感觉的。过于实际和实在了,世俗的气味浓厚了,不仅会磨蚀掉孩子的想象力,更会锈蚀掉孩子天籁般的心灵。与世俗近了,与艺术就远了。

幸亏那扇窗子没有再打开。

那一晚,巴赫又返回汉堡,继续听他的音乐会。应该说在这之前,巴赫就已经迷恋上了音乐,但我以为就是从这一个夜晚开始,巴赫才真正走进了音乐。

再听巴赫的音乐,比如短的《G弦上的咏叹调》、长的《马太受难曲》,我总能听到那种巴赫独特的庄严、典雅、深邃,巴赫自己的那种内省、含蓄、柔美。我总好像看到那一晚忽然洞开的窗子和漫天的星光灿烂。

当然,还能依稀闻到那鲱鱼头的香味。

巴赫和亨德尔

我一直想将巴赫和亨德尔(G. Handel,1685—1759)进行比较,这将是一件很有意思的事情。其实,在音乐史上,早就有人进行过这样的比较,只不过更多的还是分别论述着他们各自的成就。论及十八世纪的音乐,不能不谈到他们两人,他们是那个时代的双子星座。罗曼·罗兰说得好:"巴赫和亨德尔是两座高山,他们主宰,也终结了一个时代。"

最初引起我对他们兴趣的是,他们两人是在同一年出生,晚年又同样双目失明。巴赫结过两次婚,有过二十个之多的孩子;亨德尔却终生未婚,甚至未与一个女人有染。巴赫只是中学毕业,亨德尔却是大学毕业。巴赫一辈子没出过国门,好像一个乡巴佬;亨德尔却一生在欧洲云一样漫游,最后客死英国,俨然一个英国人。巴赫一直生活并不富裕,亨德尔却可以每年有二百金币的丰厚收入。巴赫的死是很凄凉的,几乎无人过问;亨德尔的死却是英国政府出面,为其举行了隆重的葬礼……

从人物出发,他们有着太多的相似,又有着更多的不同。他们的相似和不同都是那样的赫然醒目,让人兴味盎然。

但我更关心的是他们的音乐。他们的音乐是那样的不同,正好呈现出那个时代最为辉煌的两个不同侧面。如果他们两人从人物到音乐都几乎是相同的,那该是多么的乏味!

从音乐的角度而言,巴赫是属于宗教的,亨德尔是属于世俗的。我想这和巴赫一生笃信宗教有关,而亨德尔只是在晚年双目失明之后快要离开人世的时候,才跪拜在汉诺威的圣乔治教堂前,想起了上帝。

但有意思的是,现在听巴赫的音乐,我常常听出的不是宗教的意味,而是世俗的温馨和快乐,比如他的许多康塔塔,比如他的 D 大调的弦乐曲。也许,是我对宗教根本不懂得,也缺乏巴赫那种对宗教的虔诚之心?

然而,现在听亨德尔的有些音乐,尤其是他的《弥赛亚》,特别是《弥赛亚》中的广板和"哈利路亚大合唱",总能听到宗教的声音,看到那来自天国的神圣而皓洁的天光。也许,那只是我心中的宗教感觉,和十八世纪完全无关。

巴赫的音乐是内省式的,它面对的是心灵,因此它的旋律总是微风细语般的沉思,是清澈的河滩上洁白的羊群在安详地散步。

亨德尔的音乐是外向型的,它面对的是世界,因此它的旋律总是跌宕起伏,是大海波涛中的船帆一闪一闪,挂满风暴带来的清冽水珠。

我想正是由于此，巴赫的音乐大多是器乐，他不想借助人声，只想运用音乐本身，相信音乐本身；亨德尔的音乐大多是歌剧和清唱剧，他淋漓尽致地发挥人声，相信人在音乐中的力量。

巴赫的音乐基本是为自己的、为教堂的唱诗班的、为一般平民的，格局一般不会大，是极其平易的，像是我们经常遇到的一片树下清凉的绿荫，是明月松间照、清泉石上流般的宁静致远；亨德尔的音乐是为宫廷的、为剧院的、为上流社会的，格局会恢弘华丽，像是他自己曾经谱写过的那节日里绚丽的焰火，是惊风芙蓉水、密雨薜荔墙式的天玄地黄。

同巴赫的清澈美好的音乐相比，他的生活和他的处世却大不相同。生活中的巴赫是谦卑的、世俗的、拮据的，为了生活和生存，他不止一次给达官贵人写信求救。他专门为勃兰登堡的公爵献辞，并为公爵创作了《勃兰登堡协奏曲》。他的一生都只是卑贱的奴仆。

亨德尔也曾为讨好汉诺威亲王而专门为其谱写了《水上音乐》，但他大部分的生活却是鄙夷世俗的。他的清高孤傲，拒人于千里之外，尤其对那些上层人物傲慢的态度，在当时的英国是有名的，使得那些想以结交艺术家为附庸风雅的上流人士对他很是愤恨，以致类如元帅之流要拜见他也不得不求助于他的学生。他对牛津大学授予他的博士称号视若粪土，根本不屑一顾。他在都柏林看到广告上写着他是亨德尔博士时，大为光火，要人立刻在节目单上改正为"亨德尔先生"。

在我想象中,生活中的巴赫一直躬着腰,而只有在音乐中才得以舒展腰身;而亨德尔却无论在生活还是音乐之中始终是昂着头的。巴赫是天上的一簇星光;亨德尔则是电闪雷鸣。巴赫是河下游温顺的小羊;而亨德尔则是雄风正起的老狼。

巴赫和亨德尔在音乐之中和在音乐之外,是这样的不同,我想这和他们各自不同的命运和性格有关。巴赫虽然有其固执的一面,但总的来说,他是一个平和的人,易于满足,谦虚质朴。一想到自己要养活二十个孩子这样庞大的家,他就什么脾气也没有了。亨德尔却是一人吃饱,全家不饿,他独身一人,只在音乐中徜徉。他是一个有名的脾气暴躁的人,所有的感情都会毫无保留地宣泄在脸上。有人说他是一个饕餮,是一名暴君。罗曼·罗兰这样形容过他:"无论做什么事情,他都投入得忘了周围的环境。他有边思考边大声唠叨的习惯,所以谁都不知道他在想什么。他创作时一会儿兴高采烈,一会儿涕泪交加。"了解这一点,对于他暴怒的时候甚至要把一位拒绝演唱他的曲子的歌手扔到窗外,也就不会感到奇怪。

每一位艺术家的作品风格无不打上自己性格的烙印。如果他们不是音乐家,而是去当政,亨德尔不是英雄就是暴君,而巴赫则是温和的良相。作为音乐家,巴赫如同他的德文名字的含义一样,的确是条潺潺的小溪;亨德尔则是大海,时而平静,时而汹涌澎湃。

在我看来,巴赫是莫扎特的前身,而亨德尔则是贝多芬预设的拷贝。

有一件这样的事情,我一直很感兴趣。巴赫的家乡是德国中部的爱森纳赫,亨德尔的家乡在爱森纳赫东北的哈勒,两地相距不足百里。按说,也算是小老乡,他们两人却一辈子始终未能得以相见。个中原因,很值得思考。我一直不明就里,一直在揣测。

据史料记载,亨德尔出国之后曾经三次回过故乡,都是来看望他的老母。巴赫一直对亨德尔很敬重,也很希望能够有机会拜望一下他。在亨德尔第一次回国之前的1713年和1716年,巴赫曾两次专程到哈勒拜访过亨德尔的老母,表示过对亨德尔的敬意和仰慕之情。1719年,亨德尔第一次回国,到德累斯顿进行宫廷演出。巴赫请一位大公写信给亨德尔请求见面,但亨德尔没有回信,回哈勒看望母亲去了。巴赫得知,立刻借坐大公的马车,从当时他所居住的科腾飞驰哈勒。科腾距离哈勒只有二十英里,巴赫赶到哈勒,亨德尔却已经返回英国了。第二次,是1729年,亨德尔又回到哈勒,不巧,当时巴赫在莱比锡,正得病爬不起床,只好派大儿子拿着他的亲笔信替他前往哈勒,邀请亨德尔来莱比锡会面。两地相距不远,也只有二十英里。但是,亨德尔没有来。第三次,亨德尔再次回到家乡哈勒,巴赫已经不在人世了。

看来,他们实在是没有缘分。

我只是不明白,为什么他们没能见得成面?他们本来是有机会的。巴赫早就拜访过亨德尔的母亲,并表达过对他的感情,老母亲不会不向他转告,况且第一次还有大公的信件在先,他却连等一等巴赫的工夫都没有?第二次,亨德尔完全可以前往巴赫的住地莱比锡看望一下巴赫,况且巴赫还有病在身,出于礼貌也应该去一趟。

即使是时间紧迫实在无法前行,总该写封信让巴赫的儿子带回吧?

也许,这只是出于我这样的常人的考虑,艺术家的思维和我们常人不大一样,所以,我们成不了艺术家。我不知道事实上亨德尔到底对巴赫的态度是怎么样的,我看的书有限,只看到的是巴赫一直处于主动的地位,处于对亨德尔的敬仰的态度,而亨德尔总是有些昂昂乎的傲慢。也许,亨德尔这样对待巴赫,是极其正常的,是完全符合亨德尔的性格的。如果不是这样,倒不是亨德尔了,便和巴赫混为一谈了。客观地讲,以当时的地位和名望,亨德尔显然比巴赫要高上一筹,他走到哪里都被人们所簇拥。而巴赫当时只不过是莱比锡的一个教堂的乐监,音乐家的名分,是巴赫死后我们给他加上的。

我不想苛求亨德尔,每个人都有自己的长处和短处。我只是想说,即使身前受到冷遇寂寞的巴赫,亨德尔一时忙于自己的辉煌忘记或忽略于看一看他的光芒,他的光芒还是存在的。真正的光芒是掩盖不住的。从这一点来看,巴赫有其更纯朴真挚的一面,他从来没有因为亨德尔最终没有会见他而有过什么抱怨,或对亨德尔有过什么非议。

这就是巴赫,是虔诚的宗教的巴赫和高傲的世俗的亨德尔的区别。

也许,正是出于此,我更喜爱一些巴赫的音乐。亨德尔的音乐是属于戏剧的,巴赫则属于诗、属于梦,属于心里的话语,在他的旋律里化作音符相会相融。

光就是从那儿来的

艺术从来都是痛苦的结晶,或是身世,或是精神的痛苦,才使得艺术在心灵的磨砺淘洗中得以升华,而变得神圣、高贵而高尚。

我们爱说高尚,不爱说高贵,以为高贵是资产阶级或者贵族的专利。其实,没有精神上的高贵和境界上的神圣,人是高尚不起来的。

《弥赛亚》,是亨德尔历经苦难之后倾注全部热情创作的一部清唱剧。这部作品的第二部"哈利路亚大合唱",表现的是耶稣遭受的苦难和复活。这里融入了亨德尔自己的情感和经历的影子。亨德尔在这之前曾经破产贫穷如洗、病倒半身不遂,在这之后更有双目失明的悲惨境遇。

我没有听过《弥赛亚》的全剧,只听过其中的"广板",真是百听不厌。那种清澈动人的旋律,让人感到只有来自深山未被污染的清泉,或者来自上帝手中为我们洗礼的圣水,才会这样的透明纯洁,能把我们尘埋网封的心滤就得明朗一些。有的音乐是一种发泄,有的音乐是一种自言自语,有的音乐是一种浅吟低唱,有的音乐是一种搔首弄姿,有的音乐是一种卖弄风情……亨德尔的这一段"广板"是来自天国的音乐,是来自心灵的音乐,它可以让人的心灵美好崇高,它可以让人面对躁动、喧嚣和污染保持一份清明纯净。

据说,《弥赛亚》在伦敦上演,当演唱到第二部"哈利路亚大合唱"的时候,在场的乔治二世深受感动,禁不住肃然起立,躬身倾听,带动在场所有的观众都站立起来恭听。从此,形成了规矩,在世界各国演出只要演到这里时,观众们都莫不如此肃然起立。亨德尔的音乐和整个音乐大厅连带周围的世界,都充满神圣而庄严的气氛。

我很难想象这种情景。我们现在还能够出现这种情景吗?会有一种音乐,或者其他的一种艺术,能够让我们怀有如此圣洁、如此神往的心情和心地自觉而虔诚地肃然起立,去聆听、去拜谒吗?

我们的心和我们的艺术,都难以滤就得如此水晶般澄净空明、宗教般虔诚景仰了。看看我们周围,当丑角变成了人生的主角,当小品成为了舞台的中心,当肥皂剧占据了人们的视线,当浅薄的二三流歌星膨胀为音乐家……我们就知道亨德尔的时代已经无可奈何地离我们远去了;亨德尔时代艺术所拥有的那种高贵神圣的感觉,已经无可奈何地离我们远去了。现在,我们的剧场、音乐厅可以越盖越高级,我们还创造出来了更为方便而现代的电视、音响、CD、VCD、iPod……我们可以躺在被窝里、依偎在鸳鸯座里,嚼着泡泡糖、豪饮着冰啤酒,去听去看这些所谓的艺术,怎么可能会再自觉自愿一往情深地肃然起立,去聆听、去拜谒亨德尔的《弥赛亚》呢?

知道亨德尔的人不会太多,知道亨得利的人却一定很多。把心和艺术商品化、时装化、世俗化、市侩化,化妆成五彩斑斓的调色盘,腌造成八宝甜粥、九制陈梅的太多了。

满街连商店里都安上了高音喇叭,轰鸣起招揽生意的震天响的音乐,真正的音乐已经离我们而去。

所有人的口中都唱着流行的爱的小调,真正的爱已经变成人们嘴里肆意咀嚼的泡泡糖。

也许,亨德尔的音乐和时代,都离我们太遥远,太古典。现代人已经没有了这种情感、庄严和信仰。我们的情感和信仰都已经稀释得缺少了浓度,单薄得比不上一只风筝,自然只会随风飘摇;庄严和神圣,当然就只成为了我们唇上的一层变色口红,或者我们西服上的镀金领带夹。

我却为那种遥远、古典的情景和情怀而感动,并对此充满着向往。人类之所以创造出了音乐和其他艺术,不就是为了让我们庸常的人生中能够涌现出这样的时刻吗?不就是能够让我们看到天空并不尽是污染,而存在着水洗般的蔚蓝、天使般的星辰和金碧辉煌的太阳吗?它们就辉耀在我们的头顶并审视着我们的心灵,让我们的心得以伸展而不至于萎缩成风化的鱼干;让我们的精神知道还有美好的彼岸而不至于搁浅在尔虞我诈、物欲横流的泥沼。人只有在艺术的世界里,才能超越自身的局限和龌龊,创造出至善至美的神圣境界。

亨德尔的《弥赛亚》为我们创造出了这样神圣而美好的境界。并不是所有的音乐、所有的艺术,都能够创造出来这种境界的。难怪亨德尔对《弥赛亚》格外钟爱,在临终前八天,抱着病危的残躯,仍然坚持参加《弥赛亚》的演出,出任管风琴演奏。《弥赛亚》中,有亨德尔的心血,更有他的信仰。让蚯蚓般青筋暴露并颤抖的手指弹奏管风琴,看全场的观众肃然起立庄严闪烁的目光和他交融相碰,那是一种怎样感人的情景呀!

晚年的海顿,在伦敦听到《弥赛亚》时,禁不住老泪纵横。他由衷地赞叹:"这是多么伟大、神圣的音乐!"他由此发誓,"我的一生中一定也要创作出这样一部音乐!"

看来,海顿的心和亨德尔是相通的。海顿从伦敦回到维也纳,开始创作他的《创世纪》。每天写这部音乐之前,海顿都要虔诚地跪拜在神像面前,把心袒露给上苍。我们现在对自己的艺术还会有这样的虔诚吗?我们不必跪拜在神像面前,我们只要求将手洗得干净一些,将尘埋网封的心抖擞得明亮一些,将我们过早长出的老年斑去掉几颗,每天能够做得到吗?

《创世纪》在维也纳演出的时候,海顿已经病卧在床,但他坐在安乐椅上,依然来到音乐会上。当听到全剧的高潮,《天上要有星光》一曲响起的时候,七十七岁的海顿,竟然不顾苍迈病重,神奇般地从安乐椅上一下子站起来,情不自禁地指着上天高声叫道:"光就是从那儿来的!"说罢,他就倒下再未醒来。

　　第一次在书中读到这里时,我被感动得湿润了眼角。以后,每逢想到这里时,都让我的心里泛起激动的涟漪。我的耳边似乎总响起海顿那苍老而激动人心的声音:"光就是从那儿来的!"

　　光到底是从哪儿来的?我们现在知道吗?我们现在还关心光到底是从哪儿来的这样的问题吗?我们还能够像海顿一样即使到死之前也要抬起老迈的头颅,去寻找光是从哪儿来的吗?

　　每逢想到这里,我为自己和我们这个越发物化的世界而惭愧。我便情不自禁地问自己也问这个世界:现在还会出现这种情景吗?莫非我们以为我们是站在了光明灿烂的中心,已经不再需要寻找光的照耀了?莫非它真只是一道遥远而过时的古典情景,只可远看,不可走近,难以重返现代人的心中?

　　是海顿和亨德尔在我们的眼里变得越来越疯疯癫癫有些傻,还是我们的艺术包括我们自身已经变得俗不可耐,越来越实际实用实惠,退化得失去了这种庄严神圣撼人心魄的力量?

　　我们的视力已经无可奈何地减退,看不到"天上要有星光",更看不清光到底是从哪里而来射在我们的头顶,我们便无法将那束庄严而神圣的光收进我们的心中。

亨德尔活着的时候曾经说过这样的话:"假如我的音乐只能使人们愉快,那我很遗憾;我的音乐的目的是使人们高尚起来。"

我们应该让我们自身和我们的艺术高尚起来。谁,哪一束光,或者什么力量,可以帮助我们高尚起来呢?

关于莫扎特

一

莫扎特是说不尽的。说不尽的莫扎特本人。不尽的人在说莫扎特。傅雷就是其一。他很喜欢莫扎特。在他的文章中,曾多次谈到莫扎特。

他这样评价莫扎特:"在整部艺术史上,不仅仅在音乐史上,莫扎特是独一无二的。"他说,莫扎特的"早慧是独一无二的"。"他的创作数量的巨大,品种的繁多,质地的卓越,是独一无二的。"开创民族艺术形式的新路,"莫扎特又是独一无二的"。又说"没有一种体裁没有他登峰造极的作品,没有一种乐器没有他的经典文献"。在音乐的全能方面,"毫无疑问是绝无仅有的"。一样又是一个独一无二!

这评价够高的。却是符合实际的。但如果仅仅是这样的评价,傅雷会很让我失望,因为任何一部音乐史,都是这样诉说着莫扎特的。

我感兴趣的是,傅雷不仅这样评价莫扎特,而且向我们揭示了许多他自己对莫扎特独特的体味,有种种新的发现,柳暗花明一般,令我们心头一亮,让我们再听那些熟悉的莫扎特的乐曲,能够听出一种新鲜的滋味来。

比如,傅雷说"没有一个作曲家的音乐比莫扎特的更接近于'天籁'了"。我还没看到别人这样评价过莫扎特。说音乐作品美妙甜美、清新自然,并不是准确的天籁。可惜,傅雷没有进一步解释天籁的含义。在我领会,莫扎特音乐的天籁的成分,不仅融入他的作品,同时也融入他的心和他这个人的生命里。他的妻子康斯坦兹曾经说他"作曲就像写信一样"。康斯坦兹明白莫扎特写给她的信里充满着天籁。写信和正襟危坐做文章不同,写信和一般作曲自然也不同,写信是一种倾诉,是心中音乐的流淌,在这里,音乐来自心灵,而不仅仅是五线谱。也许,康斯坦兹的话,就是对莫扎特音乐天籁最好的解释。

莫扎特的音乐才不是做出来的,是真正从心灵深处流出来的。他的音乐才能如水清澈明亮。但这水不是自来水龙头里流出的水,不是人工制造灌装出来的矿泉水,不是放入许多添加剂的可乐汽水……而是从山涧流淌出来的溪水。

据说,贝多芬作曲时常常汗流浃背,而莫扎特作曲时却如写信一样轻松自然。这大概不是笑话,而是一种真实。一个音乐家可以很有才气,或非常刻苦,或很有思想,或很有创新……这一切都是可以磨炼的,可以培养的。但天籁是与生俱来的,是融入一个人的血液里的,就像一朵花该开什么颜色就开什么颜色,就像一只鸟该长什么羽毛就长什么羽毛。有的花天生就开与众不同的鲜艳颜色;有的鸟天生就长出不同寻常的漂亮羽毛。

莫扎特的音乐更接近于天籁,或者说莫扎特就是天籁式的音乐家,我很同意这种看法。

傅雷还说莫扎特的音乐:"从来不透露他的痛苦的消息,非但没有愤怒与反抗的呼号,连挣扎的气息都找不到。""莫扎特的作品反映的不是他的生活,而是他的灵魂。是的,他从不把艺术作为反抗的工具,作为受难的证人,而只借来表现他的忍耐和天使般的温柔。"在这里,傅雷用了一个"天使"的词来形容莫扎特,我看极其富于特点。一个天使,一个天籁,是傅雷对莫扎特自己独特的认识和理解,也是莫扎特音乐对称的两极。

莫扎特短暂的一生,除了童年还算是幸福,用傅雷的话说,短促得"像个美丽的花炮"。其他的日子都是极其痛苦的,贫穷、疾病、嫉妒、倾轧……黑蝙蝠像影子一样紧紧跟随他的一生。但是他的音乐呢?在他所有的作品里,我们找不到一点对生活的抱怨,对痛苦的咀嚼,对不公平命运的抗击,对别人幸运的羡慕,或是对世界故作深沉的思考,有意无意地添加一些自以为是的所谓哲学的胡椒面……他的欢快,他的轻松,他的平和,他的和谐,他的优美,他的典雅,他的幽邃,他的单纯,他的天真,他的明静,他的清澈,他的善良……都不是装出来的,而是自然而然情不自禁的流露。他不是那种"行到水穷处,坐看云起时"式的恬淡,不是"闲云不作雨,故傍青山飞"式的超然,也不是"无风云出塞,不夜月临关"式的宁静,不是"雁引愁心去,山衔好月来"式的心境,更不是"我生本无乡,心安是归处"式的安然……他对痛苦和苦难不是视而不见的回避和我们禅家的超度,而是把这痛苦和苦难嚼碎化为肥料重新撒进土地,不是让它们再长出痛苦带刺的仙人掌,而是让它们开出芬芳美丽的鲜花——这鲜花就是他天使般的音乐。傅雷说他的音乐表现出他天使般的温柔,是最恰当不过的了。

傅雷还说:莫扎特"他自己得不到抚慰,却永远抚慰着别人"。"他在现实生活中得不到幸福,他能在精神上创造出来,甚至可以说他先天就获得了这幸福,所以他反复不已地传达给我们。"傅雷说得真好!我还没有看到别人将莫扎特说得这样淋漓尽致,这样深入骨髓,这样充满着对莫扎特的理解和感谢。傅雷是莫扎特的知音。

二

有一种很奇特的现象,在音乐史或有关音乐评述文章中屡见不鲜:许多人爱把莫扎特和贝多芬进行对比。仿佛他们是一对性格迥异的亲兄弟。

比如柴可夫斯基多次进行这样的对比:"莫扎特不像贝多芬那样掌握深刻,他的气势没有那样宽广……他的音乐中没有主观性的悲剧成分,而这在贝多芬的音乐中表现得是那样强劲。"他还说:"我不喜欢贝多芬。我对他有惊异之感,但同时还有恐惧之感。我爱莫扎特却如爱一位音乐的耶稣。莫扎特的音乐充满难以企及的美,如果要举一位与耶稣并列的人,那就是莫扎特了。"

比如丰子恺这样表述他的对比:"贝多芬的音乐实在是英雄心的表现;莫扎特的音乐是音的建筑,其存在的意义仅在于音乐美。贝多芬的音乐是他伟大灵魂的表征,故更有光辉。莫扎特的音乐是感觉的艺术,贝多芬的音乐则是灵魂的艺术。"他还说:"莫扎特的音乐是艺术的艺术,贝多芬的音乐是人生的艺术。"

很少有人拿莫扎特和其他音乐家进行对比。拿莫扎特和贝多芬对比,说明他们两人地位的重量级旗鼓相当,也说明拿他们两人进行对比的人的心目中,对莫扎特的态度和对艺术人生的态度。

傅雷也将莫扎特和贝多芬进行比较,他这样说:"假如贝多芬给我们的是战斗的勇气,那么莫扎特给我们的是无限的信心。"这句话很重要,我以为是傅雷对莫扎特认识和理解的一把钥匙,是给予我们去认识和理解莫扎特的一句箴言。这句话让我又想起傅雷说的"天籁"及"天使"这两个词。和贝多芬相比,莫扎特确实更接近天。莫扎特是属于梦幻般的天的,贝多芬则是坚实的地。因此,我觉得傅雷仅仅说莫扎特给我们无限的信心,似乎是不够的。莫扎特还给予我们更多的梦幻般的美好、憧憬和抚慰,他能让我们的心永远湿润,而不至于那么快被世风吹得干燥、皲裂。

这样相比较而言,丰子恺说莫扎特的音乐只是"音的建筑,其存在的意义仅在于音乐美",对莫扎特实在太不公平了。应该说,莫扎特的音乐才是灵魂的艺术;感觉的艺术,说德彪西可以,说莫扎特就不那么准确。而柴可夫斯基把莫扎特比喻成音乐的耶稣,又有些太过分和神秘感了,或者说有些夸张。

看看傅雷的儿子傅聪对父亲的理解,可以看出傅雷对莫扎特的一往情深,在贝多芬和莫扎特之间对莫扎特明显地倾斜。傅聪这样说:"我爸爸在《家书》里有一篇讲贝多芬,他讲得很精彩,就是说贝多芬不断地在那儿斗争,可是最后人永远是渺小的。所以,贝多芬到后期,他还是承认人是渺小的。……贝多芬所追求的境界好像莫扎特是天生就有的。所以说,贝多芬奋斗了一生,到了那个地方,莫扎特一生下来就在那儿了。"这话讲得很有意思,比父亲讲得要通俗,却更形象;比丰子恺讲得更深沉;比柴可夫斯基讲得更实在,也更能让我们接受。

我常常想傅聪讲的这句话,贝多芬一辈子奋斗好不容易才到达的地方,原来莫扎特一出生就站在那里了。这对于贝多芬来说是一个多么残酷的玩笑和现实!贝多芬和莫扎特之间竟然拉开了这样长(是整整一辈子)的距离!

在我们中国,一般而言,人们更多知道的是贝多芬,对贝多芬更为崇拜,莫扎特的地位要在贝多芬之下。我们一直崇尚的是战斗的哲学,是与天斗,其乐无穷;与地斗,其乐无穷;与人斗,其乐无穷。我们很长一段时间忽略了无论与天与地还是与人,还有着更为重要的和谐关系,相濡以沫的关系,相互抚慰的关系。如果说前者是生活和时代所必须的,那么后者在更多的时候一样也是必须。如果说前者是要求我们锻炼一副外在钢铁的筋骨,那么后者则是要求我们有一个宽厚而和谐的心灵。有时候,锻炼外在的筋骨不那么困难,但培养一个完美的心灵却不是一朝一夕的事了。这样,我们就明白了,一般运动员可以从小培养,音乐家尤其是像莫扎特这样的音乐家,很难从小培养,他们大多是天生的,是可遇而不可求的。

莫扎特逝去了两百余年,人类曾出现过多少优秀的运动员乃至伟大的英雄和卓越的领袖,但是再未出现一个莫扎特。

其实,并不是我们的国家和民族天生只崇拜贝多芬式的向命运不屈而坚强地敲门的英雄,我们一样崇拜温柔如水天使天籁般的莫扎特,尤其是经历了漫长而没完没了的人与人之间的斗争,在日后日复一日单调而庸常的平凡的日子里,我们离后者更近,便也更向往、更亲切。

傅聪在解释父亲这句话"假如贝多芬给我们的是战斗的勇气,那么莫扎特给我们的是无限的信心"时,这样说:"我觉得中国人传统文化最多的就是这个,不过,我们也需要贝多芬。但中国人在灵魂里头本来就是莫扎特。"我不知道傅聪这样的解释是否符合傅雷的本意,但这话讲得很让人深思。中国人在灵魂里头本来就是莫扎特,我们本来应该很容易接近莫扎特,可是,我们却离莫扎特那么遥远。这真的是一个悖论,不仅止于音乐,更表现在我们的人生与历史中。

三

我有好长一段时间轻视莫扎特,大概和看过那部《莫扎特》的电影有关,那部影片没让我对莫扎特留下什么好印象。在影片中,莫扎特似乎总是疯疯癫癫的,老是打情骂俏,老是让人人嫉妒算计。

我对两百多年前的莫扎特一无所知。

我开始对莫扎特有好感,是读了巴乌斯托夫斯基写的《盲厨师》一文之后。那篇文章写得很美,四十多年前,我曾经将它全文抄过一遍,抄它时的那个春雨霏霏的夜晚,至今记忆犹新。夜雨扑窗,悄然无声,仿佛是莫扎特从遥远的地方走来,走到我的面前。是它让我走近莫扎特,让我为自己的无知和浅薄而脸红。

文章写的是 1786 年维也纳近郊风雪呼啸的一个夜晚。给一位伯爵夫人做了一辈子厨师的盲老人,在他的破旧木屋里奄奄一息孤零零地就要去世了。在忏悔了一生所犯的过错之后,他唯一的愿望是能够重新看到早已经故去的他年轻时的恋人,再次出现在早春苹果花盛开的树下,向他款款走来。可是当他说完这话,就嘲笑自己这是不可能的,是自己的病把自己搞糊涂了。怎么可能让一个盲人重新看见人,而且是看见岁月倒流早已逝去的年轻时光和年轻的恋人呢?顶着风雪,走进他这间小木屋的一个年轻人,却对他一连大声说了三遍我可帮你做到!在盲厨师小木屋里那架落满灰尘的破钢琴旁,年轻人坐下,为老人弹奏了一支即兴曲。他弹奏的这支曲子太神奇了,在乐曲中,老人竟真的看见了自己年轻的恋人,走在了早春苹果花盛开的树下,老人打开窗子,扑面而来的大片大片的雪花,真的觉得就是那芬芳的苹果花。就在这美妙的一瞬间,老人幸福地合上了眼睛。

这个年轻人就是莫扎特。那一年莫扎特整整三十岁。

这实在是一个美丽的故事。莫扎特和他的音乐都是那样神奇。美好的音乐,能够抚慰人哪怕创伤再深的灵魂,能够创造人无限向往却无法创造的奇迹。我想起歌德曾经对莫扎特的高度评价:"像莫扎特那样一种现象,实在是无法解释的奇迹。"

很长一段时间,我沉浸在这个故事之中,我不知道莫扎特为那个盲厨师弹奏的是一支什么样的钢琴曲,却仿佛听到了那美妙的乐曲,心久久地在那乐曲中荡漾。我为莫扎特,也为那位盲厨师而感动。他真是个幸运的人,虽然他的一辈子吃过那样多的苦楚,但有了临终前莫扎特的那一支钢琴曲,他值得了,所有的一切辛酸都融入了音乐之中,化为了永恒的旋律。并不是所有的人都能够拥有他这样的福分。

莫扎特实在是伟大的,是他才让那纷飞的雪花变成了早春盛开的苹果花的。

怎么可以轻视莫扎特呢?

当然,我们必须拥有盲厨师那样对年轻时恋人和苹果花的渴望,对音乐和生活的虔诚,才能够感受到那一种境界:纷飞的雪花迎面扑来,才有可能化为温馨的苹果花。如果我们梦想着纷飞的雪花飘来最好是大把大把的钱票子,我们临终前渴望的不是心中珍存的那一份感情,而是如何立下分赃的遗嘱……怎么可以如盲厨师一样感受到音乐给予他独特而美好的境界?莫扎特便离我们遥不可及,远在两百多年以后,我们便很难在音乐厅在街头,更难在家中在心中,和他相逢。

亚里士多德曾经说过:"各种非理性的情欲,都可以在音乐中得到净化。"那是指听众如盲厨师那样敢于忏悔自己一生过错的人,敢于承认自己心底欲望的人,方才可以让各种欲望在音乐中得到净化。我们泛滥着太多拥有高级音响懂得音箱收藏唱盘占有音乐家如同占有庄园和情人一样富有的发烧友,而缺少盲厨师一样的贫寒却真诚的音乐听众,我们当然很难和莫扎特相逢。

我们当然会轻视乃至漠视莫扎特。我们会如数家珍将许多流星般流行歌星的名字口水一样挂在嘴边,而遗忘甚至根本不知道莫扎特是谁。指着莫扎特的照片和画像,我们只能说是个外国人。

德沃夏克在布拉格音乐学院执教的时候,不允许他的学生轻视莫扎特。他曾经在他的课堂上提问一个学生:莫扎特是一个怎样的人?这个学生回答了一些似是而非的话。这样的回答,我想现在我们很多人会如此所答非所问,司空见惯不会脸红而只会无动于衷。当时,德沃夏克非常恼火,抓住这个学生的手,把他拉到窗子旁边,指着窗外的天空厉声问他:"看到了什么东西?"学生莫名其妙,异常尴尬。德沃夏克气愤异常地反问他:"你没有看见那太阳吗?"然后严肃地对全班学生讲,"请记住,莫扎特就是我们的太阳!"

我们是否听得到德沃夏克这严肃而响亮的声音?

莫扎特是否能够成为我们的太阳?

我们会有时间抬起头来,望一望我们头顶的太空还有没有太阳吗?

舒曼和舒伯特

舒伯特(F. Schubert)生于 1797 年,死于 1828 年,仅仅活了三十一岁。

舒曼(R. Schumann)生于 1810 年,死于 1856 年,活到了四十六岁。

两个人活的时间都不算长。而且,两个人都是贫病交加,都是死于疾病。从病情来看,舒曼死于长期的精神病,痛苦的折磨比舒伯特更为残酷。舒伯特是喝了脏水染上肠胃病而致死,怎么也比舒曼好些。但是从贫穷的角度来看,舒伯特比舒曼还要悲惨。舒曼还有一份稳定的工作,舒伯特一生除了有过一段短暂的教书生涯之外,从来没有稳定的工作。有时,他连买谱写乐谱的稿纸的钱都没有,他连一件外套都没有,只好和别人合穿一件,谁出门谁穿。他的音乐那时并不值钱,现在看来极为著名的《摇篮曲》,能换一盘土豆;而同样有名的《流浪者》,只卖了两个古尔盾。舒伯特死后所有的遗产都加起来,充其量也只值二十四五个古尔盾。

最重要的，舒曼一生有一份美好的爱情，美丽善良而又才华出众的钢琴家克拉拉对他生死相依的那一份爱情，足以使舒曼感到慰藉，并为后来的历史传为佳话。而舒伯特一生没有一次爱情，他终生没有结婚，而且从不谈论女性。据说，舒伯特二十一岁，唯一一次外出到匈牙利一位伯爵家教授钢琴的时候，曾经爱上了伯爵家的小女儿，但那只是一次单恋，他从未对人家说出口，而且那女孩当时只有十二岁。待六年过后那女孩十八岁时，他们偶然间得以重逢，却已是云烟散去。

舒曼和舒伯特彼此一生从未相见，舒伯特比舒曼大十三岁，只不过是大了一轮，如果舒伯特能够稍微活得再长些，我想他们是如此惺惺相惜，肯定能够相见的。舒伯特死的时候，舒曼仅仅十八岁，在舒曼这十八年中，舒伯特除了外出到匈牙利教书一次之外，都只生活在维也纳，而舒曼却是在莱比锡和海德堡求学，彼此两地遥遥相隔。而且，那时舒曼是在攻读法律，只是在业余时间学习钢琴，音乐更在遥远的天边。命运让他们天各一方。

我现在偶尔会想象，如果那时命运成全了他们，让他们能够有机会相见，会是一种什么样的情景？我真的很难想象，以舒伯特的羞涩，舒曼的热情，他们会碰撞出什么样的火花？以他们彼此迸发出的艺术和思想的光芒，他们会如何相互辉映，彼此激进？但会不会也出现摩擦？如瓦格纳和李斯特？瓦格纳和勃拉姆斯？托斯卡尼尼和普契尼？艺术性格突出的音乐家，往往会在区区小事上格格不入而产生矛盾，彼此不愉快乃至剑拔弩张。因为有那么多的艺术家,原来关系不错,但后来却闹得一团乱麻,我对舒伯特和舒曼也不得不有些隐隐担忧。如果真的是那样,还不如不让他们两人相见呢。

当然,这只是我自己的想象而已,他们也许即使相见也不会出现这种担忧,相反没准能出现一段更为美丽的佳话呢。事实上,虽从未相见,舒曼却对舒伯特保持极其友好的关系,并对舒伯特的音乐尤其是遗作的挖掘起了重要的作用。可以说,如果没有舒曼,舒伯特的遗作《C大调第九交响曲》,便很难问世为大家知道并喜爱。

舒曼是一个极为热情的人,他对同时代音乐家的热烈鼓吹和提携,在音乐史上是有名的。他曾经撰写对李斯特、肖邦、柏辽兹和勃拉姆斯等人的音乐评论,如今成为了一笔不可多得的财富。在音乐家中,能够写一手漂亮文章的有那么几位,舒曼应该说是写得最漂亮的人了。而且,他从来都是那样热情而厚道,从不像德彪西那样刻薄。他对舒伯特更是情有独钟,不止写过一篇文章为天才早夭的舒伯特鼓吹,不止一次为发现舒伯特这个奇才而兴奋不已、赞叹不已。说起舒伯特的音乐,他总是充满感情:"没有一首作品不是倾诉他的心灵的。古往今来只有少数几首艺术作品能像舒伯特那样鲜明地保留下作者的印痕。"他还这样说过自己常常"在夜深人静的时候,当着星光树影梦到他"。读到这样的文字,总能为舒曼的真诚,也为舒伯特终于获得知音而感动。

舒伯特在世时得到的知音实在并不多。只有贝多芬看到舒伯特的乐谱惊异地大叫过这是谁作的曲?但那已是贝多芬病重的晚年,舒伯特得知这一消息赶去看望贝多芬时,贝多芬已经垂危在病榻上了。贝多芬去世时,是舒伯特为贝多芬擎着火炬送葬,据说归来的途中喝酒,舒伯特举杯竟对大家说了一句:"为在座的先死者干杯!"不料一语成谶,一年半后,他自己竟先死于他人。死前,他只要求能够将自己葬在贝多芬的墓旁边。

舒曼到维也纳去的那一年,对于舒伯特是极为重要的一年。那是舒伯特逝世后的第十一年,即1839年,那时舒曼二十九岁。如果不是舒曼去了维也纳,也许舒伯特还在地下沉默。或许在以后也会有人发现舒伯特的才华,但毕竟不知要等到何等时候了,起码要推迟许多时日。

舒曼那一年去维也纳有两个目的,一是去看望贝多芬和舒伯特的墓,二是去舒伯特的哥哥家寻找舒伯特的遗作。舒曼到达维也纳郊外的维林墓园,拜访了贝多芬和舒伯特的墓地,舒伯特并没有紧挨着贝多芬的墓,中间隔着一位伯爵的墓地,舒曼特别羡慕这位伯爵能够长久地躺在他们两人的中间,有两位音乐大师陪伴。只是贝多芬的墓前有几株红玫瑰,而舒伯特的墓前没有任何装点,这让舒曼的心里多少有些替舒伯特不平。舒曼说他自己的夙愿终于如愿以偿,他还多一个意外的收获,是在贝多芬的墓前捡到一支钢笔,他把这支钢笔当成了圣物,给了他无限的灵感。

他在归途中拜访了舒伯特的哥哥斐迪南,斐迪南拿出舒伯特的许多遗物给他看,舒曼说他当时看到这些东西兴奋得抑制不住浑身发抖,这是一个懂得艺术又懂得心灵的音乐家具有的品质,这是只有舒曼才会有的表现,他后来将其中一些遗作以《遗物》为题发表在他主持的《音乐新报》上,让世人重新认识了舒伯特的价值。

在这次拜访中,舒曼最大的收获是发现了舒伯特的《C大调第九交响曲》。他认为它具有"天堂般的长度",高度评价了这部交响曲:"我直率地说一句,谁若是不知道这首交响曲,那么可以说他对舒伯特知道的不多。"他认为当时的交响曲多数"都只是贝多芬的微弱的回声而已",是"海顿和莫扎特傅粉假发的可怜剪影,而这假发下面是没有头脑的"。而舒伯特的这首交响曲的意义在于"绝不只是包含一支优美动听的旋律,绝不只是表达已经被音乐家表现过成千上万次的喜悦和悲哀的情绪而已,它还蕴蓄着更多的东西。这首交响曲把我们引入一个好像从未到过的境界之中"。

在具体评论这首交响曲的时候,舒曼这样写道:"这首交响曲,除了具有炉火纯青的作曲技巧以外,还洋溢着浓郁的生活气息,精细入微的明暗色调,它的每一个细节都具有深刻的表现力,全曲充满了我们已经很熟悉的舒伯特的浪漫情调。他这些神妙的漫长的乐句——正像长篇小说一样滔滔不绝,难以遏止,而又绝不使人厌倦;恰恰相反,它有很大的吸引力能把读者愈来愈深入地引进他的创作天地之中,流连忘返。"

舒曼回到莱比锡,将舒伯特的这首交响曲交给勃列特考普夫与格尔特出版公司出版,送给万豪斯音乐会主办机构,最后在他的极力推荐和努力下,由门德尔松指挥,在莱比锡音乐大厅演出。舒伯特一辈子都没有听到自己的什么交响曲,更不用说这首在他逝世之前才完成的《第九交响曲》了。但是,现在他听到了。在他的这首《C大调第九交响曲》中,他听到了有他的音乐同时也有他和舒曼的心灵共有的回声。两个伟大的音乐家,在这里紧紧握手。

我也曾经到过维也纳的维林墓园,拜访过贝多芬和舒伯特的墓地,我看见在他们两人墓地之间没有一个什么伯爵的墓,只有一条人们踩出的小小的路。我看见贝多芬和舒伯特的墓前都摆放着鲜花。从墓地来看,贝多芬的更为朴素一些,舒伯特的则雕塑得颇为漂亮,白色的大理石上雕刻着这样的题词:"死亡把丰富的宝藏,更把美丽的希望埋葬在这里了。"——或许,是后人重新修葺过的。

站在舒伯特的墓前,想起舒曼和舒伯特,人生不相见,动如参与商;想起他们这一段生死两地之间的交往,这一切该是多么的难得而感人。人世中,有许多丑恶让我们悲观甚至失去生活下去的勇气,但也有许多美好和纯洁足以让我们能够抬起头来,让我们的眼睛里充满晶莹的泪花而拂拭去浓重的阴霾。能够给予我们这些美好和纯洁,其中最主要的是依赖于艺术,而艺术中最重要的是依赖于音乐。因为,我已经越来越不相信人世间的那种越是真情浓郁越是充满虚情假意的化妆过的情感;我也越来越不相信文学和影视戏剧中的伪劣的形式主义和煽情的制作方式。我只依赖于我认为好的音乐,在这样的音乐面前,人和音乐一样透明。在这样的音乐面前,让我心的滤就下一点杂质,暂时与世隔绝,而分外沉静安宁。

因此,千里迢迢到维也纳来,就是为了看望那些我心仪已久的音乐家。站在维林墓园前,我应该感谢那些音乐家,包括舒曼和舒伯特。

只是,行色匆匆,我没有找到舒曼的墓地。或许,舒曼的墓地没在这里,而在他的家乡杜塞尔多夫?

我也没有舒曼的运气,在贝多芬和舒伯特的墓地前捡到一支给予我灵感和好运的钢笔或别的什么。我只捡了一枚椭圆形的树叶,正是深秋季节,那枚树叶金黄金黄的,如同舒曼或舒伯特遗落在这里的一个音符。

李斯特之死

李斯特(F. Liszt,1811—1886)年轻的时候,曾经写过一首钢琴与乐队的曲子《死之舞》。这首乐曲最早写于 1838 年,那时李斯特才二十七岁(后来在 1849 年又曾几度修改)。那一年,在比萨的教堂里,李斯特看到了意大利十四世纪佛罗伦萨派一位画家画的一幅名为《死神的胜利》的壁画,受到强烈的震撼而创作的乐曲。在那首乐曲中,李斯特头一次触及"死亡"这一亘古的主题,只是以二十七岁年轻的心去触摸死神,心与手都是滚烫的,并没有对死神有什么恐惧,而只有对死神的兴趣。现在来听这首乐曲,除了开头能听到一些沉重(在我听来有些故意为之的沉重,是属于音响效果的沉重),其余更多的是轻松,钢琴独奏节奏的轻快,音色的轻盈活泼,大多是属于年轻人在青草地上跳跃的步伐,充满着几许弹性;最后钢琴和整个乐队的融合,更是充满欢快的气氛,将"死之舞"像是跳起了热烈庆祝的丰收舞。在这首乐曲中,李斯特运用了宗教乐曲"末日经"的旋律作为母体,一下子写了三十二个变奏,简直有点将死神拉来和他一起玩"捉迷藏"的游戏。

1882年,李斯特七十一岁的那一年,创作了他一生的最后一部交响诗《从摇篮到坟墓》,再一次也是最后一次触摸到"死亡"这一主题。四年之后,他真的就被死神召唤而去。他还能像二十七岁时那样离死神遥远而对死神无所畏惧吗?能那样对死神充满乐观而游戏的精神吗?

李斯特的晚年,不止一次这样触及"死亡"的主题,除了这部《从摇篮到坟墓》,他还写过《死神恰尔达什》《葬礼前奏曲和葬礼进行曲》《送殡船》《苦路》《枯骨》等不少和死亡有关系的乐曲。不能说是到了晚年李斯特一下子被死亡的阴影所笼罩,但因为死亡时时都紧靠在他的身边守候,跨过这条河已经很容易,是很快就到的事情,所以成为了他常常会想到的话题。1883年,他七十二岁的时候在写给一位朋友的信中说:"从我青年时候起,我一直认为死比生简单。"这种"简单"意味着什么呢?是不是意味着这样的迅速和容易?随时随地就可以得到?

我曾经看过匈牙利人本采·萨波尔奇写的《李斯特的暮年》一本书。这是一本非常薄的小册子,仅有六十来个页码,但极其细微地叙述和精到地分析李斯特孤独的晚年。这本书的开头,讲了李斯特这样两件事情,很能说明李斯特英雄末路的孤独苍凉感。

第一件事是,1885年,也就是李斯特逝世的前一年,他的一个学生为他朗读叔本华的书,当读到《批评、成功和声誉》中那则有名的比喻——一个烟火匠把最绚丽多彩的烟火放给别人看,结果发觉那些人都是瞎子时,李斯特喟然长叹道:"我的那些瞎眼的观众也许有朝一日受上天保佑会恢复视力的。"

第二件事是,还是1885年那一年,李斯特在岁尽年残时节去瞻仰塔索在罗马逝世时的故居(1849李斯特三十八岁时曾经创作过一部《塔索:悲叹与胜利》的交响诗,他对这位伟大的诗人很崇敬),他指给他的学生看,当年这位意大利伟大诗人的遗体像英雄凯旋似的被运往神殿去戴上桂冠时,走的就是这条路径。他说了这么一句话:"我不会被当作英雄运往神殿,但是我的作品受到赏识的日子必将来临。不错,对我来说是来得太迟了,因为那时我已不复和你同在人间。"

这两个生活细节,很能说明晚年李斯特内心世界的孤独无助。为什么会如此孤独?是因为死神已经逼迫在眼前近在咫尺了吗?一切变得非常简单了吗?按照李斯特晚年的实际情况,他已经声名鹊起,他的作品并非不受到赏识,而是在整个欧洲很响亮,他的观众也并非都是瞎子,崇拜者甚多,甚至连十九岁的少女都拜倒在他的足下。他为什么会拥有如此的心境?他内心这种深刻的孤独感到底从何而来?

其实,晚年的李斯特一直生活在罗马、魏玛和布达佩斯三座城市。他是布达佩斯音乐学院院长,桃李满天下。他在罗马和魏玛的崇拜者更是多如牛毛。从十一岁就开始走遍欧洲举办他的独奏音乐会,李斯特一直不缺乏掌声如潮、美女如云和香槟美酒的包围。说他的作品不被人赏识而他的观众都是瞎子,这话不客观,不

李斯特之死

是李斯特内心真实的一部分。

在我看来，如果因为作品的原因造成了李斯特晚年的孤独，恐怕只是其中的一个原因，而且不是最重要的原因，那只是他知音很少尤其是与老友瓦格纳分裂之后产生的苍凉感罢了，即使后来和瓦格纳和解了，那种隔膜也是无法去掉的，想一想当李斯特为和解后的老友弹奏《送殡船》时瓦格纳无言的冷漠，便会理解李斯特的这一份心情。只是它不是最重要的原因。

最重要的原因，我以为是来自卡洛琳，这位沙皇时期声名显赫的德裔公爵维特根斯坦的夫人。这位比李斯特小八岁的卡洛琳夫人，据说长得并不漂亮。按理说，李斯特一生接触的女人（他爱的、爱他的）不算少，为什么被卡洛琳所倾倒，并为此付出了大半生的代价，一直为大家所莫衷一是。不过，从卡洛琳夫人的身上，我倒是看到了李斯特晚年内心世界的一角，女人，尤其是男人真正刻骨铭心喜爱的女人，从来都是男人的一面镜子。

1847年，是李斯特的重要年份。在这一年，他到俄罗斯举办他的独奏音乐会，在他的欧洲巡回演出中，这是平常事，照例赢得掌声和女人的青睐，照例举办义演来捐助当地的慈善事业。在这次的俄罗斯义演中，居然有人花了贵宾席票价一百倍即一千卢布的价钱买了一张票，这消息让李斯特有些吃惊。这个人就是卡洛琳夫人。他们就是这样认识了，而且李斯特竟然对她一见钟情，其他一切女人立刻灰飞烟灭。为什么？就因为花了大价钱买了一张义演的门票？显然不会这样简单。而这位家中光奴隶就有三万的贵夫人,为什么宁可被沙皇开除国籍、剥夺一切财产,赴汤蹈火在所不惜,至死也要嫁给李斯特?我无法解释,只能说这个世界上虽然有许多所谓爱情让人丧气而几乎失去信心,但毕竟不要以为这个世界上就没有了真正足以让人荡气回肠的爱情。李斯特和卡洛琳的爱情历经周折,在李斯特五十岁生日时,本来已经被教皇允许和卡洛琳结婚了,却由于宗教和沙皇的原因还是没有结成婚。漫长等待中的煎熬,一直熬到了李斯特的晚年,一直熬到了1886年,李斯特七十五岁,他们还是没能结成婚。这样的煎熬,难道是作品不被世人所重视所理解能够相比的吗?正是这种煎熬,李斯特才彻底皈依了宗教,在晚年当上了神父,音乐解救不了他,他只好将这一份蚀骨的煎熬在宗教中抚平、碾碎,化解在苍茫而遥远的天国。

所以,我说卡洛琳才是李斯特晚年真正内心孤独的原因。

所以,萨波尔奇在他那本《李斯特的暮年》最后说得对,说到了问题的核心:那是一个"无家可归的李斯特,一个漂泊而不得安宁的李斯特"。

在音乐家的爱情天地中,最让我难忘的,一个是勃拉姆斯和克拉拉,一个便是李斯特和卡洛琳。他们是那样的相似,都是一生生死相恋却没有能够结婚,而且时间都是那样的漫长——勃拉姆斯和克拉拉生死恋长达四十三年,李斯特和卡洛琳活活煎熬了三十九年。想想一个人能有几个四十三年或三十九年?有多少人能够熬得住这样漫长的时间?漫说四十三年和三十九年,就是十年又如何？就是一年又如何？便不得不被他们的这一份纯属古典的爱情所感动，因为现在这种爱情已经如恐龙化石一般稀少和稀奇了。被现代露水姻缘式和物欲、情欲所泛滥着的感情周围，原来已经越来越不相信天长地久的事情，看看他们便不由得有点信了。

他们还有相同的一点：克拉拉死后不到一年，勃拉姆斯也随之命赴黄泉和克拉拉相会；李斯特死后不到半年，卡洛琳也病逝罗马，和李斯特共赴生死。

他们还有更重要的相同的一点——

勃拉姆斯说过："我最美好的旋律都来自克拉拉。"

李斯特说过同样类似的话："我所有的欢乐都得自于她。我所有的痛苦也总能在她那儿找到慰藉。""无论我做了什么有益的事，都必须归功于我如此热望能用妻子这个甜蜜名字称呼她的卡洛琳·维特根斯坦公爵夫人。"

听到这样的话，我真的很感动。虽然岁月隔开了一百多年的时光，这些话语仍然鲜活有力，像百年的银杏老树的树梢上仍然吹来那金黄色叶子的飒飒声，仍然清晰而柔情似水地回荡在我们头顶蔚蓝的上空。

李斯特就这样带着对卡洛琳夫人的思念和自己无法弥补的遗憾死去的。

李斯特的内心能不孤独吗？

我曾经说过：鱼骨深藏在海底，可以化为美丽的珊瑚；树木深埋在地底，可以化为燃烧的煤；时光深埋在岁月里，可以化为沉甸甸的历史……

　　那么,感情埋藏在心底呢,可以化为什么呢?

　　作为音乐家,便化为了一支支美丽的乐曲。

　　作为我们凡人,便化为了日子和我们的回忆。

聆听肖邦

一

我们常说起肖邦(F. Chopin),我们常听肖邦。说熟了,说烂了,却往往很陌生。自以为走得很近,却很可能离得很远。肖邦究竟是一种什么样子,其实,起码对我是一团蒙蒙的雾。很长时间,国外出版的肖邦的传记颇多,大多关注的是他和乔治·桑的浪漫之情。而我国对他的宣传,大多在于他去国之前带走一只装满祖国泥土的银杯,去世时嘱托一定将自己的心脏运回祖国,安放在华沙的圣十字教堂。如今教堂的柱子上有一块纪念碑,上面煽情地刻着这样的话:哪里有你的爱,哪里就有你的心脏。

肖邦被人们各取所需,肢解,分离……像一副扑克牌,被任意洗过牌后,你可以取出一张红桃三说这就是肖邦,你也可以取出一张梅花 A 说这才是肖邦。

确实,肖邦既有甜美的《升 c 小调圆舞曲》(作品 64—2)、宁静的《降 b 小调夜曲》(作品 9—1),又有慷慨激昂的《A 大调"军队"波兰舞曲》(作品 40—1)和雄浑豪壮的《降 A 大调"英雄"波罗乃兹》(作品 53)。如同一枚镍币有着不同的两面一样,我们当然可以在某一时刻突出一面。我们特别爱这样做。像买肉一样,今天红烧便想切一块五花肉,明天清炒就想切一块里脊肉。

人,尤其是敏感的艺术家,其实不只是镍币的两面。他要复杂得多。他的作品的蕴含比本人更要复杂曲折得多。音乐,推而广之艺术,正因为如此才有着魅力,是不可解的,只可意会,不可言传。因此,我不大相信后人做的任何传记,因为不可能没有揣测、臆想而偏离客观的真实;我更不相信自己为自己作的自传,心理学家早就说过:"无论什么样的自传,都不会不包括自我辩护。"更何况,任何人的内心深处都会有一座埋藏自己秘密的坟墓,是到死也不会对别人讲的。要了解或走近一位艺术家,只有面向他的作品。

舒曼有一段非常有名的话,被经常引用:"如果北方那个专制的沙皇知道肖邦的作品里面,就在最简单的波兰农民的玛祖卡舞曲的旋律里面,都有他的可怕的敌人在威胁着他,他一定会禁止肖邦的音乐在他统治的区域里得到演出的机会。肖邦的作品好比一门门隐藏在花丛里面的大炮。"舒曼的音乐评论是非常有见地的,可这段话说得太过了。将艺术作品比成武器,是我们在一段时间里特别爱说的话,似乎不像是舒曼讲的。事实上,沙皇一直欣赏、拉拢着肖邦,在肖邦童年的时候赠送他钻石戒指,在肖邦后期还授予他"俄皇陛下首席钢琴家"的职位和称号。肖邦的作品不可能是一门门大炮。舒曼和我们都夸张了肖邦和音乐自身。

说出一种花的颜色,是可笑的,因为一种花绝对不是一种颜色。说出一朵花的颜色,同样是不可能的,因为没有一朵花的颜色是纯粹的一种色彩,即便是一种白,还分月白、奶白、绿白、黄白、牙白……只能说它主要的色彩罢了。

肖邦的主要色彩是什么?革命?激昂?缠绵?温柔?忧郁如水?优美似梦?在我看来,肖邦主要是以他的优美之中略带一种沉思、伤感和梦幻色彩,而使他的音乐走进我们的心中。

他的优美,不是绚烂之极的一天云锦,更不是甜甜蜜蜜的无穷无尽的耳边絮语;他不是华托式的豪华的美,也不是瓦格纳气势磅礴的美,他是一种薄雾笼罩或晨曦初露的田园的美,是一种月光溶溶或细雨淅沥的夜色的美。

他的沉思,并不深刻,这倒不仅因为他只爱读伏尔泰,不大读别的著作。这是他的天性。他命中注定不是那种高歌击筑、碧血蓝天、风萧萧兮易水寒式的勇士,他做不出拜伦、裴多菲高扬起战旗冲锋在刀光剑影之中的举动。他只能用他自己的方式,他说过,在这样的战斗中,他能做的是当一名鼓手。他也缺乏贝多芬对于命运刻骨铭心的思考。他没有贝多芬宽阔的大脑门。

他的伤感和梦幻是交织在一起的。在这里,有些作品,他把对祖国和爱人的情感融合在他的旋律中。但有许多作品,他独对的是他的爱人,是他自己的喃喃自语。他并不过多宣泄自己个人的痛苦,而只将它化为一种略带伤感的苦橄榄,轻轻地品味,缓缓地飘曳,幽幽地蔓延。而且,他把它融化进他的梦幻之中,使得那梦幻不那么轻飘,像在一片种满苦艾的草地中,撒上星星点点的蓝色的勿忘我、紫色的鼠尾草和金色的矢车菊。

丰子恺先生早在六十多年前说过这样一句话:"Chopin 一词的发音,其本身似乎有优美之感,听起来不比 Beethoven 那样的尊严而可怕。"这话说得极有趣。或许人的名字真带有某种性格的色彩和宿命的影子?无论怎么说,丰先生这话让人听起来新奇而有同感,是颇值得思味的。

二

就我个人而言,我喜欢肖邦的全部的夜曲、一部分圆舞曲和他的唯一的两部协奏曲。其中更喜欢的是他的夜曲。无论前期的降 b 小调,降 E 大调(作品 9—1、2),还是后期的 g 小调(作品 37—1),c 小调(作品 48—1),都让我百听不厌。前者的单纯明朗的诗意,幽静如同清澈泉水般的思绪,仿佛在月白风清之夜听到夜莺优美如歌的声响;后者的激动犹如潮水翻涌的冥想,哀愁、孤寂宛若落叶萧萧的凝思,让人觉得在春雨绵绵的深夜看到未归巢的燕子飞落在枝头,摇碎树叶上晶莹的雨珠,滚落下一串串清凉而清冽的簌簌琶音。在他的 g 小调(作品 37—1),甚至能听到万籁俱寂之中从深邃而高邈的寺院里传来肃穆、悠扬的圣乐,在天籁之际、在夜色深处,空旷而神秘地回荡,一片冰心在玉壶般,让人沉浸在玉洁冰清、云淡风轻的境界里,整个身心都被滤就得澄净透明。

在肖邦的夜曲里,给人的就是这样的恬静,即使有短暂的不安和骚动,也只是一瞬间的闪现,然后马上又归于星月交辉、夜月交融的柔美之中。他总是将他忧悒的沉思、抑郁的悲哀、踯躅的徘徊、深刻的怀念……一一融化进他柔情而明朗的旋律之中。即使是如火的情感,也被他处理得温柔蕴藉,深藏在他那独特的一碧万顷的湖水之中。即使是暴风骤雨,也被他一柄小伞统统收敛起来,滴出一支支雨珠项链的童话。如果说那真是一种境界,便是"行到水穷处,坐看云起时";如果说那真是一幅画,便是"明月松间照,清泉石上流"。

在市声喧嚣时,不宜听肖邦;在欲念躁动时,也不宜听肖邦。因此,在商业街的高音喇叭里,在精品屋的舒缓音乐里,甚至在灯光柔媚的咖啡厅里,都不会听到肖邦。肖邦,只适合在夜深人静时,独自一人听,尤其是听肖邦的夜曲。肖邦的夜曲和肖邦本人一样幽婉动人。肖邦的夜曲其实就是肖邦的内心独白。肖邦的夜曲其实就是肖邦的一页页日记。肖邦的夜曲是一张温柔的网,打捞上来明净的夜色,也打捞上来你逝去的岁月,和自己快要磨成老茧的心,以及已经风干成瘦筋筋腊肉一样的情感。

我有一盘美国著名的钢琴家鲁宾斯坦的 CD 和一盘匈牙利的钢琴家瓦萨利的磁带。他们分别演奏了肖邦的夜曲。应该说,这是两盘好带子。他们都是名家。论名气,似乎鲁宾斯坦更大些。

他们各有自己的特点,鲁宾斯坦弹奏得更为炉火纯青,冷静而从容不迫,线条流畅如一道缓缓的溪水从远方轻轻流来,又轻轻流向远方。但是,我更喜欢瓦萨利。瓦萨利比鲁宾斯坦多了一分热情,又不像拉赫玛尼诺夫那样过于慷慨激昂。尤其瓦萨利演奏《G大调夜曲》(作品32—2),这是一首较少演奏的曲子,浪漫、柔和、激动而后表现的热情,都被瓦萨利演奏得恰到好处,层次分明。他既不过分渲染,也不故意显得老到持重而无动于衷。

鲁宾斯坦和瓦萨利都是诠释肖邦的大家,我不清楚这是我的偏爱呢,还是他们确实有不同原因才有此偏差或说是性格。鲁宾斯坦其实原是波兰人,和肖邦同宗同祖。我只能这样解释,鲁宾斯坦离开他的祖国太久了(他1906年二十三岁时首次访美演出,1946年加入美国籍)。但这样解释也不通,因为肖邦也一直是在国外生活的呀。离开祖国太久太远,似乎都不能说明问题。那么,也许我听的是鲁宾斯坦1965年晚年的演奏,那时,他已经七十八岁了。再技法娴熟,也难有年轻人的热情和激情了。

瓦萨利虽是匈牙利人,毕竟和波兰同属东欧,一样的小国,感情是相通的。他1933年出生,比鲁宾斯坦年轻了四十六岁。当然,他要比鲁宾斯坦热情多了。再怎么说,艺术的年轻在于心灵而不在于年龄,枯枝一样的手指和血气方刚的手指弹在钢琴的黑白键上,毕竟有着不同的韵味。或许是我的偏见,我总觉得,肖邦,是不大适合老年人弹奏的,老年人也许更适于李斯特。

三

　　1831年,肖邦来到巴黎,除了短暂的旅行,他大部分的时间生活在巴黎并死在巴黎。他在巴黎十九年,是他全部生命的一半。一个祖国沦陷风雨漂泊的流亡者,而且又是一个那样敏感的艺术家,只身一人在巴黎那么长时间,日子并不好过,心情并不轻松。那里不是你自己的家,初到巴黎的肖邦,毕竟寂寂无闻,他为什么一待到死待了那么长的时间?他又是靠什么力量支撑着自己在异国他乡浮萍无根飘荡了整整半生?

　　音乐?爱情?坚定的对祖国的忠诚?

　　肖邦并不复杂的短暂一生,给我们留下的却不是一串单纯简单的音符。

　　当然,我们可以说,1837年,肖邦断然拒绝俄国驻法大使代表沙皇授予他的"俄皇陛下首席钢琴家"的职位和称号。当大使说他得此殊荣是因为他没有参加1830年的华沙起义,他更是义正词严地说:"我没有参加华沙起义,是因为我当时太年轻,但是我的心是同样和起义者在一起的!"而他和里平斯基的关系,也表明了这种爱国之情。里平斯基是波兰的小提琴家,号称"波兰的帕格尼尼",到巴黎怕得罪沙皇而拒绝为波兰侨民演出,肖邦愤然和他断绝了友谊。肖邦的骨头够硬的,颇像贝多芬。

　　同样,我们也可以说,肖邦为了渴望进入上流社会,为了涉足沙龙,为了在巴黎扎下根,表现了他软弱的一面。他不得不去小心装扮修饰自己,去为那些贵族尤其是贵妇人演奏。他很快就学会了和上流社会一样考究的穿戴,出门总不忘戴上一尘不染的白手套,甚至从不忽略佩戴领带、手持手杖,哪怕在商店里买珠宝首饰,也要考虑和衣着的颜色、款式相适配而精心挑选,犹如选择一曲最优美的装饰音符。肖邦简直又成了一个纨绔子弟,颇像急于进入上流社会的于连。

其实,我们同样还可以这样说,肖邦自己开始很反感充满污浊和血腥的巴黎,所有这一切,他并不情愿,他是不得已而为之。因为他自己说过:"巴黎这里有最辉煌的奢侈、有最下等的卑污、有最伟大的慈悲、有最大的罪恶;每一个行动和言语和花柳有关;喊声、叫嚣、隆隆声和污秽多到不可想象的程度,使你在这个天堂里茫然不知所措……"但是,不知所措,只是短暂一时的,肖邦很快便打入上流社会。因为他需要上流社会,而上流社会也需要他。保罗·朗多尔米在他的《西方音乐史》中这样说肖邦:"自从他涉足沙龙,加入上流社会之后,他就不愿意离开这座城市了。上流社会的人们怀着极大的热情和兴趣欢迎他,他既表现出是一位杰出的演奏家,又是一位高雅的作曲家和富有魅力的波兰人,天生具有一切优雅的仪态,才气横溢,有着在最文明的社会中熏陶出来的温文尔雅的风度。在这个社会中,他毫不费力地赢得了成功。肖邦很快就成为巴黎当时最为人所崇尚的时髦人物之一。"人要改造环境,环境同时也要改造人,鲜花为了在沙漠中生存,便无可奈何地要把自己的叶先变成刺。说到底,肖邦不是一个革命家,他只是一个音乐家。

说肖邦很快就进入上流社会,毫不费力地赢得了成功,这话带有明显的贬义和不恭,就像肖邦快要去世时屠格涅夫说他"欧洲有五十多个伯爵夫人愿意把临死的肖邦抱在怀中"一样,含有嘲讽。一个流亡者,在他刚到巴黎的那一年,自己的祖国便被俄国占领,而巴黎那时刚刚推翻了专制君主,洋溢着的民主和自由气氛,正适合他音乐艺术的发展。这两个环境的明显对比,以及遥遥的相距,不能不撕扯着他本来就敏感而神经质的心。渴望成功,思念祖国,倾心艺术,痴迷爱情,恋慕虚荣,憎恶堕落……肖邦的内心世界,是一个矛盾的织体。他到巴黎的时候,不过才二十一岁。他不过是一个穷教书匠的儿子。矛盾、彷徨、一时的软弱,都是极正常的,不正常的倒是我们,爱把肖邦孱弱而被病魔一直缠身的无血色的脸,涂抹成一副红光焕发的关公。

有两件这样的事情,很能说明肖邦这种矛盾的心情和处境。

一件是他到巴黎的第二年,给巴黎的一位部长大人写了一封毛遂自荐的信。在这封信中,他说:"一个不能再忍受祖国的悲惨命运而来到巴黎已将近一年的波兰人——这是我向阁下作自我介绍所能使用的全部头衔——恭顺地向您请求把音乐学院大厅供他1月20日举行音乐会用……"在他不得谦卑地请求部长大人,借助官方力量以求伸展的同时,他不忘自己的祖国和身份。设身处地替肖邦细细想想,这样的信,并不好写,比他作一曲钢琴的玛祖卡要难得多。那不仅在用词上要颇费斟酌,更主要的是那一刻低头抬手求人的时候心灵扭曲的痛苦。

另一件是他到巴黎的时候,手里带有当时俄国占领华沙的头子康斯坦丁大公写给俄国驻外大使馆的一封介绍信。这是他通往欧洲的一张通行证。只是他没有动用过。不过,他也没有拒绝接受这张通行证或把它丢弃。

一个人,尤其是一个艺术家,都会有这种软弱和矛盾的时候。这一点不妨碍他的伟大,反倒看出他的真实、可爱,与凡人相通的一面。人难道不都是这样的吗?有时醒着,有时却要睡着,怎么可能要求他一天二十四小时都睁大一双炯炯有神明光闪烁的眼睛呢?坚强和软弱,伟大和渺小,激情和柔情,世俗和脱俗,一起交织在他本人身上,才是真正的肖邦;一起交织在他的作品里,才是肖邦完整的音乐。

四

肖邦和许多音乐家、作家、画家是朋友。对于肖邦的作品,许多人给予赞赏。比如鲁宾斯坦就说他是"钢琴的灵魂,钢琴的游吟诗人"。里姆斯基-柯萨科夫称赞肖邦的音乐是"纯旋律"。其中给予肖邦最高评价和支持的莫过于舒曼和李斯特了,这是有目共睹的。但是,也有不少人对肖邦给予批评甚至讥讽,瓦格纳恐怕是最具代表性的了,他说肖邦不过是"妇人的肖邦"。

同时，肖邦对他前辈和同时代的音乐家也给予了一针见血乃至不无偏颇的批评。比如，他批评柏辽兹音乐中所谓"奔放"是"惑人耳目"；嫌弃舒伯特的音乐粗杂不堪；认为韦伯的钢琴曲类似歌剧，均不足取；甚至对于人们最为推崇的贝多芬，他说贝多芬除了《升C调奏鸣曲》，其他作品"那些模糊不清和不够统一的地方，并不是值得推崇的非凡的独创性，而是由于他违背了永恒的原则"。就连给予过他最大支持的舒曼和李斯特，他也一样毫不留情。他对李斯特炫耀技巧的钢琴演奏公开持批判态度，讥讽李斯特的演奏听众的感觉是"迎头痛击"。而对舒曼，他更不客气，几乎被他全部否定，甚至说舒曼的名作《狂欢节》简直不是音乐。

这在今天是不可想象的，人们会说年轻的肖邦太不知天高地厚，太不懂人情世故，太恩将仇报。我们的今天，艺术的殿堂已经差不多成为了市场，扯响了高八度的嗓门吆喝卖的、屈膝弯腰唱个大喏乞求买的，再弄几个哥们儿、姐们儿当"托儿"，或弄一席酒宴一勺烩出赞不绝口的过年话……应有尽有，不一而足。

我想肖邦那时的艺术殿堂也不见得就那么纯而又纯，但那时民主与自由的气氛，浪漫主义的朝气，毕竟给了肖邦一个宽厚而宽阔的天地。那毕竟是资本主义的新生期，给予艺术成长一块肥沃的土壤。否则，那个时期出不了那么多群星璀璨的作家、画家和音乐家。雨果、海涅、巴尔扎克、密茨凯维奇、德拉克洛瓦、舒曼、门德尔松、李斯特……数不胜数。因此，肖邦和他的这些朋友相互批评乃至攻击，我不认为是文人相轻。我也不认为是世界充满了太多的隔膜,而使得人们彼此难以相互理解。我只认为这是肖邦和他们各自性格最淋漓尽致、无遮无拦的体现。他们都凭着自己的天性和艺术追求,来评判着自己和自己的朋友以及面对的世界。他们不想巴结什么人,也不怕得罪什么人;他们不曾为获什么大奖而说些昧心的话,也不曾想为谋得一官半职而将艺术当成敲门砖;当然,他们更不会为了一餐饭局和几个红包而将自己的良心与良知一起切碎,卖一碗清水杂碎汤。因此,他们不雇枪手、打手,更不雇吹鼓手。他们自己就是一面旗,即使不那么鲜红夺目,却一样迎风飘扬。

肖邦对别人的批评,尽管不科学,甚至过于武断,但这不妨碍他和他们的友谊,他们之间的艺术却在这种批评中得以交流,相互促进发展。缺少了真诚而爽快的批评,尽是好话肉麻的赞扬,艺术便是一锅糊涂没有了豆,也没有了值得珍视的东西。

我们缺少肖邦和他朋友这样的批评。我们也就缺少他们一样的艺术大家。

五

肖邦和女人的关系,一直是肖邦研究者一个多世纪以来不断的话题。毋庸置疑,肖邦和女人的关系,不仅影响着他的音乐,同时影响着他的生命。

在这个世界上,女人和艺术有着天然的联系,而男人往往是通过女人和艺术发生关系而再现艺术的。可以说，没有女人，便没有艺术。虽然在艺术家中，男人要多于女人。

　　据我查阅的资料，肖邦短短三十九年的生涯，和四个女人有过关系。每一个女人，在他的生命中都留下并不很浅的痕迹。而且，他都留有乐曲给各位女子。研究肖邦和这四个女人的关系，的确不是猎奇，而是打开进入肖邦音乐世界的一把钥匙。

　　肖邦爱上的第一个女人，是康斯坦奇娅。1829年的夏天，他们两人同为华沙音乐学校的学生，同是十九岁，一同跌进爱河。第二年，肖邦就离开了波兰。分别，对恋人来说从来都是一场考验，更何况是在动乱年代的分别。这样的考验结果，不是将距离和思念更深地刻进爱的年轮里，就是爱因时间和距离的拉长而渐渐疏远、稀释、淡忘。初恋，常常就是这样的一枚无花果。肖邦同样在劫难逃。虽然，临分手时，他们信誓旦旦，肖邦甚至说我如果死了，骨灰也要撒在你的脚下……但事实上分别不久，他们便劳燕分飞，各栖新枝了。别光责怪康斯坦奇娅的绝情，艺术家的爱情往往浪漫而多为一次性。我不想过多责怪谁是谁非，这一次昙花一现的爱情，给肖邦没有太大的打击，相反却使他创作出他一生唯一的两部钢琴协奏曲。无论是e小调第一，还是f小调第二协奏曲，都是那么甜美迷人，流水清澈、珍珠晶莹的钢琴声，让你想到月下的情思、真挚的倾诉和朦胧的梦幻。它不含丝毫的杂质，纯净得那么透明，这是只有初恋才能涌现出来的心音。这是肖邦以后成熟的作品再不会拥有的旋律。

我非常喜欢这两首协奏曲。它常常让我想起肖邦和康斯坦奇娅。肖邦死后整整四十年,康斯坦奇娅七十九岁高龄的时候才去世的。我不知道在那四十年漫长的岁月里,她听到这两首乐曲时是什么感情?我只是常想起他们,想起纯真美好可望而不可得的爱情。也许,凡是得到的,即便是爱情,也难有这样美好了。肖邦日后和乔治·桑不就是如此吗?也许,爱情永远只是一个梦,是上帝抛向人间的一道彩虹和迷雾。

肖邦爱上的第二个女人,叫玛利娅。这是1835年6月发生的事。玛利娅比肖邦小九岁,小时候,肖邦见她的时候,她还是个相貌丑陋的小姑娘,眼下竟出落成亭亭玉立的美人了。只是这一场爱情太像一出流行的通俗肥皂剧,女的家世贵族,门不当户不对,一个回合没有打下,爱情的肥皂泡就破灭了。虽然肖邦献给人家一首《A大调圆舞曲》,不过,在我看来,这首曲子无法和献给康斯坦奇娅的那两首协奏曲相媲美。想来,这是理所当然的,因为无论肖邦,还是玛利娅,不过是一次邂逅相逢中产生的爱情,他们谁也没有付出那么深、那么多。艺术不过是心灵的延伸;音乐不过是心灵的回声;蹚过浅浅一道小河式的爱,溅起的自然不会是惊涛拍岸,而只能是几圈涟漪。

肖邦和乔治·桑的爱,是一场马拉松式的爱,长达十年之久。该如何评价这一场姐弟恋呢?乔治·桑年长于肖邦六岁,一开始就担当了"仁慈的大姐姐"的角色,爱的角色就发生了偏移,便命中注定这场爱可以爱得花团锦簇、如火如荼,却坚持到不了底?还是因为乔治·桑的儿子从中作怪导致爱的破裂？或者真如人们说的那样乔治·桑是个多夫主义者,刺激了肖邦？抑或是因为他们两人性格反差太大,肖邦是女性的,而乔治·桑则是男性的,不说别的,就是抽烟,肖邦不抽,而乔治·桑不仅抽而且抽得极凶,就让两人越来越相互难以忍受？……爱情,从来都是一笔糊涂账,走路鞋子硌不硌脚,只有脚自己知道,别人的评判只是隔岸观火罢了。

据说,1848年肖邦的最后一场音乐会,和1849年肖邦临终前,乔治·桑曾经去看望过肖邦,都被阻拦了。这只是传说,是太带有戏剧性的传奇色彩了。无论他们两人当时和事后究竟如何,都是他们自己的事。即使这两次他们会了面,又将如何呢？事情只要是过去了,无论对于大到国家,还是小到个人,都是历史,是翻过一页的书,而难重新再翻过来,重新更改、修饰或润滑了。人生的一次性,必然导致爱情的覆水难收。十年,人的一生没有几个十年好过,轻易地将十年筑起的爱打碎,这对于肖邦当然是致命的打击。可以说,这次的打击是他的死因之一,或者说这次打击加速了他的死亡。这就是爱的力量,或者说爱对于太沉浸、太看重于爱的人的力量。从1837年到1847年,肖邦和乔治·桑十年的爱结束后,不到两年,肖邦就与世长辞了。

其实,甜蜜得如同蜂蜜一样的爱情,在这个世界上是不存在的,是人们的一种幻想,是艺术给人们带来的一个迷梦。如果说这世界上真的存在爱情的话,爱情是和痛苦永远胶黏在一起的,妄想如轻松地剥开一张糖纸一样剥离开痛苦,爱情便也就不复存在。

否则,我们无法解释肖邦在和乔治·桑在一起这十年中,为什么会涌现出这么多的作品?其中包括叙事曲三首占总数的三分之二,谐谑曲三首占总数的四分之三,奏鸣曲二首占总数的三分之二,还有大量的夜曲、玛祖卡、波罗乃兹和梦幻曲。这里尽是美妙动听的乐曲,包括肖邦和乔治·桑在西班牙修道院的废墟中,在南国的青天碧海边,在温暖的晨钟暮鼓里,创作出的《g小调夜曲》《升F大调即兴曲》《c小调波罗乃兹》……和在诺昂乔治·桑的庄园里创作出的有名的《雨滴前奏曲》《小狗圆舞曲》。仅从后两首曲子就可以看出他们曾经拥有过多么美好的一段时光!那两首乐曲给我们带来多少遐想,小狗滴溜溜围绕着他们,是何等欢欣畅快;细雨初歇,从房檐低落的雨滴和钢琴声和等待心绪的交融,是何等沁人心脾……应该说,肖邦一生最多也是最好的乐曲就创作在这个时期。

  1848年的春天,因为生活的拮据,肖邦抱病渡海到英国演出,用光了在伦敦储存的钱付医疗费用,只好暂住在他的苏格兰女学生史塔林家中。史塔林爱上他,并送给他二万五千法郎作为生活的费用。他回赠给史塔林两首夜曲f小调、降E大调(作品55—1、2)。不知道回赠有没有爱情?

  我是很怀疑这种说法的,因为我查阅了肖邦的年谱,这两首夜曲并不是作于1848年,而是作于1843年。纵使是赠给史塔林小姐的,这两首夜曲也无法同上述那些乐曲比拟。在肖邦二十一首夜曲里,它们不是最出色的。或许,肖邦已经到了生命的尽头,爱无法挽救他了,或者是爱来得太晚些了?或者是他还沉湎于以往的甜梦、噩梦里再无力跳将出来？……

我无法想象。我也无法猜测肖邦短短的一生，是否真正得到过爱情？他和这几个女人的感情算不算是他所追求的爱情？但是，我能够说，这一切是爱情也好，不是爱情也好，都不能和他的那些美妙动人的乐曲相比。爱情永远在肖邦的音乐中，它比肖邦同时也比我们任何人都要活得更长远。

六

肖邦的一生里，没有创作出一部交响乐和歌剧。他的最大部头便是那两首钢琴协奏曲了，这是他同别的音乐家无法相比的。

肖邦的一生里，创作出的所有作品，都是钢琴曲，他用他全部的生命致力于他最热爱的钢琴音乐之中，从未心有旁骛，专一而专制，也是别的音乐家同他无法比拟的。

我不知道这在音乐史中是不是绝无仅有的例子？一个音乐家，在他的艺术走向成熟的时候，一般都想尝试一下交响乐和歌剧，就像一个作家在他写了些短篇之后，都想染指长篇小说一样。在一般人们的评价和意识里，辉煌的交响乐、歌剧和长篇小说，才是一个大师的标志，是艺术的里程碑。

肖邦偏偏不这样认为。

为什么？是他的偏爱？是他把生命全部寄托在钢琴之中？是他的身体？他病魔缠身的身体不允许他创作大部头的作品？是他

的性格？他天性只爱在幽幽暗室里为两三个知心好友演奏钢琴，而不喜欢交响乐和歌剧那样暴露在光天化日之下？或者他本来就只是一弯小溪，横竖只能在山里流淌，而难能流下山去，更遑论流向大海？他的恋爱都可以更换过四次，和乔治·桑十年厮守相聚的生活都可以一朝分手各奔东西，唯有这一点，他至死不渝，他只作钢琴曲，而且大部分是人们认为的钢琴曲的小品。为什么？

我不知道有没有人对此做过令人信服的解释？反正在我读过的有关肖邦的书中，没有见到，也许，是我读的书太少，见识浅陋。

几乎肖邦所有的朋友都曾劝过他去创作交响乐和歌剧，其中包括他的老师埃斯内尔教授、波兰最著名的诗人密茨凯维奇，以及乔治·桑。他们都认为肖邦的最高峰和最伟大的成就，不仅仅是钢琴曲，而应该是交响乐和歌剧。

据说，有许多好心人总问他这个问题："你为什么不写交响乐和歌剧呢？"把他问烦了，他指着天花板反问："先生，您为什么不飞呢？"人家只好说："我不会飞……"他便不容人家说完，自己说道："我也不会，既不会飞，也不会写交响乐和歌剧！"可爱的肖邦有时候也不可爱了。有时候我们的好心人太爱以自己的意愿改造他人，不仅仅是改造凡人，同时也改造名人和伟人。

李斯特曾这样替肖邦解释："肖邦最美妙、卓绝的作品，都很容易改编为管弦乐。如果他从来不用交响乐来体现自己的构思，那只是他不愿意而已。"

李斯特的解释，不能说服我。李斯特明显在为肖邦辩护，有拔高肖邦之嫌。当然,作品体积和容量的大小,不能说明一个音乐家的成就大小和造诣高低。契诃夫一生没有写过长篇小说,依然是伟大的作家;肖邦一生没有写过交响乐和歌剧,同样依然是伟大的音乐家。艺术不是买金子或钻石,分量越沉便越值钱。我只是始终弄不明白为什么肖邦自己和自己较着劲,一辈子就是不沾交响乐和歌剧的边?我一直想解开这个谜。我自己也和自己较着劲。

肖邦一生反对炫耀的艺术效果,反对众多的乐器淹没他心爱的钢琴,这从他的那两首协奏曲就可以明显地看出来,乐队始终只是配角。他的好朋友法国著名的画家德拉克洛瓦曾经讲过肖邦这样对他阐述自己的思想:"我们一会儿采用小号,一会儿长笛,这是干吗?……如果音响企图取作品的思想而代之,那这种音响是该受指责的。"而当德拉克洛瓦的画风中出现众多热闹炫目的色彩和线条时,肖邦对此格外警惕。单纯、纯朴,一直是肖邦艺术追求的信条。他自己说过:"纯朴发挥了它的全部魅力,它是艺术臻于最高境界的标志。"这话说得太明确不过了。因此,他不会背弃自己的信条,去让他认为最能够同时又最适合这种标志的钢琴,让位于交响乐和歌剧。

这只是我的解释。而且,这解释也未见得说得通。难道交响乐和歌剧就一定同纯朴相违背吗?乐器的众多,就一定不单纯而华而不实吗?

当然,我们可以说肖邦太过于偏执,似乎世上的音乐只剩下钢琴一种了。但我们不得不佩服肖邦的偏执,在众多舆论面前,在众多劝说面前,乃至在众多诱惑面前,他始终恪守自己的信条,绝不动摇,绝不背叛,更不用说蓬随风转了。我只能自己说服着自己。但是,我到底还是没有说服自己。肖邦的一生生活已经被人说了个透,就留下这么一点悬念吧。

其实,肖邦是个谜。

瓦格纳的野心

在我的眼里,瓦格纳(R. Wagner,1813—1883)有点像是一个我们现在所说的"愤青",或者如我们的鲁迅先生所说的那种"翻着跟头的小资产阶级"。在所有的音乐家中,大概没有一个能够比他更富有激情的了,只是那激情来也如风,去也如风。1849年五月革命时期,他和柏辽兹、李斯特一样激情澎湃,爬上克罗伊茨塔楼散发传单,遭通缉而不得不投奔李斯特,在李斯特的帮助下逃到国外,流亡了十三年。1862年他被赦,虽然到处指挥演出,却收入寥寥,濒于绝境,险些自杀之际,又绝处逢生,柳暗花明,巴伐利亚二世召他去慕尼黑,他成为了宫廷乐长,在他人到中年之后给予他实现他音乐伟大梦想的一切物质条件,让他度过了一生中最快乐的时光。就是在那段时间里,他住在那里的一座湖滨别墅里,和李斯特的女儿、著名指挥家彪罗(H. V. Bulow,1830—1894)的妻子柯西玛坠入爱河一发而不可收拾,最后在那里结婚生子,为儿子取名叫做齐格弗里德,他所创作的歌剧《齐格弗里德》就是为纪念儿子的出生。

　　与前一段悲惨得想要自杀相比,他这时有些得意忘形。而在欧洲革命处于低潮时期,他曾经公开认错,摇尾乞怜,讨得一条生路;在晚年,路德维希二世利用帝国势力,在距慕尼黑以北二百公里的拜罗伊特搞的"瓦格纳音乐节",他开始虔诚地为帝国服务;以后,他又曾经为帝国主义的反动精神而鼓吹,膨胀起自己的民族主义的音符,为德国纳粹所利用,走得比他的音乐更远。

　　瓦格纳就是这样的一个人,我们可以说他是一个复杂也庞杂犹如一座森林的人,在这座森林中,既有参天的大树和芬芳的花朵,也有丛生的荒草和毒蘑菇。我们也可以说他是一个有着雄伟抱负的人,他一生都绝不满足于音乐,而希望超越音乐成为一个顶天立地的人物。他在年轻的时候就博览群书,十三岁时自己就已经翻译过《荷马史诗》的前十二卷。他希望集音乐、文学、哲学、历史等学识于一身,成为一个伟大的思想家。

　　尽管保罗·亨利·朗格在《十九世纪西方音乐文化史》中称他和尼采是十九世纪精神方面最强大的思想家,但在我看来,他无法和尼采相比,他的性格注定他成为不了那个时代的思想家,就连那个时代最反对他的尼采那样的哲学家都成不了。他的激情澎湃、想入非非,不甘心屈人之后,总想花样翻新,又总是翻着跟头动摇着、水银一样动荡着,艺术大概是他最好的去处和归宿,在音乐里,他可以神游八极,呼风唤雨。

　　回顾一下瓦格纳的创作过程,是很有意思的,因为他不是那种奉公守法的人,他的创作不是一条清浅平静的小溪,而是一条波澜起伏的大河,恣肆放荡,常常会莽撞得冲破了河床而导致洪水泛滥。走进他,是困难的,也得需要一点勇气。

有史料记载,瓦格纳生平写下的第一部剧本叫做《劳伊巴德和阿德丽特》,是他少年时模仿莎士比亚所作的一出悲剧,是集《哈姆雷特》《麦克白》《李尔王》于一体的大杂烩。他无所畏惧地让四十二个剧中的人物先后死去,舞台上一下子空荡荡没有一个人了,怎么办?又派遣鬼魂上场,一通云山雾罩。牛刀初试,他就是这样过足了为所欲为编戏的瘾。

他的第二部剧《结婚》,也是他的第一部歌剧,是他十九岁时之作。这仍然是一部爱情的悲剧。据说,因为他最敬重的姐姐不喜欢,他就把剧本毁掉了,今天已经无法查考其踪迹。

他的第三部剧《仙女们》,是他二十岁的作品。这部已经预示着日后《罗恩格林》主题的歌剧,显示了他的才华,当时却被莱比锡剧院没有任何理由地拒绝。我想也不完全是因为瓦格纳那时太年轻无名,因为他那时的歌剧有着明显模仿韦伯的痕迹。

这样的命运,不仅对于瓦格纳,对于任何一个刚刚出道的艺术家,都是相似的。他要为此付出代价。1839年,二十六岁那一年,瓦格纳在到处流浪中带着妻子和一条漂亮的纽芬兰狗,乘船从海路来到巴黎。这是他命运转折的一年,虽然,他来到巴黎时已是身无分文,只能和他那条可怜的狗一样流浪街头;虽然,他带着当时名声很大的梅耶贝尔的介绍信,却依然四处碰壁,没有一家剧院收留他,他只能给人家做乐谱校对,挣点可怜巴巴的钱勉强糊口。这一切对于他都没有什么关系,都不会妨碍他施展他的报负和野心,因为他还带着一个《黎恩济》的剧本手稿。这是他来巴黎前一年创作完成的,他雄心勃勃,就要拿着它来叩开巴黎的大门。

《黎恩济》取材于十四世纪罗马人民反对封建压迫而起义的真实故事。是根据英国诗人兼小说家布尔沃·里敦的同名小说改编而成。黎恩济是那个时代的青年英雄,他起义胜利后公布了到现在仍然是所有人企盼的人人平等的新法律。瓦格纳所讴歌的黎恩济的形象,符合了当时整个欧洲革命的大潮和瓦格纳自己心中的理想。在初到巴黎那个冷漠也寒冷的冬天,他在写作《浮士德》序曲的同时,完成了对《黎恩济》的修改。在巴黎所遭受的屈辱和贫困,让他的心和黎恩济更加接近,使得剧本融入更多的感情,也加深了反叛和渴求希望的主题。黎恩济成了他自己的幻影,在音乐中旌旗摇荡。

在这之后,他又写下了另一部重要的歌剧《漂泊的荷兰人》,根据德国诗人海涅的小说《施纳贝莱沃普斯基的回忆》中的第七章改编而成。漂泊在大海上历经千难万险去寻找爱情的荷兰人,所遭受的磨难和在孤独中的渴望,和瓦格纳在巴黎的痛苦折磨是那样的相似。无疑,无论是黎恩济,还是荷兰人,都打上了瓦格纳自身的烙印。尽管瓦格纳鄙薄个人情感的小打小闹式的艺术风格,但他早期的作品依然抹不去那个时代浪漫主义所具有的共同的品格。他最早就是靠这样的歌剧打动了听众,赢得了世界。就像是我们在戏文里说的那样："有这碗酒垫底，就什么都不怕了。"有了《黎恩济》和《漂泊的荷兰人》这两出歌剧垫底，瓦格纳也就什么都不怕了，他不仅叩响了巴黎之门，也让整个欧洲为之倾倒。在巴黎的磨难，就这样成全着瓦格纳。

三年之后，1842年，也就是瓦格纳二十九岁的那一年，他终于熬到出头之日。德累斯顿歌剧院要上演他的《黎恩济》了。他激动万分，闻讯后立刻启程从陆路回国，这样可以快些，真有些"剑外忽传收蓟北，初闻涕泪满衣裳"的劲头，自然要"即从巴峡穿巫峡，便下襄阳向洛阳"了。

《黎恩济》在德累斯顿获得意想不到的成功，让瓦格纳一夜成名，他被委任为德累斯顿歌剧院的指挥，有着不菲的年薪收入，立刻甩掉了一切晦气，他像黎恩济一样从屈辱和贫寒中抬起了头成为了英雄。在他彻底脱贫的同时，更重要也更令他开心的是，他终于让世人认识了他所创作的新样式的歌剧。

十九世纪的欧洲是歌剧的时代。自1821年韦伯的《自由射手》上演以来，加之资产阶级革命胜利后中产阶级的出现，艺术浮华而附庸风雅，特别是在法国，歌剧愈发时髦起来。这种时髦，要么是梅耶贝尔讲究排场的大歌剧，要么是奥芬巴赫轻歌曼舞的轻歌剧。瓦格纳不满足这样的歌剧，他的野心是将诗、哲学、音乐和所有的艺术种类化合为一种新的品种。

从结构上，他打破了传统歌剧独立成段的形式，而是通过取消或延长终止法的手法，使得音乐连贯地发展，这种连绵不断的歌剧音乐新形式，造成气势不凡的效果。俄国音乐家里姆斯基-柯萨科夫曾经打过一个巧妙的比喻，他说像是"没有歇脚的一贯到顶的阶梯建筑"，很形象地将瓦格纳这种新形式音乐的宏伟结构勾勒出来了。

从表演上，他打破传统的以演员的演唱为表演的主要形式，他认为音乐就是演员，器乐的和声就表演，歌手只是音乐的象征，音乐才是情节的载体。他认为戏剧的关键不在于情节不在于演员的表演，而在于音响的效果。所以，在瓦格纳的歌剧里，庞大的乐队，多彩的乐思，激情的想象，乐队的效果，远远地压过了人声，即使能够听到人声，也只是整体音响效果中的和声而已。瓦格纳这样对于器乐和乐队的重视和膜拜，会让我们想起以前曾经讲过的蒙特威尔第，也能够看出柏辽兹甚至梅耶贝尔的影子。尽管他并喜欢柏辽兹，也曾经尖锐地批评过梅耶贝尔，但不妨碍他从他们那里吸收。只不过，瓦格纳比他们走得更远，将其发挥到极端。

从音乐语言上，他打破了传统的大小调系，完全脱离了自然音阶的旋律和和声，使得一切的音乐手段包括调性、旋律、节奏都为了他这一新的形式服务。它可以不那么讲究，可以相互交换，可以打破重来，可以上天入地，可以为所欲为。他预示着音乐调性的解体，日后勋伯格无调系的开始，在他这里埋下了种子。

人们将瓦格纳所创作的这种新形式的歌剧叫做交响歌剧，瓦格纳自己称之为"音乐戏剧"，或索性称为"未来的戏剧"。1872年，在瓦格纳晚年，他曾经专门写过一篇题为《我的思想》一文，对他所提出的"音乐戏剧"进行了反复的说明："这个名称的精神上的重点就落到戏剧上,人们会想到它与迄今的歌剧脚本不同,这差别在于音乐戏剧的情节不仅是为传统的戏剧音乐而设置的,相反,音乐结构取决于一部真正戏剧的特有的需要。"他所特别强调的"音乐结构",其实就是这种交响效果在歌剧中独特的地位。他确实在把歌剧演绎成为了规模宏伟、音响宏伟、带有史诗性标题性的交响乐了,只不过传统中的人声已经被他有意地淹没在这样的交响乐里,成为了交响大海中的一朵浪花而已。

在这里,我们可以看到瓦格纳博采众家之长的好胃口,在他这样讲究宏伟气势和音响效果的歌剧中,我们可以明显地看到贝多芬、亨德尔这些上一代的影子,也可以看到梅耶贝尔和柏辽兹的反光。如果从承继的关系来看,我们可以看出他与前者的血缘;如果从同辈的相互影响来看,我们可以看出他与后者的因缘。瓦格纳不是凭空蹦出来的"超人",如同我们那从石头缝里蹦出来的孙悟空一样。历史和时代融合着他个人的野心,才造就出一个横空出世的瓦格纳。

其实,瓦格纳一生创作的歌剧很多,真正能够称之为瓦格纳自己所说的"音乐戏剧"或"未来的戏剧"的,《黎恩济》和《漂泊的荷兰人》也许还算不上,而要首推四部一组的连篇歌剧《尼伯龙根的指环》。

《尼伯龙根的指环》是瓦格纳后期创作中的重要作品,也是他一生的代表作,是他耗费了整整二十五年时间才得以完成的心血结晶。它是由序剧《莱茵河的黄金》、第一部《女武神》、第二部《齐格弗里德》、第三部《众神的黄昏》四部音乐歌剧组成,从脚本到音乐,完全是瓦格纳自己一个人完成(事实上,瓦格纳所有的歌剧都是由他自己一人完成的,他愿意自己一个人统率全军)。瓦格纳是根据德国十二世纪到十三世纪的古老的民族诗史《尼伯龙根之歌》和北欧神话《埃达》改编而成。这部连篇歌剧全部演出完要长达十五个小时,是迄今为止世界上最长的歌剧了,足可以上吉尼斯纪录。看完它,需要极大的耐心。因为它不是我们现在看惯的电视连续剧中的那种肥皂剧。创作者和欣赏者,一样需要比耐心更重要的超尘拔俗的修养和心地。据说,1876年在刚刚建成的拜罗伊特那座能够容纳一千五百个座席的罗马式的歌剧院里首演这部连篇歌剧的时候,要连演四天才能够演完。当时德国皇帝威廉一世和巴伐利亚国王路德维希二世,以及许多著名的音乐家李斯特、圣桑、柴可夫斯基都来赶赴这个盛会,轰动整个欧洲。

在长达十五个小时的漫长时间里,古老的神话和神秘的大自然里,沉睡在莱茵河底的黄金、被锻造成的谁占有谁就遭受灭顶之灾的金指环、尼伯龙根家族的侏儒阿尔贝里希、力大无比骁勇善战的齐格弗里德,以及女仙和神王……一个个都成了抽象的象征。这是瓦格纳极其喜爱的象征,他就是要通过这些象征,完成他的哲学讲义。庞大的故事情节、复杂的人物关系,水落石出之后,金指环带给人类的灾难,必须通过爱情来获得救赎,人类所有的罪恶和丑陋,一切的矛盾和争斗,最后被牵引到艺术所创造的爱情中。他是那样敏感地吸取了那个时代的一切优点和弱点,他具有那个时代革命所迸发出的极大的热情和革命失败后的悲观颓丧,以及在这两者之间不屈的对理想的追求。他所孜孜不倦顽强表达的是众神的毁灭和人类的解脱这两个主题。这两个主题,是创世纪以来一直到今天也没有得到解决的问题,瓦格纳挥斥方遒,做英雄伟人指点江山状,通过他的《尼伯龙根的指环》,给我们开了这样的一个药方。

也许,今天,一般如凡夫俗子的我们已经没有这份耐心和诚心,坐下来欣赏十五个小时的演出了,或许早被它的冗长所吓跑。无论在音乐会上,还是在磁带唱片里,我们现在听到的只是其中的片断,全须全眼的瓦格纳早已不复存在,瓦格纳如浩浩的柏林墙一样只剩下残砖剩瓦被人们所收藏。能够将《尼伯龙根的指环》全部听完,大概只是属于凤毛麟角,我们谁也赶不上威廉一世、路德维希二世,以及李斯特、圣桑、柴可夫斯基,一坐坐上四天的时间。

也许,我们完全不会相信他的这一套,甚至还会嘲笑他的可笑和乏味。但我们不得不向他致敬,因为我们只要想到在当时的歌剧是什么样子的,就能够知道瓦格纳这样的歌剧是多么的与众不同而别开生面。他不向公众让步,不做时尚消遣的玩偶,而希望自己的新的歌剧形式能够拥有古希腊悲剧那样的宏伟和崇高,一生为了这样的艺术理想而始终不渝地奋斗,难道不值得我们尊敬吗?因为我们现在这样可笑的却也值得尊敬的艺术家太少了,我们不少艺术家不是拜倒在金钱就拜倒在权势的膝下,要不就被时尚的媚眼迅速地裹挟而去。而在信仰早已经被颠覆的年代里，我们不相信古老的神话，不相信神秘的象征，不相信我们自身需要自新和救赎，我们当然就会离瓦格纳遥远，离包括音乐在内的一切艺术都遥远。因为从某种意义上讲，一切艺术都是泛宗教。

从这一点而言，瓦格纳是真正传统意大利和法国歌剧的颠覆者和革新家。他不仅使得德国有了足以和意大利、法国抗衡的自己的歌剧，也使得全世界有了崭新的歌剧新的样式。他使得世界的歌剧达到了最为辉煌的顶点。他是十九世纪后半叶的歌剧也是音乐的英雄。他寻找的不是飞旋的泡沫花里胡哨的脂粉或克隆逼真的赝品，而是伴随时间一样久远的艺术上的永恒和精神上的古典。

我以前很少听瓦格纳，总觉得他的作品深奥难懂。瓦格纳那不可一世的样子也有点拒人于千里之外。后来，我听了一盘托斯卡尼尼1945年指挥NBC交响乐团演奏的瓦格纳《尼伯龙根的指环》的片断，和瓦格纳才渐渐地接近起来。我听完很感动，特别是听其中的《齐格弗里德》。那种感动，不是以前听那种非常优美的旋律之后为其纯净美好的感情的感动，而是一种被那样清澈而崇高震撼之后的感动。瓦格纳有种高山雪水般的清冽明净，有种从高高的教堂彩色玻璃窗户里飘散出来圣咏般的感觉，那种高亢而高贵的音响，是那样炽烈滚烫，那样富于穿透力，像是箭一样、鹰一样，直飞上浩渺的云天，久久地盘桓在我们的头顶。听瓦格纳，绝听不出那种如今已经磨硬了人们耳朵卿卿我我的缠绵和发霉的小资情调,瓦格纳的那种如今已经少有的清澈和崇高,那种鬼斧神工的惊心动魄和波澜壮阔的激奋人心,的确如尼采所说的那样,更接近古希腊精神而使得艺术再生。

对瓦格纳,需要多说一句的是,十九世纪下半叶和二十世纪以来,反对他的、挤兑他的、朝圣他的、鄙薄他的……始终甚嚣尘上,树欲静而风不止,瓦格纳不仅对于音乐界、戏剧界的影响深远,而且在其他的领域也都具有不可磨灭的影响。特别是要研究十九世纪和二十世纪的德国哲学,在谈论叔本华和尼采的时候,就更不能不谈到瓦格纳,他被称之为"超人"。世界范围内所形成的瓦格纳现象,是不可忽视的文化现象。在衔接十九世纪和二十世纪浪漫主义高潮到低潮的音乐史和文化史方面,瓦格纳现象是无法回避的。但是,长期以来瓦格纳对我们是陌生的,我们国家以前对他也是冷漠的。一直到1997年,我国第一次翻译出版《瓦格纳戏剧全集》的时候,音乐评论家刘雪枫先生曾经感慨地说:"我国对瓦格纳及其作品的认识长期受前苏联意识形态的影响,个中原因实出于褊狭和蒙昧,在此似不足道。只是前苏联在戈尔巴乔夫执政期间重又出现'瓦格纳热',便足以说明瓦格纳曾经遭受的冷落并非艺术本身的理由。尤其是在今日的俄罗斯,欣赏和谈论瓦格纳已成为文化界最时髦的话题之一,尽管它迟来了近七十年。"

朗格在他的《十九世纪西方音乐文化史》中曾经高度评价了瓦格纳,他说得非常精彩并且具有高度的概括力。他说:"自从奥菲欧斯以来,从未有一个音乐家的音乐给数代人的生活与艺术以这样重大的影响，但这种影响和他的音乐的内在价值是不相适应的。巴赫的音乐、贝多芬的音乐，具有无比重大的意义，但从未产生这样革命性的、广泛的后果。使瓦格纳成为十九世纪末到二十世纪初欧洲文化的普遍的预言家，必然有着不同的（不只是音乐的）原因。瓦格纳自己不仅仅只想当一个伟大的音乐家，他所创造的音乐，对于他只不过是按他的精神完全重新组织生活的渠道。他的音乐，除了是艺术以外，还是抗议和预言。但瓦格纳并不满足于通过他的艺术来提出他的抗议。他自由地运用了一切手段，这也意味着音乐的通常手段对他的目的来说是不够的。莫扎特或贝多芬的音乐让听者的心灵去反应音乐在他心中所引起的情感，听者参加了创作活动，因为他必须在这音乐的照明下创造他自己的境界和形象。瓦格纳的音乐却不给听者这样的自由。他宁肯给予完整的东西，他不满足于只是指出心灵中所散发出来的东西，他试图提供全面的叙述。瓦格纳采用最完备的和多方面的音乐语言，加上可以清楚地认识的象征，他提供了一个不仅是感情方面的，而且是理智方面的完整的纲领。这样他就能够迷住近代的富有智力的听众。"

朗格还说瓦格纳的音乐"不适宜窄小的场所。它是一个民族的声音，日耳曼民族的声音"。如今，我们时代的缤纷多彩，乱花迷眼，却缺少这样属于一个民族的声音。

五月的花开如音乐

那天,听勃拉姆斯的《D大调小提琴协奏曲》,忽然想起今年是德国伟大的钢琴家克拉拉·舒曼逝世一百二十周年。一百二十年前,即1896年的5月,克拉拉在法兰克福去世。听到这个消息,勃拉姆斯立刻赶回法兰克福。那一年,勃拉姆斯六十三岁,正在瑞士休养,以一个病中之躯,急匆匆往法兰克福赶去的时候,忙中出错,在火车站踏上的却是相反方向的列车。

每一次听勃拉姆斯,总会让我想起克拉拉,眼前便总会浮现出这个画面:火车风驰电掣而去,却是南辕而北辙;呼呼的风无情地吹着勃拉姆斯花白的头发和满脸的胡须;他憔悴的脸上扑闪的不是眼泪,而是焦急苍凉的夜色。

同为音乐家,勃拉姆斯和克拉拉的感情非同一般,几乎是所有爱乐者都熟知的事情。克拉拉是德国伟大音乐家舒曼的夫人,勃拉姆斯二十岁那一年,在当时著名小提琴家约阿希姆的引荐下,和舒曼相识。在舒曼的家中,勃拉姆斯第一次见到了克拉拉,便一见钟情，无可救药地爱上了克拉拉。只是，内心充满激情表面却害羞的勃拉姆斯，一直把这份最真挚的感情藏在心中，从未向克拉拉吐露，一直到克拉拉和他自己都离开人世。

1854年，舒曼投莱茵河自杀被救，一直到两年后舒曼逝世，都是勃拉姆斯守候在克拉拉的身边，陪伴着她照料舒曼和他们的七个孩子，帮助她从痛苦和绝望中解救出来。为此，他放弃了许多出名和赚钱的机会。克拉拉心如明镜般清楚，勃拉姆斯与其说是为了他的老师舒曼，不如说更是为了她自己。

克拉拉不是孩子，比勃拉姆斯大十四岁，又是有过爱情经历的人，肯定知道勃拉姆斯的心意。

既然克拉拉比勃拉姆斯大十四岁，而且是一个有着七个孩子的母亲，勃拉姆斯为什么非要如此钟情地爱着她，而且爱得一往情深，爱得一生到底，并且，为此终身没有结婚？既然谁也无法取代他心目中的克拉拉，勃拉姆斯却为什么始终没有把自己的这一份感情向克拉拉表明？他始终在表面上和克拉拉呈现的是友情，而把爱情如折叠伞一样折叠起来，珍放在自己一人的内心深处，让它悄悄滴洒着湿润的雨滴，温馨着自己的心房。

舒曼去世之后，勃拉姆斯就离开克拉拉，再没有见面。他的离别，是那样的毅然决然，断然没有什么执手相看泪眼的缠绵，没有给自己，也没有给克拉拉留下一点点的机会和缝隙，哪怕是一张纸条，或可以拭泪的纸巾。他曾给克拉拉写过很多封情书，那情书据说热情洋溢，发自肺腑，一定会如他的音乐一样动人而感人。但是,这样的情书,一封也没有发出去。在克拉拉逝世之后,勃拉姆斯已经意识到自己也将不久于人世了。他焚烧了自己的不少手稿和信件,其中包括他曾经写给克拉拉的情书。

内向的勃拉姆斯把这一切的感情都紧紧地锁在心里,他自己给自己垒起一座高而坚固的堤坝,他让自己曾经泛滥的感情的潮水,滴水未漏地都蓄在心中了。那水永远不会干涸,永远不会渗漏,只会荡漾在自己的心中。这样做,我不知道勃拉姆斯要花费多大的决心和气力,他要咬碎多少痛苦,他要自己和自己做多少搏斗。他的克制力实在够强的了。这是一种纯粹柏拉图式的爱情,是超越物欲和情欲之上的精神的爱情。这是对爱情只有具备古典意义和高尚品格的人,才能做到的。也许,爱情的价值本来就并不在于拥有,更不在于占有。有时,牺牲了爱,却可以让爱成为永恒。

我现在已经无法弄清克拉拉对勃拉姆斯的这种态度到底是怎么想的了。也许,克拉拉和勃拉姆斯一样坚强地克制着自己;也许,克拉拉的感情依然寄托在舒曼的身上,她和舒曼的爱情得来不易,经历了那样的曲折和艰难,她很难忘怀,共度了十六年"诗与花的生活"(舒曼语),因而不想将对勃拉姆斯的感情升格而只想升华;也许,克拉拉不想让勃拉姆斯受家庭之累,自己毕竟拖着"油瓶",带着七个孩子;也许,克拉拉觉得和勃拉姆斯这样的感情交往更为自然更为可贵更为高尚更为美……

当然,这只是我对克拉拉的揣测。对于勃拉姆斯本人而言,克拉拉没有这么复杂,克拉拉只是一种爱情与音乐中最美好的象征。

他完全把克拉拉诗化和艺术化了,并将她内化为自己心中的音乐。可以说,没有克拉拉,就没有勃拉姆斯以后的音乐成就。包括音乐在内的一切艺术,本质不在于技术,而在于心灵与精神。克拉拉在世的时候,勃拉姆斯把自己创作的每一份乐谱手稿,都寄给克拉拉。勃拉姆斯曾经这样一往情深地说:"我最美好的旋律都来自克拉拉。"

可以想象,如果克拉拉身上不具备高贵的品质,不是以一般女性难以具备的母性的温柔和爱抚,同时不具备非同寻常的音乐造诣和艺术灵性而能与勃拉姆斯心心相通,勃拉姆斯骚动的心不会那样持久地平静下来,将那激荡飞扬的瀑布化为一平如镜而深沉清澈的清水潭。正如两颗堕落的心更容易齐头并进落入地狱,两颗高尚的心则可以双双携手进入天堂,两个高尚的灵魂融合在一起,才能够奏出如此美好纯净的天籁般的音乐。勃拉姆斯和克拉拉才能够将那远远超乎友谊也超乎爱情的感情,保持了长达四十三年之久!四十三年,对一个人的一生,是一个太醒目的数字,它包含的代价和滋味无与伦比。世上有多少人可以将这样一份感情,平淡如水却也深沉如水地坚持四十三年?四十三年,如此漫长的时间,足以水滴石穿,让一切的不可能变为可能,让一切的瞬间即逝变为永恒。

或许,情到深处,语言往往是多余的,也是苍白无力的。心心相通,有时是最简单质朴的,无需缤纷的语言如盛开的花朵去夺人眼目,那一般只适合在舞台上的抒情,在生活中是用不着的。尤其音乐本身就是心灵的语言,更用不着嘴巴。特别是像勃拉姆斯这样内敛的音乐家,他把他内心里最深沉最激荡的感情,都化入他的旋律与音符之中了。

六十三岁的勃拉姆斯,拖着病恹恹的身子,从瑞士赶到法兰克福,为克拉拉亲护灵柩下葬。据说,在克拉拉的墓地前,勃拉姆斯独自一人为克拉拉拉了一支小提琴曲。我常常会感动于那样的情景,想象那样的情景,但是,我想象不出那会是一种什么样的情景。天苍苍,地茫茫,猎猎风吹,悠悠琴响,只有勃拉姆斯一人和克拉拉默默相对,那琴声只是他的心对克拉拉的心的倾诉?

此曲只应天上有,那小提琴曲一定美妙绝伦。那应该是一支什么样的曲子?可以让勃拉姆斯从二十岁到六十三岁埋藏在心底长达四十三年的感情,如同流经漫漫长路的涓涓细流,融化了如此漫长岁月,成为心底的倾诉和浸润?

后来,我查到了,这首乐曲叫做《四首最严肃的歌》。这是用《圣经》里的词句编写的乐曲,是1896年克拉拉去世前不久,勃拉姆斯刚刚完成的作品,是专门为了献给克拉拉即将到来的七十七岁生日的乐曲呀。

这首乐曲之后,勃拉姆斯没有再写别的音乐,可以说是他最后的作品了。我是看到德国人维尔纳·施泰因著的《人类文明编年纪事》的《音乐和舞蹈分册》,在这册书中关于1896年这一年的记事里,特意注明此曲是"献给克拉拉·舒曼"的。

接到克拉拉逝世的电报后,勃拉姆斯立即出发去奔丧,临走时从住所里没有拿什么东西,只是随手拿起了这部刚写完不久的《四首最严肃的歌》的手稿。可见,这部作品对于勃拉姆斯和克拉拉是多么的重要。只是,这四首曲子名字的选择——《因为它走向人们》《我转身看见》《死亡多么冷酷》《我用人的语言和天使的语言》,似乎已经隐隐指向了死亡,音乐在感情的指引下,走向了不归路。

勃拉姆斯赶了整整两天两夜的火车,才从瑞士赶到法兰克福又赶到了波恩克拉拉的墓地前。勃拉姆斯颤颤巍巍地拿出了《四首最严肃的歌》手稿,任五月的风吹散他花白的鬓发,独怆然而泣下。克拉拉再也听不到他的音乐了,这是他专门为克拉拉的生日而作的音乐呀!

石头深埋在海底,可以化为美丽的珊瑚;树木深埋在地底,可以化为能够燃烧的煤;时光深埋在岁月里,可以化为沉甸甸的历史。感情埋藏在心底呢?化为的乐曲就应该是这种样子吧?

勃拉姆斯的音乐,不是那种热情洋溢、愿意澎湃宣泄自己情感的样式。他的音乐给人的感觉,是深沉,是蕴藉,是秋高气爽的蓝天,是烟波浩渺的湖水。他的作品,内敛而自省,古典而深沉,是那种哥特教堂寂静地立在夕阳晚照下,不是那种浑身玻璃墙的新派建筑辉映着霓虹灯闪烁。《四首最严肃的歌》就是这样的一部作品,即使不是勃拉姆斯四首交响乐和《德意志安魂曲》那样大部头的作品,却是勃拉姆斯感情最深沉最个人化最重要的作品。

我们常说梁祝或罗密欧与朱丽叶的爱情,令人荡气回肠,成为一种经典。其实,勃拉姆斯和克拉拉一点不比他们差,也许因其活生生的真实的存在，而比他们更为动人，更让我们沉思。勃拉姆斯和克拉拉是相互映照的镜子，克拉拉映现出来的是女性的温柔和美好，勃拉姆斯映现出来的是男人的隐忍与深沉。克拉拉更多是以一位钢琴家的姿态出现，勃拉姆斯更多是以作曲家的身份出现，他们在彼此的钢琴演奏与音乐旋律中，如风相拂，如水相拥，如影相随，交融着，映照着，呼应着彼此心底里最值得珍存的那一份情感。一百二十年后的这个五月里，满眼鲜花盛开，如他们的爱情一样的美好，如他们的音乐一样的美好。

现代音乐被谁唤醒

今年是德彪西（A‐C. Debussy,1862—1918）诞辰一百五十周年。全世界许多地方都在纪念他,演奏他的作品。遥想当年,十九世纪末的欧洲乐坛,可不是他的天下。那天下属于瓦格纳和他的追随者布鲁克纳、马勒,以及他们的对立派勃拉姆斯等人所共同创造的音乐不可一世的辉煌。敢于不屑一顾的,在那个时代大概只有德彪西。德彪西曾经这样口出狂言道:"贝多芬之后的交响曲,未免都是多此一举。"他同时发出这样粪土当年万户侯的激昂号召:"要把古老的音乐之堡烧毁。"

我们知道,随着十九世纪后半叶瓦格纳和勃拉姆斯这样的日耳曼式音乐的崛起,原来依仗着歌剧地位而形成音乐中心的法国巴黎,已经风光不再,而将中心的位置拱手交给了维也纳。当德彪西在法国开始创作音乐的时候,一下子如同《伊索寓言》里的狼和小羊,自己只是一只小羊处于河的下游下风头的位置,心里知道如果就这样下去,他永远只能是喝人家喝过的剩水。要想改变这种局面，要不就赶走这些已经庞大的狼，自己去站在上游；要不就彻底把水搅浑，大家喝一样的水；要不就自己去开创一条新河，主宰两岸的风光。

同时，我们也要看到，在当时法国的音乐界，两种力量尖锐对立，却并不势均力敌。以官方音乐学院、歌剧院所形成的保守派，以僵化的传统和思维定势，势力强大地压迫着企图革新艺术的音乐家。

德彪西打着"印象派"大旗，从已经被冷落并且极端保守的法国，向古老的音乐之堡杀来了。在这样行进的路上，德彪西对挡在路上的反对者极端而直截了当地宣告："对我来说，传统是不存在的。或者，它只是一个时代的代表，它并不像人们说的那么完美和有价值。过去的尘土是不那么受人尊重的！"

我们现在都把德彪西当作印象派音乐的开山鼻祖。"印象"一词最早来自法国画家莫奈的《日出印象》，当初说这个词时明显带有嘲讽的意思，如今这个词已经成为艺术特有的一派的名称，成为高雅的代名词标签一样随意插在任何地方。而最初德彪西的音乐确实得益于印象派绘画，虽然德彪西一生并未和莫奈见过面，艺术的气质与心境的相似，使得他们的艺术风格不谋而合，距离再远心也是近的。画家塞尚曾经将他们两人做过这样非常地道的对比，他说："莫奈的艺术已经成为一种对光感的准确说明，这就是说，他除了视觉别无其他。"同样，"对德彪西来说，他也有同样高度的敏感，因此，他除了听觉别无其他。"

德彪西最初音乐的成功,还得益于法国象征派的诗歌。那时,德彪西和马拉美、魏尔伦、兰波等诗人接触密切(他的钢琴老师福洛维尔夫人的女儿就嫁给了魏尔伦),他所交往的这些方面的朋友远比作曲家的朋友多,他受到他们深刻的影响并直接将诗歌的韵律与意境融合在他的音乐里面,更是人所共知的事实。

德彪西是一个胸怀远大志向的人,却和那时的印象派画家和象征派诗人一样,并不那么走运。从巴黎音乐学院毕业之后,他和许多年轻的艺术家一样,开始了没头苍蝇似的乱闯乱撞,跑到俄罗斯梅克夫人那里当了两年钢琴老师(还爱上了梅克夫人十四岁的女儿,特意向人家求婚),好不容易博得了罗马大奖,又跑到罗马两年,毕业之际写出的《春》等作品,并未得到赏识,一气之下,提前回国,落魄如无家可归的流浪狗一样在巴黎四处流窜。我猜想,那几年,德彪西一定就像我们现在住在北京郊区艺术村里的那些流浪艺术家一样,在生存与艺术之间挣扎,只不过,那时居无定所的德彪西他们常常聚会在普塞饭店、黑猫咖啡馆和马拉美的"星期二"沙龙里罢了。

但这并不妨碍他们指点江山,激扬文字,粪土当年万户侯。生活的艰难、地位的卑贱,只能让他们更加激进和那些高高在上者和尘埋网封者决裂得为所欲为。想象着德彪西那个时候居无定所,没有工作,以教授钢琴和撰写音乐评论为生,过着有上顿没下顿的日子,却可以不用看任何人的脸色,想骂谁就骂谁,想爱谁就爱谁(德彪西泛滥的爱情一直备受人们的指责),想写什么曲子就写什么曲子,他所树的敌大概和他所创作的音乐一般的多。我们可以说在法国他过得不富裕,却也过得潇洒。

我们也可以说德彪西狂妄,他颇为自负地不止一次地表示了对那些赫赫有名的大师的批评,而不再如学生一样对他们毕恭毕敬。他说贝多芬的音乐只是黑加白的配方;莫扎特只是可以偶尔一听的古董;他说勃拉姆斯太陈旧,毫无新意;说柴可夫斯基的伤感太幼稚浅薄;而在他前面曾经辉煌一时的瓦格纳,他认为不过是多色油灰的均匀涂抹,嘲讽他的音乐"犹如披着沉重的铁甲迈着一摇一摆的鹅步";而在他之后的理查·施特劳斯,他则认为是逼真自然主义的庸俗模仿;比他年长几岁的格里格,他更是不屑一顾地讥讽他的音乐纤弱,不过是"塞进雪花粉红色的甜品"……他口出狂言,雨打芭蕉般几乎横扫一大片,唯我独尊地颠覆着以往的一切,雄心勃勃地企图创造出音乐新的形式,让世界为之一惊。

这一天的到来,在我看来是1894年12月22日,在巴黎阿尔古纪念堂,首次演出以他根据马拉美的同名诗谱写的管弦乐前奏曲《牧神的午后》为标志。尽管这一天的到来稍稍晚了一些,德彪西已经三十三岁,但毕竟成功向他走来,一向为权威和名流瞩目的巴黎,将高傲的头垂向了他。尽管在这场音乐会上有圣桑和弗兰克等当时远比德彪西有名的音乐家的作品,但在全场雷鸣般的掌声中,不得不把当场重演一遍的荣誉给了《牧神的午后》。热烈的场面,令德彪西自己都不敢相信。

《牧神的午后》确实好听,是那种有异质的好听,就好像我们说一个女人漂亮,不是如张爱玲笔下或王家卫摄影镜头里穿上旗袍的东方女人那种司空见惯了的好看,而是晒上了地中海的阳光的肤色、披戴着法兰西葡萄园清香的女人的好看,是卡特琳娜·德纳芙、苏菲·玛索或朱丽叶·比诺什那种纯正法国不同凡响的惊鸿一瞥的动人。

仅仅说它好听,未免太肤浅,对于我们中国人,永远无法弄明白《牧神的午后》中所说的半人半羊的牧神到底是怎么一回事,而它所迷惑的女妖又和我们《聊斋》里的狐狸精有什么区别,更会让我们莫衷一是。但我们会听得懂那种迷离的梦幻,那种诱惑的扑朔,是和现实与写实的世界不一样,是和我们曾经声嘶力竭与背负沉重思想的音乐不一样的。特别是乐曲一开始时那长笛悠然而凄美的从天而落,飞珠跳玉般溅起木管和法国圆号的幽深莫测,还有那竖琴的几分清凉的弹拨,以及后来弦乐的加入那种委婉飘忽和柔肠寸断,总是难以忘怀。好像是从遥远的天边飘来了一艘别样的游船招呼你上去,风帆飘动,双桨划起,立刻眼前的风光迥异,两岸猿声啼不住,轻舟已过万重山。

好的音乐,有着永恒的魅力,时间不会在它身上落满尘埃,而只会帮它镀上金灿灿的光泽。对于已经流行了一个世纪的古典浪漫派音乐而言,《牧神的午后》是两个时代的分水岭,是新时代的启蒙。听完《牧神的午后》,我们会发现,历史其实也可以用声音来分割,一个时代有一个时代不同的声音。

对于《牧神的午后》的出现在音乐史上的重要意义,法国当代著名作曲家皮埃尔·布列兹(P. Boulez)曾经这样的评价,我认为他说的最言简意赅:"正像现代诗歌无疑扎根于波德莱尔的一些诗歌,现代音乐是被德彪西的《牧神的午后》唤醒的。"

二

德彪西厌恶瓦格纳式的膨胀而毫无节制的史诗大制作,也厌恶浪漫派卿卿我我式的扇面小格局,他像绘画可以不讲透视等一切规范一样,不讲究音乐中以前曾经有过的结构等一切逻辑因素。他把声音变成像缕缕轻丝一样,在风的微微吹拂中婆娑摇曳,在织就的绸缎中如描如画;和声也不是为了规矩中的数学排列,而是为印象里瞬间的感觉和心目中色彩的变化,像是一个调皮的孩子故意打翻了手中的调色盘,把那纷繁的颜色一股脑地都泼洒在画布内外,自己站在一旁不动声色,静静地望着太阳眯起了眼睛。

在德彪西的时代,尽管有人反对,但这首被誉为印象派音乐的第一部作品,还是成为了迄今为止在全世界范围的音乐会上法国作曲家管弦乐作品出现频率最多的景观。德彪西绝无仅有地做到了这一点,他所开创的印象派音乐的确拉开了现代音乐的新篇章。《牧神的午后》可以成为我们认识德彪西的入场券。

当时,圣桑、福莱、夏庞蒂埃是德彪西的对头,德彪西明确地反对夏庞蒂埃的写实歌剧《路易斯》是以廉价美感和愚蠢艺术来愉悦巴黎的世俗和喧嚣，鄙夷不屑地痛斥这种艺术是属于计程车司机的。这在我们现在看来简直难以想象，但在那个时代没人说他不尊重他的前辈（不要说他明确反对过的贝多芬、莫扎特和勃拉姆斯、瓦格纳，是他的前辈，就是同在法国的圣桑也比他大二十七岁、福莱比他大十七岁、夏庞蒂埃比他大两岁）。

但是，我们不要误以为德彪西真的就是不讲师承打倒一切的造反派。其实，他对肖邦就情有独钟。据和德彪西同时代的法国著名钢琴家玛格丽特·朗（M. Long）说，德彪西对肖邦极感兴趣，"用德彪西的话说，在肖邦死后发表的那首《降D大调练习曲》上，他把所有的手指都磨破了"。几乎当时所有音乐家的重要作品，都是由玛格丽特·朗第一个演奏的，但她不敢演奏德彪西的作品，德彪西曾经专门要她到自己的钢琴前为她讲述自己的作品。所以，她的话极具真实性，她特别强调德彪西的《二十四首钢琴前奏曲集》和肖邦的关系："取法是肖邦的，这个集子好像是德彪西整个创作的浓缩。"

对于德彪西来说，这些钢琴曲都是他印象派音乐的延续，是往前迈出新的步伐所制作的小品，是练习、打磨和养精蓄锐。真正对他自己富有划时代意义的，是《牧神的午后》完成八年之后1902年他一生创作的唯一一部歌剧《佩里亚斯和梅丽桑德》的问世。

早在1892年，德彪西在罗马留学的时候，在意大利大道的书摊上发现了梅特林克刚刚出版的剧本《佩里亚斯和梅丽桑德》，就立刻买了一本,一口气读完,爱不释手。这部戏剧演绎的是两位王子和一个漂亮的少女的悲剧故事,那种命运紧握个人生命的象征力量,那种以梦境织就情节的扑朔迷离,都暗合着德彪西的音乐理想,让他和这位与他同龄的比利时剧作家一见钟情,相见恨晚。自从《牧神的午后》之后,他一直在寻找着进一步实现自己音乐理想的突破口和接口,"梅特林克的剧本正是完美的转化因素,它梦境般的情节是这些动机与非功能和声的马赛克式交织与连接的思路"。牛津音乐史这样关于"马赛克式交织与连接"的解释非常有意思。事实上,德彪西寻找这样连接的思路,一直是踌躇而艰难地行进着的,他一直写得很慢、很苦,他立志要把它谱写成一部歌剧。为此,他专程拜访过梅特林克,可惜梅特林克是个音盲,在听德彪西兴致勃勃为他演奏这部他倾注全部心血的《佩里亚斯和梅丽桑德》总谱的时候竟然睡着了,差点没把德彪西气疯。

这部《佩里亚斯和梅丽桑德》,让德彪西付出了十年的时间,他不止一次修改它。对比当时最为轰动的瓦格纳及其追随者的所谓音乐歌剧,它没有那样华丽和咏叹调结构和辉煌的交响音响效果;对比当时法国铺天盖地的轻歌剧、喜歌剧,它没有那样奢靡和轻佻讨好的悠扬旋律;对于前者,它不亦步亦趋做摇尾狗状;对于后者,它也不迎合做谄媚猫态。它有意弱化了乐队的和声,运用了纤细的配器,以新鲜的弦乐织体谱就了如梦如幻的境界,摒弃了外在涂抹的厚重的油彩,拒绝了一切虚张声势的浮华辞藻和貌似强大的音响狂欢,以真正的法兰西风格,使得法国歌剧在比才之后有了自己能够和瓦格纳相抗衡的新的品种。如果说瓦格纳的歌剧如同恣肆的火山熔岩的喷发,轻歌剧、喜歌剧如同缠绵的女性肌肤的相亲,那么,德彪西的这部《佩里亚斯和梅丽桑德》如同注重感官享受和瞬间印象的自然风景——是纯粹法兰西的自然风景,而不是舞台上、宫廷里或红磨坊中矫饰的风景,更不是瓦格纳式的铺排制造出来的人工风景。罗曼·罗兰曾经高度赞扬了他的这位法国同胞这部歌剧的成就,并指出了它的意义,他称《佩里亚斯和梅丽桑德》是对瓦格纳的造反宣言:"德彪西的力量在于他拥有接近他(指格鲁克——一位十八世纪的歌剧改革家)这种理想的方法……致使目前法国人只要一想起梅特林克该剧中的某段话,就会在心中相应地同时响起德彪西的音乐。"这真是一种最由衷的赞美了,因为在一个民族中在想起某段话或某个情景时,就能够在心中响起音乐家的音乐来,这已经是将那音乐渗透进这个民族的血液之中了。《佩里亚斯和梅丽桑德》使德彪西彻底摆脱瓦格纳对法国歌剧的奴役,让强大的瓦格纳在真正具有法兰西精神的歌剧面前雪崩。

德彪西以他革新的精神,创造了以往从来没有属于他自己的音乐语言。对于这样崭新的音乐语言,不仅让当时的听众,也让百年之后的我们耳目一新。中央音乐学院毛宇宽教授这样说:"德彪西是欧洲作曲家中使音乐语言的构成从古典调式调性体系这个不可动摇的创作基础中解放的第一人,他跨入了另一个新的音响——音乐之地。就这一点而言,二十世纪的音乐帷幕确实是由他所开启。"这种崭新的音乐语言"那个无中生有的创作神奇幻境","以耳朵和心灵代替眼睛,把视觉形象,甚至光和影变成声音。不简单勾画其外形,而且表现它们内在的含义"。这样的评价,准确地说明了德彪西音乐语言的艺术特性与历史意义。

马勒是我们一生的朋友

去年是马勒(G. Mahler,1860—1911)逝世百年,国家大剧院特意组织的马勒"第一"到"第十"交响曲的演出季,从7月到11月,历时五个月,规模浩大。我听了其中"第一"、"第四"、"第七"和"第十"交响曲,连同在费城听过的"第五",整整听了马勒交响曲的一半,心里很是宽慰和感动。

"我们从哪儿来?我们准备到哪儿去?难道真的像叔本华说的那样,我们在出世前注定要过这种生活?难道死亡才能最终揭示人生的意义?"

可以说,马勒一生都在不停地追问着自己这样的话。他到死也没弄明白这个对于他来说一直乌云笼罩的人生意义的难题。他便将所有的苦恼和困惑、迷茫和怀疑,甚至对这个世界的无可奈何的悲叹和绝望,都倾注在他的音乐之中。

从马勒的音乐中,无论从格局的庞大、气势的宏伟上,还是从配器的华丽、旋律的绚烂上,都可以明显地感觉出来自他同时代瓦格纳和布鲁克纳过于蓬勃的气息和过于丰富的表情,以及来自他的前辈李斯特和贝多芬遗传的明显痕迹。只要听过马勒的交响乐,会很容易找到他们的影子。比如马勒的《第三交响曲》,我们能听到布鲁克纳的脚步声,从马勒的《第八"千人"交响曲》,我们更能轻而易举地听到贝多芬的声音。

在我看来,这个世界的古典音乐有这样三支:一支来源于贝多芬、瓦格纳,还可以上溯到亨德尔;一支则来源于巴赫、莫扎特,一直延续到门德尔松、肖邦乃至德沃夏克。我将前者说成是激情型的,后者是感情型的。而另一支则是属于内省型的,是以勃拉姆斯为代表的。其他的音乐家大概都是从这三支中衍化或派生出去的。显然,马勒是和第一支同宗同祖的。但是,马勒和他们毕竟不完全一样。不一样的根本一点,就在于马勒骨子里的悲观。因此,他可以有外表上和贝多芬相似的激情澎湃,却难以有贝多芬的乐观和对世界充满信心的向往;他也可以有外表上和瓦格纳相似的气势宏伟,却难以有瓦格纳钢铁般的意志和对现实社会顽强的反抗。

这种渗透于骨子里的悲观,来源于对世界的隔膜、不认同和充满焦虑以及茫然的责问与质疑。马勒自己曾经说过:"我是一个三重的无家可归者……一个生活在奥地利的波希米亚人,一个生活在德国人中间的奥地利人,一个在全世界游荡的犹太人。无论在哪里都是一个闯入者,永远不受欢迎。"

马勒逝世之后,他的学生,指挥家布鲁诺·瓦尔特,在上个世纪三十年代开始进行马勒交响曲的挖掘和重新阐释演绎。马勒在欧洲的影响与日俱增,如今成为全世界的热门音乐家,其交响曲的地位堪比贝多芬。越来越多的人,感受到马勒不仅属于彼时的音乐家,也属于此时的音乐家。他对人生深邃的追寻,对世界充满悲剧意识的叩问,和今天的人们心里的困惑越来越接近。聆听并理解马勒的交响曲,便成为认识和走近马勒的必由之路。

我赞同这次参加我国马勒百年纪念演出的瑞士苏黎世市政厅管弦乐团指挥大卫·津曼的观点:"对于马勒,先是他的声乐套曲,然后才是他的交响乐。"他录制过两套马勒的交响曲的全集,对马勒有过专门的研究。这是知音之见。和他见解相同的还有著名小提琴协奏曲《梁祝》的作者陈钢,他说:"歌曲是马勒交响曲的种子和草稿。"

这确实是走近马勒音乐的一条路径,也是打开马勒内心的一扇门。

马勒的十部交响曲,可以分为这样三部分,分别和他的声乐套曲彼此联系,互为镜像——

第一部分,"第一"到"第四"交响曲。应该和马勒的声乐套曲《少年魔角》与《流浪者之歌》一起来听。特别是"第一",是马勒交响曲的序幕。马勒说自己的"第一"是"青年时期的习作"。比起以后特别是"第五交响曲"后,他的交响曲的庞大的构制,复杂的心绪及浓郁的悲剧意识,"第一"的单纯、明快,乃至第三乐章的葬礼进行曲,幽哀的死亡,都带有了伤感的童话色彩。

勋伯格说得对:"将要形成的马勒特性的任何东西,都已经显示在《第一交响曲》中了。这里,他的人生之歌已经奏鸣,以后不过是将它加以扩展和呈现到极致而已。"我理解勋伯格在这里说的马勒的特性,既指他的交响曲创作,也指他的人生命运的端倪。

这支乐曲,和几年前马勒二十五岁时创作的声乐套曲《流浪者之歌》,同样映衬青春的心情和心境。其叙事性和歌唱性特征极为明显,这也是马勒交响曲与众不同特别是和浪漫派鼎盛时期古典交响乐不同的特点之一。其中歌唱性不仅表现在以后越来越多的独唱和大合唱,同时也表现在他的旋律之中。

那种感世伤怀的叙事性,和旋律一起自如挥洒。第一乐章的大提琴,第二乐章的圆舞曲,第三乐章的小号和单簧管,特别是末乐章大钹敲响之后,铜管乐、木管乐、弦乐、打击乐,还有竖琴,交相辉映,此起彼伏,山呼海啸,错综复杂,音色辉煌,交响效果很好,显示了令人羡慕的青春活力。尤其是一段小提琴抒情连绵的演奏后,然后大提琴和整个弦乐的加入,几次往返反复和管乐的呼应,层次丰富,舞台上如同扯起了袅袅飘舞的绸布,真的是风生水起,摇曳生姿。最后的高潮,八支法国圆号站起来,可以说是青春期马勒的一种象征。

第二部分,"第五"到"第七"交响曲。与之相对位的声乐套曲是《亡儿之歌》。从声乐套曲就可以感受到其悲剧意味已经显现。

《第六交响曲》的别名就叫做《悲剧交响曲》。

特别值得一听的是《第五交响曲》。这部作品明显有贝多芬《命运交响曲》的影子。开头的独奏小号,和贝多芬"命运"开头的那种"命运动机"一样先声夺人。震弦乐随之而上,景色为之一变,小号后来的加入,一下子回环萦绕起来,阅尽春秋一般,演绎着属于马勒对于生死的悲痛与苍凉。和马勒的前几部交响曲的意味大不相同。

有了这第一乐章的对比,第四乐章的到来,才显得风来雨从,气象万千。对比悲怆之后的甜美与温暖,才有了适得其所的价值,如同鸟儿有了落栖的枝头,这枝头让马勒谱写得花繁叶茂,芬芳迷人,而这鸟儿仿佛飞越过了暴风雨的天空,终于有了喘息和抬头望一眼并没有完全坍塌的世界的瞬间。有竖琴,有法国圆号,有小提琴中提琴和大提琴的此起彼伏,交相辉映,层次那样的丰富,交响的效果那样浑然天成,熨帖得犹如是天鹅绒一般轻柔的微风抚摸你的心头。

第三部分,"第八"到"第十"交响曲,包括《大地之歌》。其中"第八"因有两个混声合唱队和一个童声合唱队,还有八名独唱歌手,阵势空前,号称"千人交响曲"。与马勒的声乐歌曲的关系更为密切,声乐与器乐的结合,是贝多芬时代望尘莫及的,是马勒交响乐的辉煌巅峰。"第九"和"第十"的浓重的悲剧意识,弥漫在马勒的心灵与音乐世界的整个空间,更是达到了一个前所未有的高度。

应该特别指出马勒交响曲的慢板中的弦乐,真的很少有人能像马勒一样,把它们处理得这样柔美,抒情得丝丝入扣,又这样丰富得水阔天清,即使在浓重悲观情绪的笼罩下,马勒也要让它们出场抚慰一下苍凉的浮生万世,给我们一些安慰和希望。在谈论马勒的交响曲时,如今更多愿意说他思想的复杂性与悲观性,作曲方面对古典传统技法的发展变化,以及对未来世界的预言性,却忽略了马勒对传统的继承。在这一点上,马勒对慢板的处理,最显其独到之处。其实,他的老师布鲁克纳对慢板的处理,也是如此,那些动人的旋律,马勒得其精髓,可以看出彼此的传承。

我特别喜欢《第五交响曲》中一段最动人的慢板,这与他的《吕克特诗歌谱曲五首》中的《我在世上已不存在》关系密切。在这首歌中唱道:"我仅仅生活在我的天堂里,生活在我的爱情和歌声里。"我们便可以触摸到马勒的心绪,即使在死亡垂临的威迫之下,他依然乐观的原因,是他相信爱情和音乐。这也是马勒音乐的另一重具有现实意义的价值。

对于欣赏和了解十九世纪末二十世纪初后浪漫派音乐尾声,作为衔接新的时代面临变革的古典音乐代表的庞然大物交响曲,马勒的交响曲的历史与现实意义,无论对于乐者还是爱乐者,如今都显得越发醒目。

作为马勒的继承人,勋伯格曾经预言:马勒所创作的作品属于未来。这个预言在今天得到了应验。我以为,马勒音乐属于未来的价值在于两方面：一是他的音乐的内容振聋发聩的精神重量，一是他的音乐新的语汇别出机杼的形式质量。在内容方面，马勒音乐对于当时流行的约翰·斯特劳斯的注重享乐的唯美圆舞曲的批判性，马勒音乐对于生与死的悲悯情怀，对于底层人残酷命运并将其推向生与死的边缘上进行追索和探究以及体验和表现，呈现出了今天新时代悲剧矛盾的投影，确实具有不可思议的预言的前瞻性，成为了今天人们对待现存世界心灵的一种精神资源和抗衡力量。

形式方面，曾经为马勒写过传记的英国音乐家德里克·库克（他亦是马勒未完成的《第十交响曲》总谱的整理者），有过详尽的分析："马勒对开始于瓦格纳的《特里斯坦》中调性和声的边缘崩溃，进一步朝勋伯格早期无调性音乐方向推进。更进一步来说，他的'固定变奏方法'展望着序列主义音乐；发生在《第九交响曲》中的 Ronso - Burleake 乐章中线性对位预示了亨德米特；音乐中尖锐、迅速的转调预示了普罗科菲耶夫。马勒是那个时代转折点上的人物：他加快了浪漫主义心理紧张的速度直到它探索进入'我们的新音乐'（科普兰语）的激烈形式。"

后浪漫主义时期的音乐，保守派是以勃拉姆斯为代表的话，那么，激进派肯定是以布鲁克纳和马勒为代表。布鲁克纳以自己的谦恭引领桀骜不驯的马勒出场。作为后浪漫主义时期音乐的最后一人，马勒结束了一个时代，为现代音乐的新人物勋伯格的新时代的到来铺垫好了出场的红地毯。就像十八世纪末十九世纪初的贝多芬是通往浪漫主义的桥梁一样,马勒是通往二十世纪音乐的桥梁。喜欢音乐的人,虽然热闹的马勒百年纪念过去了,但是,马勒的音乐不属于即时性的,非常值得常听,他是我们一生的朋友。

我们为什么特别喜爱老柴

再没有谁能够比得上我们对柴可夫斯基（P. I. Tchaikovsky，1840—1893）充满感情的了。我们似乎都愿意称他为"老柴"，亲切得好像在招呼我们自己家里的一位老哥儿。

我始终弄不明白，为什么我们对柴可夫斯基如此的一往情深？或许是因为我们长期受到俄罗斯文学的影响，便近亲繁殖似的，拔出了萝卜带出了泥，对柴可夫斯基有着一种传染般的热爱？从骨子深处便有了一种认同感？或者是因为柴可夫斯基的音乐里打通了宗教的音乐与世俗的民歌连接的渠道，有了一种抒情的歌唱性，又混合了一种浓郁的东方因素，便容易和我们天然地亲近，让我们在音乐的深处能够常常和他邂逅相逢而一见如故？

柴可夫斯基就这样能够轻而易举地和我们相亲相近。几乎每一个喜欢音乐的人，特别是中国的知识分子，似乎都容易被柴可夫斯基所感染，这在他们的书中都能够找到许多溢于言表的证据。这大概是音乐史中的一个特例，或者说是一个奇怪的现象，令柴可夫斯基自己也会莫名其妙吧?

丰子恺先生在上个世纪初期是这样解释这种现象的:"柴可夫斯基音乐中的悲观色彩,并不是俄罗斯音乐的一般的特质,乃柴氏一个人的特强的个性。他的音乐所以著名于全世界,正是其悲观的性质最能够表现在'世纪病'的时代精神的一方面的'忧郁'的缘故。"(《世界大音乐家与名曲》)

我不知道丰先生是不是说得准确,但他指出的柴可夫斯基的音乐迎合了所谓"世纪病"的时代精神一说,值得重视。而对于一直饱受痛苦一直处于压抑状态一直渴望一吐胸臆宣泄一番的我们中国人来说,柴可夫斯基确实是一帖有种微凉的慰藉感的伤湿止疼膏,对他的亲近和似曾相识是应该的。

作家王蒙在他的文章里曾经明确无误地说:"柴可夫斯基好像一直生活在我的心里。他已经成为我的生命的一部分了。"他说他的作品:"多了一层无奈的忧郁,美丽的痛苦,深邃的感叹。他的感伤、多情、潇洒,无与伦比。我总觉得他的沉重叹息之中有一种特别的妩媚与舒展,这种风格像是——我只找到了——苏东坡。他的乐曲——例如《第六交响曲》(《悲怆》),开初使我想起李商隐,苍茫而又缠绵,缛丽而又幽深,温柔而又风流……再听下去,特别是第二乐章听下去,还是得回到苏轼那里去。"(《行板如歌》)

另一位作家余华,在他专门谈音乐的新书《高潮》中有一篇文章则这样说:"柴可夫斯基一点也不像屠格涅夫,鲍罗丁有点像屠格涅夫。我觉得柴可夫斯基倒是和陀思妥耶夫斯基很相近,因为他们都表达了十九世纪末的绝望,那种深不见底的绝望,而且他们的民族性都是通过强烈的个人性来表达的。在柴可夫斯基的音乐中,充满了他自己生命的声音。感伤的怀旧,纤弱的内心情感,强烈的与外在世界的冲突,病态的内心分裂,这些都表现得非常真诚。柴可夫斯基是一层一层地把自己穿的衣服全部脱光。他剥光自己的衣服,不是要你们看他的裸体,而是要你们看到他的灵魂。"(《重读柴可夫斯基》)

非常有意思的是,他们一个把柴可夫斯基比成了苏轼和李商隐,一个把柴可夫斯基比成了陀思妥耶夫斯基。也许,你会觉得将柴可夫斯基比成苏轼和李商隐,有些玄乎;而把柴可夫斯基比成了陀思妥耶夫斯基,又有些过分。但他们都是从文学中寻找到认同感和归宿感。有意思的是,美国音乐史家朗格在他的《十九世纪西方音乐文化史》一书中,则把柴可夫斯基比成英国诗人弥尔顿,也是文学意义上的比拟,这一点上和我们大多数人是相同的。也就是说,我们在听柴可夫斯基的时候,已经加进我们曾经读过的文学作品的元素,有了参照物,也有了我们自己的感情成分,柴可夫斯基进入中国,已经不再仅仅是他自己,他不得不入乡随俗。我们在柴可夫斯基里能够听到我们自己心底里许多声音,也能够从我们的声音里(包括我们的文学和音乐)听到柴可夫斯基的声音。可以说,从来没有任何一位音乐家和我们能够有如此感同身受的互动。

我们对柴可夫斯基的感情,也许还在于他同梅克夫人那不同寻常的感情。当然,这也是世界所有热爱他的人都感兴趣的地方,并不能仅仅说是我们的专利。但是，对于他们长达十四年之久的感情，而且是超越一般男女世俗的情欲与肉欲的感情，保持得那样高尚而纯洁，是我们所向往的。在一个盛产《金瓶梅》和《肉蒲团》的国度里，泛滥着的色欲和意淫中，让人们对这种柏拉图式的感情更多了一份感慨。同时，在一个情感和情欲一直处于压抑的年代里，这种柏拉图式的感情自然更会给知识分子多一份慰藉和憧憬。柴可夫斯基与梅克夫人的通信集，早在上个世纪四十年代，我国就有了陈原先生的译本，直至现在再版不断。

我们知道，梅克夫人是在听了柴可夫斯基的《暴风雨》序曲之后格外兴奋而对他格外感兴趣的。在他们结识以后，她曾经对柴可夫斯基坦白地说道："它给我的印象我简直无法对您言喻，有好几天我一直处于半疯癫状态。"她渴望能够和柴可夫斯基结识，但不希望和他见面。她说："我更喜欢在远处思念你，在你的音乐中听你谈话，并且通过音乐分享你的感情。"而柴可夫斯基在创作了献给梅克夫人的《第四交响曲》并对她说这是"我们的音乐"之后，也表达着和梅克夫人同样的心声："威力无边的爱情……唯有借助音乐才能表达。"（《柴可夫斯基书信选》）

也许，世界上再没有这样完全被音乐所融化的男女之情了吧？我反正是没听说过。关键是我们现在能够拥有如梅克夫人一样具有真正纯正的音乐素养的人太少——还不要说音乐才华。我们的音乐已经越来越被华而不实的晚会歌曲所包裹，只是发自功利，而不是发自内心，出发地和终点站都不一样，南辕北辙是不奇怪的。

梅克夫人非常有艺术天赋，这首先来自家传，她的父亲就是个小提琴手，她自己弹一手好钢琴。所以，他们是真正在心灵上的交流，真正在音乐中的相会。梅克夫人不是为了附庸风雅，凭着自己有钱而豢养着音乐家绕自己的膝下；柴可夫斯基也不是为了傍上一个富婆（要知道柴可夫斯基每年从梅克夫人那里有六千卢布的赞助，这在当时是一笔不小的数目），使得自己尽快地脱贫致富好爬上中产阶级的软椅。他们在佛罗伦萨同住一所庄园里，本来可以有见面的机会也要坚守诺言，梅克夫人要把自己出门散步的时间告诉柴可夫斯基，希望他能够回避，即使偶尔柴可夫斯基忘记而和她意外相遇，他们也会只是擦肩而过从不说话。正因为对感情有如此超尘拔俗的追求和把握，他们才能够坚持了十四年之久的通信，柴可夫斯基才能向她毫无保留地倾吐在别人那里从未说过的关于音乐创作的肺腑之言，梅克夫人也才能向他倾诉内心的一切包括一个女人最难说出口的隐私。他们把彼此当成了知己，联系着他们的心的不是世俗间床笫之间的男欢女爱，而是圣洁的音乐。如果不是后来在1890年梅克夫人知道了柴可夫斯基是同性恋，也许不会中断和他的交往和通信。

从柴可夫斯基和梅克夫人的关系来看，我们可以看出他的真诚，从他的音乐中听出这份真诚来，应该是不错的了。同时，我们也可以看出柴可夫斯基长期被压抑的感情（梅克夫人毕竟比他大九岁，还有过一次红杏出墙和丈夫的秘书生了一个孩子，她的丈夫就是因此而丧生，她有过丰富的感情经历，还有十二个孩子。柴可夫斯基的感情生活却是贫瘠的,他只是为了掩饰自己的同性恋而有过草率而匆忙的婚姻),从他的音乐里能够听出感情有时宣泄有时煽情有时压抑有时扭曲,应该也是不错的。

说起柴可夫斯基的音乐,我们爱说其特点是"忧郁",是"眼泪汪汪的感伤主义"。当然,仅仅说是"忧郁"和"眼泪汪汪的感伤主义"是不够的。柴可夫斯基的音乐是很丰富的。我们听的非常熟悉的他的《第一钢琴协奏曲》(1875),还有他的《D大调小提琴协奏曲》(1878)、《第一弦乐四重奏》中的"如歌的行板"(1871)、《罗密欧与朱丽叶》幻想序曲(1869)、《意大利随想曲》(1880)、《1812序曲》(1880),以及他有名的"第四"和"第六"交响曲(1877、1893)和他的好多部芭蕾舞剧的音乐,其中我们最熟悉不过的《天鹅湖》(1876)、《睡美人》(1890)和《胡桃夹子》(1892)……我们对于柴可夫斯基,真可以是如数家珍。但是,"忧郁"和"眼泪汪汪的感伤主义",毕竟是感动我们的最主要部分,即使在上述的作品中,我们依然能够听到这样的感觉,春花秋月何时了,往事知多少;问君能有几多愁,恰似一江春水向东流;城上高楼接大荒,海天愁思正茫茫;青鸟不传云外信,丁香空结雨中愁……我们能够从我们的古典诗词中信手拈来多少与老柴这些音乐链接,吻合跃动在同一个脉搏上。

柴可夫斯基的旋律是一听就能够听得出来的。特别是在他的管弦乐中,他能够鬼斧神工般在其中运用得那样得心应手,逢山开山、遇水搭桥一般手到擒来。那些美妙的旋律仿佛像是神话里藏在森林的怪物,可以随时被他调遣,为他呼风唤雨。在他的那些我们最能够接受的优美而缠绵、忧伤而敏感、忧郁而病态、委婉而女性化、细腻而神经质的旋律里，我们可以明显地感受到他的感情是那样的强烈，有火一样吞噬的魔力，有水一样浸透的力量，也有泥土一样厚重的质朴。那种浓郁的俄罗斯味道，是我们最熟悉也是我们最喜爱的原因了。

在这一点上，曾经尖锐批评过柴可夫斯基的朗格有过精彩的阐发："柴可夫斯基的俄罗斯性不在于他在他的作品中采用了许多俄国的主题和动机，而在于他艺术性格的不坚定性，在于他的精神状态与努力目标之间的犹豫不决。即使在他最成熟的作品中也具有这种特点。"(《十九世纪西方音乐文化史》)朗格所说的这种特点，恰恰是俄罗斯一代知识分子所具有的共同的特点。我们在托尔斯泰、契诃夫，特别是在屠格涅夫的文学作品中(比如屠格涅夫的小说《罗亭》)，尤其能够感受到那一代知识分子在面对自己国家与民族命运时刻所奋斗所求索的性格，这种性格犹豫不决的不坚定性中蕴含着那一代人极大的内心痛苦。

也许，明白这样一点，我们才能够多少理解一些柴可夫斯基音乐中的俄罗斯性，也才会多少明白一些为什么在我们中国有那么多的知识分子特别是老一代的知识分子(新生代对柴可夫斯基早已经不那么感兴趣了)，对柴可夫斯基那样一往情深，一听就找到了息息相通共鸣。因为在我们的政治动荡当中，我们的知识分子不也一样是犹豫不决地摇摇晃晃，在指点江山激扬文字的意气中、在痛哭流涕的检讨中、在感恩戴德的平反中、在志得意满的怀旧中……一步步跌跌撞撞地走过来的吗？这是深藏在柴可夫斯基音乐里的俄罗斯气息，也是渗入我们骨髓里的民族性格。柴可夫斯基的音乐才不仅独属于俄罗斯，也和我们一拍即合。

我们就是这样迷恋上老柴的，或者说老柴就是这样轻车熟路地走入我们的家门，成为我们家人的。

值得记住的一点，并也值得研究的一点，是老柴开始步入我们的家门的时候，在欧洲和美国，已经是包括老柴在内的古典主义和浪漫派音乐日渐式微的时候。为什么在这样的历史分界点，我们却对老柴一见如故，如获至宝？

英国学者雷金纳德·史密斯-布林德尔在他的《新音乐》一书中曾经指出："二次世界大战之后，西欧电台播放的音乐内容发生了根本性的变化，首先播放的是巴托克、斯特拉文斯基、欣德米特、贝尔格以及勋伯格那些被忽略的宝贵作品。"同时，他指出，"这种新音乐所追求的不是甜美的旋律（哪怕是简短的），不是紧凑连贯的和声和清晰的曲式。事实上，当时，到底要追求什么样的声音人们并不明确，只知道要避免什么。"显然，那个时代，我们的上一辈慢了一拍，至少也慢了半拍。其实，我们同样经历了二次世界大战，饱受的磨难应该是一样的，但在战后我们的选择却是不一样的。我们选择的还是甜美的旋律、紧凑连贯的和声和清晰的曲式。我们喜爱的还是老柴式的"忧郁"和"眼泪汪汪的感伤主义"，而且强烈地和其一塌糊涂地共鸣。曾经赞赏过老柴的他的俄罗斯同胞斯特拉文斯基，当时却明确地说："音乐从本质上没有能力表现感情的任何东西——无论是感情还是思想态度,还是心理情绪。"他们都已经无情地抛弃了柴可夫斯基,而我们却把他重新拾回。我不知道该如何解释这一事实,也许,和那时我们正在革命的年代有关,或和我们的民主化进程有关,或和我们知识分子一直的软弱有关,或和我们的讲究言情言志的传统文化有关。我只是知道,老柴确实影响了我们国家的两代人,这种影响不仅是感情,而且包括音乐在内的文艺创作的思维模式。

还是布林德尔,在分析二次世界大战之后那个特定的时代的选择时说过:"音乐历史中,以前的任何关键时期都有不得不'重新开始'的时候。"不仅仅是对于我们的老柴,我们似乎都应该有我们不得不重新开始的时候了。

维索卡的鸽子

德沃夏克(A. Dvorák,1841—1904)是个怀旧感很浓的人。尤其是听他的《第九交响曲》"自新大陆"第二乐章,浓郁而甜美醉人的乡愁,一种"无奈归心,暗随流水到天涯"的思乡之情,让每一个音符都牵动你的心,百听不厌,每一次听都会感动得想流泪。没有如此浓重而刻骨怀念故乡的感情,德沃夏克不会写出这样感人的乐章。有时,我会想,文字可以骗人,没有文字的音乐不会骗人。音乐是音乐家的灵魂。亚里士多德说:"灵魂本身就可以是一支乐调。"这话说得没错。

真的,德沃夏克"自新大陆"第二乐章动听迷人,是欣赏德沃夏克的首选。他师承的是勃拉姆斯那种古典主义的法则,又加上捷克民族浓郁的特色,特别是他的旋律总是那样的优美,光滑得如同没有一点皱褶的丝绸,轻轻地抚摸着你被岁月和世俗磨蚀得已经变得粗糙的心情,缠绕在你已经荆棘丛生的灵魂深处。这种发自内心深处的动人旋律,是内向而矜持的勃拉姆斯少有的,面对波希米亚的一切故人故情,学生比老师情不自禁地掘开了情感的堤坝,任它水漫金山湿润了每一棵树木和每一株小草。

维也纳,当时是欧洲音乐的圣地和重地,所有音乐家都希望到维也纳去,就像我们现在的几乎所有的音乐人都蜂拥至北京一样。在那里,他的朋友、著名音乐批评家汉斯立克劝说德沃夏克,必须写一部不要拘泥于波希米亚题材的而要是德奥题材的歌剧,才能具有世界性的主题。他希望德沃夏克根据德文脚本写一部歌剧,才能征服挑剔的德国观众,也才能走向世界。他同时好心地建议德沃夏克最好不要总住在捷克,永久性地住在维也纳对他更为有利,维也纳是当时多少音乐家梦寐以求打破脑袋也要挤进来的地方。

无疑,这些都是对德沃夏克的一番好意,但他却因此而痛苦不堪。也许是鱼翔浅底,鹰击长空,各有各的志向,各有各的道路,他无法接受好朋友的这些好意。就在汉斯立克好言劝说不久,他在捷克南方靠近布勃拉姆的维索卡村子里买了一幢别墅,他没有居住到维也纳去,相反大多的时间住在了维索卡。捷克南方的景色和空气,比他的家乡尼拉霍柴维斯还要美丽、清新,他喜欢那里的森林、池塘、湖泊,还有他亲手饲养的鸽子。据说,他特别喜欢养鸽子,就像威尔第喜欢养马、罗西尼喜欢养牛似的。

你能说他局限吗?说他的脚步就是迈不出自己小小的一亩三分地?说他只是青蛙跳不出自家的池塘,而无法奔流到海不复还地跃入江海生长成一条蓝鲸?他就是这样无法离开他的波希米亚,他的每一个乐章、每一个旋律、每一个音符,都来自波希米亚,来自那里春天丁香浓郁的花香,来自夏天樱桃成熟的芬芳,来自秋天红了黄了的树叶的韵律,来自冬天冰雪覆盖的伏尔塔瓦河。

正是这种思想和心境的缘故,德沃夏克在已经取得世界性的声望之后,对故土的感情越发浓烈。他就像一个恋家的孩子,始终走不出家乡的怀抱,家乡屋顶上的袅袅炊烟总是缭绕在他的头顶。1892年9月到1895年4月,他应邀到美国任纽约国立音乐学院的院长。离开维索卡村子的时候,他还特地写了一首由独唱、合唱和管弦乐队演出的《感恩歌》,依依惜别地献给了维索卡。

在美国短短不到三年的时间里,他带着妻子先后将六个孩子都接到了美国,并有一次整个夏天回国探望的假期,他依然像一条鱼无法离开水一样,实在忍受不了时空的煎熬。他频繁给国内的朋友写信,不厌其烦地诉说着他在异国他乡的举头望明月、低头思故乡的孤独落寞之情,诉说着他对家乡尼拉霍柴维斯亲人的思念,对兹罗尼茨钟声的思念,对维索卡银矿的矿工(他一直想以银矿矿工生活为背景写一部歌剧,可惜未能实现)、幽静的池塘(后来这池塘给他创作他最美丽的歌剧《水仙女》以灵感),还有他割舍不下的那一群洁白如雪的鸽子……

德沃夏克在美国其实仅仅不到三年的时间,但他就是忍受不了这时间和距离对祖国和家乡的双重阻隔。他特别怀念维索卡的那些鸽子。在纽约离他居所不远的中央公园里,有一个很大的鸽子笼,他常常站在笼前痴痴相望而无法排遣乡愁浓郁,禁不住想起维索卡的洁白如雪的鸽子。无论是纽约中央公园的大鸽子笼,还是维索卡的鸽子,都是一幅色彩浓重、感人至深的画面。弥漫在德沃夏克心底的实在是一种动人的情怀,实在让人感动。

有这样炽烈的情怀,我们就不难想象,在美国的聘期刚一结束,哪怕美国方面多么希望他继续留任,德沃夏克还是谢绝了。虽然留在纽约要比在布拉格当教授高出二十五倍的年薪,他还是迫不及待地带着妻儿老小,立刻启程回国了。"白日放歌须纵酒,青春作伴好还乡。即从巴峡穿巫峡,便下襄阳向洛阳。"

他这样讲过:"每个人只有一个祖国,正如每个人只有一个母亲一样。"

在这里,我想特别说一下他的《b小调大提琴协奏曲》。这是德沃夏克自己非常钟爱的一部作品,在把它交给出版商的时候,他特意嘱咐不允许任何一位大提琴演奏家在演奏它时有一点修改。这是他旅居美国时写下的最后一部作品,怀乡的感情和"自新大陆"同出一辙。当他回到维索卡村,他立刻把那首《b小调大提琴协奏曲》的最后乐章修改了,让那乐章洋溢起重返故乡的欢欣,他要让自己这份心情尽情地释放出来。

这就是德沃夏克。有这样一份无可遏制的心情,有这样一份浓郁似酒的乡恋,才会有那样真挚无比甜美沁人的"自新大陆"第二乐章。

德沃夏克的维索卡村,让我想起了格里格的特罗尔豪根村。特罗尔豪根离格里格的家乡卑尔根五公里。格里格四十三岁时就在那里建造了他简朴的乡间房子,和德沃夏克一样,他把这里当成了他的家,一共住了二十二年。一直到去世,他也是在特罗尔豪根安详地闭上了眼睛。他去世之前,留下遗愿,一定要将自己埋在特罗尔豪根的一个天然洞穴里,因为那里面对的是祖国的挪威海。祖国和归家永远是他音乐与人生的主题。

民族、祖国、家乡,美好而崇高的艺术可以超越它们,却永远无法离开它们;艺术家的声名可以如鸟一样飞得那么高,艺术家自己也可以如鸟一样飞得那么远,但作品的灵魂和韵律却总是要落在这片土地上。

当我听德沃夏克的"自新大陆"第二乐章,或是听他的《b小调大提琴协奏曲》的最后乐章,总能闻得出维索卡村森林里散发的林木和泥土的气息,总能听得到德沃夏克和维索卡村银矿工人一起饮酒的畅快的谈话声,总能看得见维索卡村德沃夏克亲手饲养的鸽子,驮着明晃晃的阳光,雨点似的落满他的肩头。

西贝柳斯的声音

西贝柳斯(J. Sibelius,1865—1957)是我非常喜欢的音乐家之一。他的音响有一种别人所不具有的独特的冷峻韵味和色彩,你只要一听准能听出来,是属于北欧风味的,是属于西贝柳斯的。

西贝柳斯对大自然有一种天生的敏感,特别能够从声音中细致入微地感觉出音乐所蕴含着的色彩来,他一直认为世界上任何一种声音都有和它们相对应的自然色彩,音乐中的任何旋律都有和它们相呼唤的原始和声。他能够在麦田里感觉到泛音,在泛音中感受到色彩。在声音和色彩之间,他如同魔术师一样变幻多端,让色彩发出声音,让声音迸发色彩,很像我们现在所说的通感。他能够准确地指出每一个音调和色彩的关系,他曾经这样说过:"A大调是蓝色的,C大调是红色的,F大调是绿色的,D大调是黄色的……"我是无法想象出调式中蕴含着这样丰富的色彩,但不能不敬佩他如此的奇思妙想。

1875年,西贝柳斯十岁,写下了他的第一部作品,大提琴和小提琴的弹拨曲《雨滴》。那时,他还是一个孩子,无论他的心情还是眼前的世界乃至音乐,呈现给他的都是如同雨滴一样的透明的颜色。

1909年,西贝柳斯在英国伦敦完成了一首d小调弦乐四重奏,名字就叫做《亲切的声音》,表达了他对声音的情有独钟。那里抒发的是他内心的感伤,亲切的声音里流露出的色彩是什么呢?我感觉不出来,但西贝柳斯一定能够感觉得到,他才愿意用从细腻到恢弘的丰富声音给予他的弦乐以无穷的变化。那或许是阴霾之中被天光所映照下变化着的铅灰色,那种色彩正和他当时的心情相吻合,生活上经济的拮据,又刚刚做完喉症的手术逼迫他必须要远离酒和雪茄烟;也和当时的时代相吻合,俄国沙皇在虎视眈眈地威胁着他的祖国芬兰,使得他的心情越发的郁闷;同时和英国那总是雾蒙蒙雨蒙蒙的鬼天气相吻合。

1914年,西贝柳斯赴美国参加挪福克尔音乐节并演出他的交响诗《海洋女神》。第一次到那么遥远的国度去,过大西洋时,落日下澎湃的大海给他以全新的感受,伏在船舷上,他别出心裁地说海水是"酒色的"。这种色彩让我新奇也让我惊奇,因为我始终没有弄明白"酒色"到底是一种什么颜色,葡萄酒朗姆酒和杜松子酒的颜色是一样的吗?也许,那"酒色"是西贝柳斯心中对大海的印象和幻想乃至错觉的一种综合体。

在西贝柳斯活了九十二岁高寿的一生中,色彩和声音就是这样藤缠树一般缠绕在一起的。在音乐家中,将声音和诗缠绕一起的不少,我们称他们为音乐诗人,称他们的作品为音诗,法国作曲家肖松(E. Chausson,1855—1899)就专门写过一首音诗,流传甚广;将声音和色彩如此敏感而着意地搅和在一起的不多,在我看来大概只有西贝柳斯和德彪西吧?我们可以把他们称之为音乐画家。只是德彪西更多借鉴的是印象派画家的灵感,而西贝柳斯则更多来自传统浪漫派的画家对色彩的敏感。

在西贝柳斯浩繁的作品中,最值得一听的除了太有名的交响诗《芬兰颂》和后来被海菲兹演奏而名声大震的小提琴协奏曲之外,依我之见,再有就是他的《勒明基宁组曲》中的《图奥内拉的天鹅》和他的"第四"、"第五"交响曲了。

第一次听到《图奥内拉的天鹅》时,我就被它吸引了。那时,我不知道是一支什么样的曲子这样好听,赶紧一查,是西贝柳斯的《图奥内拉的天鹅》。同时,在书中我知道了勒明基宁是芬兰一位家喻户晓的英雄。早在西贝柳斯结婚度蜜月的时候,在乡间第一次从农民嘴里听到关于他的古老的唱词,他就格外激动,那古老的旋律就深深地刻在他的心里,一直发酵着。也许,我们现在已经听不出来自遥远的英雄的呼吸和古老苍凉的旋律了,但我们仍然可以在弦乐的如丝似缕之中感受到图奥内拉河的水面泛起的涟漪,随风荡漾起的轻微的忧伤。柔弱如淅沥雨滴的鼓点,从浩瀚的天边传来,英国管吹出了让人心碎的幽幽鸣响,和大小提琴此起彼伏地呼应着。法国圆号吹响了,天鹅飞起来了,高贵的剪影伴随着明亮而深沉的号音(那加了弱音器的号音是天鹅的鸣叫吗),渐渐地隐没在弦乐和竖琴织就的一派云雾缥缈的水天茫茫之中。

《图奥内拉的天鹅》不是一首田园诗,不是一幅风情画。它是对古典情怀的一种缅怀,对英雄逝去的一声叹息。时过境迁,曾经鼓荡在西贝柳斯和当时听众心中的音乐的意义,如今已经变得似是而非了。但它留给我们音响是存在不变的,那音响是奇特的,能够渗透进人的心灵。如果声音真的能够有色彩的话,西贝柳斯在这里给我们留下的是蒙蒙一片的湖蓝色中涂抹着一星惨淡的灰白。那一星灰白色,是天鹅,是圆号,是西贝柳斯颤抖的心音。

把"第四"和"第五"交响曲合在一起听,是不错的选择。西贝柳斯一生写下了七部交响曲,这两部是最值得一听的。一部是内心独白式的水滴石穿,一部是对外部世界宣泄得淋漓尽致,两部交响曲对比着也衔接着西贝柳斯的内心世界和音乐世界。

《a小调第四交响曲》因运用了不谐和音,在1910年首场演出时曾经遭到听众的嘘声(一直到了1930年托斯卡尼尼在美国指挥演奏了它,才多少改观了人们对它的成见),如今却被誉为西贝柳斯最伟大的作品。世事沧桑,有时就是这样颠倒着头脚,所谓此一时彼一时。在北欧一些弱小的国家里,只有西贝柳斯对交响乐投入最多,也只有他最能够驾驭这种形式,而挪威的格里格就不如他。格里格只作过一部《c小调交响曲》,并不有名。有名的还是他的一些钢琴小品和《培尔·金特》组曲。丹麦的尼尔森(C. Nielsen,1865—1931)和格里格与西贝柳斯都是同时代人,一生创作了六部交响曲,我听过他的《第四交响曲·不灭》(正好和西贝柳斯的《第五交响曲》在一张唱盘里面），但远不如西贝柳斯的好听。

西贝柳斯对交响曲的认识与众不同。据说他和马勒1907年曾经在赫尔辛基有过一次会晤，当时马勒已经是声名显赫，而西贝柳斯的"第四""第五"交响曲还没有问世，站在下风头。马勒底气十足地说："交响乐就是一切，它必须容纳万物。"西贝柳斯却针锋相对地说："交响乐的魅力在于简练。"

《第四交响曲》的风格可以说就是简练，精炼的配器，清淡的和声，简约的演奏，都极其适合西贝柳斯忧郁而无从诉说的心情。

除了简练，就是曾经有人批评他这部《第四交响曲》音响效果的"浑浊"。的确，在这部交响曲中少了阳光灿烂，而弥漫着晦暗，声音带来的不是明快，而是晦涩甚至确实是浑浊。装有弱音器的大提琴以切分音的方式笨重而沉重地一出场，就预示着阴郁的乌云沉沉地四散飘来。铜管乐的阴森，也少了本来应有的阳光般的明亮，而多了金属般的尖厉。单簧管和双簧管梦呓般的颤栗，往返反复着和弦乐交织着，失去了美好的幻想，而是一种渗透心底的哀愁和无尽的冥想，如黄昏时分的潮汐一浪浪涌上沙滩，冰凉而带有鱼腥味儿地浸湿了你的双脚。

《降E大调第五交响曲》，是西贝柳斯自己最得意之作，曾经被他先后大改过三次，在他所有作品的创作中是绝无仅有的。他在最后定稿后说："整部作品由一个生气勃勃的高潮到底，是一部胜利的交响曲。"同阴郁的《第四交响曲》不同，明朗注定就是这部交响曲的色彩和性格。

第一乐章,他特别爱用的法国圆号和木管轻柔却明亮地先后一出场,先把一种牧歌式的氛围清爽地演绎出来了,即使是慢板也传达出热情的声响来。当急促的弦乐响起来,立刻迸发出阳光般耀眼的光泽。在密如雨点的定音鼓的伴奏下,小号吹出愉快的声音,小提琴和弦乐摇曳着,间或是快速的木管声声,如小鸟啁啾,是大自然明快色彩在乐队中的宣泄。

第二乐章,还是他爱用的木管和法国号,沉稳而柔弱,然后是轻轻的弦乐如露珠滚动般的弹拨,与同样轻柔的长笛的呼应,如同恋人之间彼此温馨的亲吻,纯朴动人。加进来的各种变奏,时缓时急,扑朔迷离的色彩更是如万花筒一样丰富迷人。

最后一个乐章,先是中提琴,后是小提琴,然后是整个弦乐,最后是木管的加入,急促如山涧湍急的溪流,一路起伏动荡,那样飘忽不定,那样摇曳多姿,那样坚定不移。当溪流终于从林间山中流淌到开阔平坦的平地,摊开了腰身晒在阳光之下,在略带忧郁甜美的弦乐的衬托中,木管和大提琴演奏出唱诗般的灿烂的旋律,将乐曲推向了高潮,真是令人感怀不已,只觉得天高云淡,天风浩荡,天音弥漫。

将这部交响曲听完,我不大明白西贝柳斯为什么特别爱用法国号和木管,还爱用弱音器。或许,西贝柳斯不喜欢交响曲中那种众神欢呼的高亢交响效果,比如贝多芬那样,才特别加上了弱音器吧?而法国号和木管,总会容易让我们想起田园的自然,想起被阳光晒得暖融融的草垛、河流和田埂,那种淳朴与温暖,与北欧大海之滨矗立着的嶙峋礁石,呈明显的对比和对称的关系。如果这样来理解西贝柳斯这两部交响曲,我们可以把《第四交响曲》比作后者,即寒气凛冽的大海和礁石,在月光或风雪映衬下,所呈现的色彩一定是银灰色那种冷色调的。而《第五交响曲》则一定是阳光下铺展开放到了天边的向日葵,或成熟了正在秋风中沉醉荡漾着的田野,所呈现的色彩是金黄色的。

西贝柳斯的音乐,无论哪一部,都能够让我们清晰地感受到他为我们抒发的色彩,尽管这色彩带有我们主观的臆想,并不见得和西贝柳斯心中的色彩相同。但那又有什么关系呢?西贝柳斯自己在他的音乐中尽情涂抹的色彩难道不也是很主观的吗?关键是他的音乐为我们提供了调色盘,可以让我们去随意想象、随意挥洒,这就够了。因为并不是所有的音乐家都能够为我们布下这样想象的空间。

西贝柳斯,这名字的音节有时给我的感觉就是阴郁的,是那种云彩掩映下的铅灰色。听这音调,总不如莫扎特或门德尔松那样明快,有很长一段时间只要是听到西贝柳斯的名字,我总是忍不住想起他的那首《悲伤圆舞曲》,真是很奇怪。或许,每一个人的名字都带有命定般的色彩,那是你生命的底色。如果你是一个艺术家,注定着你艺术的风格;如果你不是艺术家而只是一个普通人,那就注定着你的性格。

巴托克的启示

曾有一位英国学者论述巴托克时这样说他的音乐:"拒绝为了美或放纵情感的利益而破坏其逻辑性。""如果有人坚持音乐必须是悦耳动听,那他就无法欣赏巴托克的音乐。"

巴托克(B. Bartok,1881—1945)的音乐到底是什么样子的呢?真的就不美不动听吗? 这倒引起了我对他的兴趣。

我买了一盘迪卡公司出品的巴托克作品集,布列兹指挥,美国芝加哥交响乐团演奏,里面包括巴托克最享有盛名的弦乐《交响协奏曲》,还有四首为管弦乐队作的小品。主要想听他的《交响协奏曲》。

实在地说,巴托克和他以前的古典和浪漫时期的音乐家的作品不尽相同,同他热爱的理查·斯特劳斯、勃拉姆斯也不尽相同,他们的作品还在一定的规矩方圆中舞蹈,古典和浪漫的内核还是包容在内容和形式之中的。巴托克是在想标新立异,他是想突破古典音乐尤其是新浪漫音乐的规矩,他便将两种现成的东西都置于自己的对立面：上溯历史的渊源，下数眼面前的，他太想横扫千军如卷席，独树一帜。这在他早期的几首弦乐四重奏里就可以明显地看出来，在我买的这盘唱盘中的为乐队所作的四首小品里也可以看出。他的音乐作法和音响效果都和以前不完全一样，他注重出奇制胜的效果，讲究一泻千里的气势，有点光怪陆离。但和勋伯格还是不一样，他并没有如勋伯格走得那样远，他没有完全抛弃调性。显然，他走的不是古典与浪漫派音乐相同的路，也不是勋伯格完全现代派的路，他走的到底是什么路呢？难道他能走成一条中间道路吗？

在听巴托克的音乐的时候，在捕捉巴托克的音乐品格和性格的时候，我的思想常常在开小差，飘移到巴托克的音乐之外。原因是我一边听一边总是忍不住在想，在巴托克所在的二十世纪的初期，不仅音乐是如此的活跃，出现了连同巴托克在内的不同流派不同追求却相同在努力探索的音乐家，如德彪西、马勒、勋伯格、理查·斯特劳斯、斯特拉文斯基、艾弗斯……呈一种百花齐放的局面，是如此的缤纷热闹，如同此起彼伏的浪涛奔涌；是如此互相批评着，又互相鼓励着；是你花开罢我花开，而不是我花开时百花杀。而且，在其他艺术和非艺术领域，一样都出现了如此美不胜收的烂漫似锦的场面：比如文学就有普鲁斯特的浩瀚长著《追忆似水年华》占据春光，心理学有弗洛伊德的《梦的解析》一鸣惊人，美学有克罗齐的《美学》问世，科学有爱因斯坦的"相对论"的诞生和莱特兄弟的人类第一架飞机上天……就是在我们国家，也可以如数家珍一样,数得出许多各界的豪杰,如鲁迅、蔡元培、熊十力、马一浮……足以光耀后人。

为什么在一个世纪之前的二十世纪的初期,这个世界会出现如此欣欣向荣的局面?而英雄是如此辈出,大浪淘尽千古风流人物,新人层出不穷后浪推前浪,让我们后代仰慕如同仰望漫天的星辰是如此璀璨耀眼?如今,一个新的世纪又来到了,在二十一世纪的初期,我们还能看得到这样的局面和场面,看到这样的星辰这样的天空吗?

还是回过头来看看巴托克吧。他还能给我们一些安慰。

巴托克既没有走一条古典和浪漫派或新浪漫派的老路,也没有走现代派的新路,他一直在孜孜探索自己的路。他走的是民间的路。有音乐史专家说:"巴托克全部创作的一根导线是融民间音乐精髓与西方艺术音乐为一炉,技艺精湛,丰富多样。巴托克主要不搞革新,他像亨德尔那样兼收并蓄古今之精粹,雄辩地加以综合。"这话说得非常有见地,说出了民间音乐和正统音乐、古典音乐和现代音乐、继承和创新、吸收和改造、东方和西方的多种关系。这些关系的处理方式和取决的态度,体现了音乐家在创作走向和性格的轨迹。对于民间音乐,并非巴托克一个人情有独钟,许多音乐家都曾对民间音乐痴迷,勃拉姆斯就曾经改编过匈牙利舞曲,德沃夏克改编过斯拉夫舞曲,而西贝柳斯和格里格也曾经把芬兰和挪威本国的民间音乐元素移植到自己的音乐创作中来。但是,有像巴托克这样把自己音乐的根深扎在民间音乐之中的音乐家吗?

曾经在一本书中看过这样一幅照片，是巴托克的老友也是匈牙利的音乐家柯达伊（Z. Kodaly）为他拍摄的：巴托克在特兰西瓦尼亚山村，用一个旧式的圆筒录音机在录制当地的民间音乐，很像我们现在热门出版的一些老照片的书上的照片，上面的那些偏远山村的村民都笔直地立着，面容表情都有些呆滞，巴托克在认真地鼓捣着那架录音机。这幅照片让我感受到一个世纪之前的生命气息和艺术气息，那个时代人们对艺术的真诚和投入，执着得带有孩子似的天真，不惜踏遍千山万水也要寻求一种真理般的渴望，真是让我感动。我们现在还能出现这样的场面吗？我们一些音乐翻录别人现成的带子（俗称"扒带子"）就马到成功了，谁还愿意那样千里迢迢地去采风？

据说，巴托克不满意自己早期简单模仿的作品，而他企图成立新匈牙利音乐学会也惨遭失败，他离开了大都市，离开了音乐的中心，跑到了深山老林，带着他的老式圆筒录音机，就这样采风收集了两千多首民间乐曲，其中包括匈牙利本土，也包括罗马尼亚、南斯拉夫，还包括北非和东方。同时，巴托克还撰写了大量论述民间音乐的论著。不知道世界音乐史上还有没有如他一样的热情而如蜜蜂那样采集民间乐曲的音乐家了？我猜想，如他一样热情的有，如他蜜蜂那样不停地采蜜般采集两千多首之多的就少见了。巴托克惊异地发现民间音乐尤其是匈牙利民间音乐充沛的活力和新颖的生命力，并把它们带入他的音乐，拓宽了音乐本身的疆域。

巴托克对民间音乐的钟情和付出的努力与代价，在音乐家中是少有的。早在1906年他二十五岁的时候,他有一次和神童小提琴家费伦茨·威切依到西班牙去演出的机会(当时巴托克为其伴奏),演出结束回匈牙利前,他去了葡萄牙,然后去非洲,采集民歌。1913年,他再次重游非洲采风,竟然很快学会了当地的语言。他对那些非洲民间音乐爱不释手,他说那是些埋藏在这些国家地下最珍贵的财富、最纯洁的宝藏。对于有人说民歌是粗俗的甚至是色情的,难登大雅之堂,他说:"最粗鄙的字眼就是这个'大雅之堂',这个词叫我头疼。在出版美丽的民歌,特别是美丽的民歌歌词时,我吃够了它的苦头,这种民歌都是在精神和肉体亲切温存的情境中产生,或者在深切需要快乐和幽默以调剂一下单调生活时创造的。"

整日奔波在这些偏僻的山村,尤其是看到那些平日里沉默寡言的村民唱起民歌来忘记了羞怯,脸上呈现出的喜怒哀乐和歌曲的感情完全融为一体的时候,他越发感受到什么才是他所需要的民间音乐。这些真正地道的民间音乐,彻底地改变了他和他的音乐。他像是一头关在城市里的动物,变成了一只飞出笼子的鸟,发现了一片无限自由的天空。那时他说过许多关于民间音乐的话,现在来听听是很有意思的。比如,他曾经无情地批评过那些伪民歌:"国内外以为是匈牙利音乐精神的东西,不是真正的匈牙利民歌,却是些没有根基的、拼拼凑凑的仿制品。加上吉卜赛乐队的雕琢风格。"他同时还说:"那些所谓的歌曲,一年又一年地大批生产,潮涌般地不断向人们灌输。你稍不戒备,就会失去免疫力,久而不闻其臭。每个历史时期都有这类弄虚作假的'天才',信口雌黄,歌词从头到尾都是些陈词滥调,也只配得上那些叫人恶心的音符——我才不把这种东西叫做音乐呢。"这样的话,对于我们今天仍然有着警醒的启示意义。

关键在于,那时巴托克不仅生活艰难,而且已经染上了不治之症——白血病。虽然,民间音乐并没有成为令他起死回生的一剂良药,但毕竟让他的生命充实,让他的音乐为之耳目一新。

都说巴托克的音乐不大悦耳,其实也是一种误解,只能说他的有些音乐不悦耳。这支弦乐的《交响协奏曲》的开头就很好听,不同乐器的渐渐加入,将乐曲的层次谱就得那样精致细微又色彩分明,整体的弦乐如同从湖面上掠过的一阵阵清风,带有花香,带有鸟鸣,也带有嘹亮的呼叫。巴托克自己称第一乐章为严峻,第二乐章为悲哀,末乐章为对生命的肯定。听第二乐章的感觉,一样的很美,开头笼罩的哀婉情绪,在长笛和单簧管交错的呼应之下,显得格外迷人。竖琴的颤动,和着弦乐的摇摆起伏,间或弦乐和长笛的几声尖厉的鸣叫,如鹤唳长天,大多时候弦乐如银似水般荡漾,十分抒情,圆舞曲的旋律,回旋着曳地长裙,也回旋着天空中的袅袅白云,完全是古典主义的情致。末乐章里的民间音乐的元素最为明显,那种民间乐曲的粗犷,充满野性的张力,山洪暴发般,一泻千里。说《交响协奏曲》是巴托克最为出色的作品,一点也不为过。

如果我们知道这支《交响协奏曲》,是在巴托克逝世前两年即1943年的作品,在此之前许多时候他一直是在贫困和白血病的双重重压下艰难地活着,精神处于极度的痛苦煎熬中,许多时候没有创作也不愿意创作,是他的好友指挥家库塞维茨基的竭力约请,他才出山谱就了这支乐曲,我们就会对这支乐曲更充满敬意。如果我们知道了巴托克创作完这支乐曲,由库塞维茨基在波士顿指挥演奏成功,而巴托克的白血病也出奇地有了好转,有了回光返照的生命的最后两年,我们就会对这支乐曲更充满感情。我不知道别人听说《交响协奏曲》有这样的背景之后会不会涌出这样的敬意和感情,我自己是由此对这支乐曲对巴托克多了一份感情的。

有人说:"巴托克是活跃于1910年至1945年间并留下传世之作的四五位作曲家之一。"

这是很高的评价。这也是一个苛刻的评价。

这让我想起前面曾经提到过的问题,为什么在一个世纪之前的二十世纪初期,这个世界会如此欣欣向荣、英雄辈出?这实在让我们后辈汗颜。其实,在那段时期,并非仅仅只拥有传世之作的巴托克这样的四五位作曲家,但我们只要面对巴托克一个人就可以了,我们可以从巴托克身上学到一些对艺术追求的执着与真诚,对艺术之树重新返回民间在大地生根的一点精神的净化和意义的启迪。

走近肖斯塔科维奇

一

捷杰耶夫又来了。这一次来京的两场音乐会,他带来的是对于中国而言久违的肖斯塔科维奇(D. Shostakovich,1906—1975)。这是我很期待的。

说是久违,因为以前对于我们中国人而言,听的、知道的更多是民族乐派特别是柴可夫斯基。老柴以后,则是拉赫玛尼诺夫和斯特拉文斯基。关于肖斯塔科维奇的专场音乐会,是比较少的。

对于肖斯塔科维奇,以前我曾经有过误解。因为他的《第七交响曲》太有名了,只要一提起肖斯塔科维奇,准要说他的这个"第七",据说在德军战火包围之中的列宁格勒,只剩下一名指挥和十五名乐手,仍然坚持演奏这支"第七",极大地鼓舞了苏联人民反法西斯的士气,从而造成全世界的影响。这样的演出,确实具有传奇色彩,使得这支"第七"不同凡响。所以,"第七"又叫做《列宁格勒交响曲》,被称为"战争的史诗"。

对于所谓音乐的史诗,我一向都抱有警惕,因为我会觉得它们延续的是贝多芬、瓦格纳的一套旧数,走的是宏大叙事的老路,音响效果多为轰轰烈烈。两年前,我到美国小住,闲来无事,在图书馆里借来一套肖氏的弦乐四重奏,共十五首,拿回来一听,和我想象的肖氏不同,音乐极其丰富,旋律富有感情,非常打动我,并非宏大叙事。遂对他刮目相看,一下子燃起我对他的兴趣,又借来他的好几盘交响曲,包括"第七",仔细听了个够,方才发现自己的浅陋,也知道这个世界上充满了多少误解和隔膜。

坐在大剧院的音乐厅里,等待捷杰耶夫出场。这是我第一次在音乐厅里听肖氏。

我一直以为指挥家为音乐会选曲,最见其思想与艺术的造诣。每一次来北京,捷杰耶夫的选曲都不一样,都见独到的功力。有意思的是,这一次,他没有选肖氏最著名的《列宁格勒交响曲》,而是选择了肖氏的其他四部交响曲和两部钢琴协奏曲。其中四部交响曲,"第一"是肖氏十八岁的作品,演绎着青春的心情,"第七"和"第八"是肖氏中期作品,也是当时备受打击的作品,"第十五"是肖氏最后一部交响曲,这部交响曲之后四年,他便去世了。两个晚上,捷杰耶夫和马林斯基交响乐团,带我走遍了肖氏几乎坎坷的一生。这是一次难得的音乐会,特别是对我这样对肖氏音乐不甚了解的人来说,是最生动的补课。

两场音乐会,第二场来的人更多些,心里暗想,北京的乐迷还是有水平的。最值得一听的,是"第八"和"第九"。相比刚刚听完不久的日本NHK交响乐团演奏成四平八稳的老柴,马林斯基乐团在捷杰耶夫的指挥下,更多起伏跌宕的层次和情感,整个乐队配合得风来雨从一般浑然一体,特别是弦乐中管乐的加入,或两者的相反加入,那样的熨帖,不着痕迹,缝若天衣,又水乳交融,风生水起。

当然,除了捷杰耶夫的指挥,还要感谢肖氏音乐本身的非凡功力。虽然,肖氏崇拜马勒,但比起马勒来更具现代性,特别是其配器,还有短笛、小号、单簧管突兀尖锐声音的横空出世,实在具有石破天惊的感觉。它让我听到的,更多是发自身心无以言说的痛苦,而不仅仅是表面的欢乐与悲伤。同他的前辈柴可夫斯基相比,更少了泪眼汪汪手帕浸湿的那种几乎滥情的感伤。

我尤其感动于"第八",这是两天音乐会的压轴。第一乐章的弦乐,就让我震撼,那种揪动心弦的悲戚,不是揪着你的衣襟,执手相看泪眼的陈情诉说,而是黄河捧土尚可塞,北风雨雪恨难裁,那般的深切,随着浪一样一阵阵涌过来的音乐,层层叠叠地压在心头,拂拭不去。最后,英国管的独白,其实也是肖氏自己的独白,无字诗一样摇曳,直至曲终天青,唯留下半江瑟瑟半江红。

第二乐章突兀出现的短笛,听得真让人惊心动魄,仿佛一道划过来的闪电,将你的心魂瞬间掠去。第三乐章,长号和大提琴,木管和小提琴,还有小号、巴松和定音鼓,包括三角铁的撞击,此起彼伏,汇聚成的音响,撩人,又令人目不暇接。

第四乐章中那十一段的变奏，是我最期待的。弦乐，圆号，短笛，长笛，到最后单簧管的呻吟，此起彼伏，气息绵长不断。肖氏实在是太有才了，将各种乐器信手拈来于股掌之间，让它们各显其能，各尽其长，又彼此呼应，同气相投，相互辉映，交织成一天云锦霞光。

最后乐章，与"第十五"相似，也是在往返反复几次的铜管鼓钹之后渐渐的弱音收尾，所不同的是此前有一段大提琴如怨如慕吟唱般的倾诉，真的让人柔肠寸断，让人感到只有音乐才会拥有如此的穿透力，让你感受到来自心灵的痛苦，不是悲伤，不是眼泪，无法诉说时，呼天无门时，还有音乐可以帮助我们救赎。

想起当年斯大林时代对"第八"的批判，扣上的帽子是反苏维埃和反革命的音乐。原因便是在辉煌的"第七"之后，肖氏为什么没有进一步唱响反法西斯胜利中对斯大林的赞歌，最好是出现颂歌式的独唱和大合唱，相反却要这样悲悲戚戚，最后选择渐渐消失的弱音而不是以胜利的锣鼓一般的高潮结尾。当时，批判的一条理由便是这样的悲戚，说肖氏"悲悲戚戚地站在了法西斯一边"。

音乐，在强权面前就是这样被肆意肢解和误读。曾经有人——至今在此次捷杰耶夫带来马林斯基交响乐团演出前的宣传，也是这样说，将肖氏的"第七"、"第八"和"第九"说成是"战争三部曲"。记得晚年的肖氏非常反感这种说法，他说："一切都归咎于战争，好像人们在战争期间才遭受折磨和杀害。"在谈到"第七"和"第八"时，他认为都属于自己的"安魂曲"。

这里牵扯到时代、政治和艺术的关系问题，但是，好的音乐总是可以超越时代和政治的，正如肖氏的交响乐，纵使我们对肖氏和他生存的那个时代一无所知，并不妨碍我们欣赏他的音乐，我们会非常清晰地听出那里流淌出来的绝对不是欢乐和喜庆，而是痛苦和悲伤。我们可以非常明确地从中听出痛苦的深沉无比和无处不在。因为这种人类共有的痛苦超越时空，是来自心灵的，而不是来自观念。好的音乐总是能够从心灵到心灵，让我们共鸣，让我们在音乐中相逢。

二

为什么把人们一直认为的反法西斯战歌与史诗的"第七"，说成是自己的"安魂曲"？这是一个非常有意思的话题。也就是说，尽管"第七"有强烈的音响效果，但那并不是冒着敌人的炮火的反抗的勇气和士气，而是另含机锋。那么，这另含的机锋是什么？

音乐不同于文字和绘画，它诉诸的是听觉，反馈的是心灵，看不见，摸不着，其多义性从来就存在。同样一首乐曲，不同人听有不同的反应和感受，更是普遍存在的现象。问题是，作曲家自己在音乐中倾注的感情到底是什么，是不是和我们的主观想法与传统固定的史论相违背，这是值得探讨的。如果完全是背道而驰，而且介入了非艺术政治化的因素，则应该进行反思的是我们。因为是我们的主观意图强行嫁接在了作曲家的音乐上面，作曲家本意要在这棵树上结苹果的，我们非要人家结出西红柿来。

当年，小托尔斯泰曾经专门撰写文章，高度赞扬"第七"的战争史诗意义。小托尔斯泰是不是奉命而写，我不太清楚，但知道为写这篇文章，他请来好几位音乐学家到他的别墅，为他讲解他并不怎么懂的音乐初级知识。小托尔斯泰的这篇文章为"第七"定型与定性起到了重要的作用，猜想应该和我们那个时期姚文元或梁效的文章一样一言九鼎吧。

肖氏对小托尔斯泰非常不以为然。对于那个时代的作家，肖氏有自己的好恶，他欣赏的是左琴科和阿赫玛托娃。他最讨厌的是表里不一极尽谄媚之态的马雅可夫斯基，斥之为"忠心耿耿伺候斯大林的走卒"，他认为马雅可夫斯基的最高道德标准是"权力"。因此，还在肖氏年轻的时候，在音乐厅的排练现场，第一次见到趾高气扬的马雅可夫斯向自己伸出两个手指，他只伸出一个手指头回敬了这位当时正在沿着拍马奉迎的阶梯顺利往上爬的阶梯诗人。

这个小小的细节，很能说明肖氏的性格。他不是那种怕案而起、怒发冲冠的激愤之士，他自己说："我不是好斗的人。"但他的心里有一本明细账，好恶明显，忠实于自己的内心感受与良心底线。对待音乐，则越发体现了这样的一点，甚至更突兀了这样的一点。尽管当时，他也曾经为斯大林亲手抓的《攻克柏林》《难忘的1919》等多部电影配乐，并因此而多次获得过斯大林奖金。如此的名利双收，也让他颇受舆论的非议。他自己心里很清醒，他把这一类作品称之为"不体面的作品"。但他又拉出契诃夫替自己辩解:"契诃夫常说,除了揭发信以外,他什么都写,我和他的看法一样。我的观点很非贵族化。"

这非常体现了肖氏性格的双面性,在强权下,他的软弱与抗争曲折的心理谱线。晚年的肖氏对此自省,在谈到他的老师格拉祖诺夫和他自己同样具有的软弱时,他说:"这是俄罗斯知识分子的通病,所有我们这些人的通病。"同时,他格外钦佩同处于那个时代的女钢琴家尤金娜,斯大林听了她演奏莫扎特的钢琴协奏曲后,派人送给她两万卢布,她给斯大林写了一封信:"谢谢你,我将日夜为你祈祷,求主原谅你在人民共和国面前犯下的大罪,主是仁慈的,他一定会原谅你。我把钱给了我所参加的教会。"

肖氏是把这些电影配乐当成自己在现实生存的妥协的手段,是把这些创作当成小品看待的。他更看重并投入的是他的交响乐。在世界范围内的音乐家,肖氏的交响乐,无论从质量还是数量都是极其厚重的。因此,对待几乎众口一词的"第七",他是非常在意的,他不满对"第七"的误读,无论是官方还是民间,他几乎都难以容忍。这一点充分体现了他性格中刚性的一面。按一般人的逻辑说,特别是像肖氏战前就受到《真理报》的点名批判,说他的音乐是"混乱的"、"形式主义的",几乎判定了死刑。战争救赎了他,阴差阳错让"第七"成为了他自己命运的转折。很多人会高兴不迭地顺竿往上爬呢,他自己却坚决不要这样的不实之誉。他说:"'第七'成了我最受欢迎的作品,但是,我感到悲哀的是人们并非都理解它所表达的是什么。"

晚年,他明确地说:"'第七'是战前设计的,所以,完全不能视为在希特勒进攻下的有感而发。"这样无可辩驳的话,对于认为"第七"是反法西斯的史诗,无疑是最有力的拨乱反正。

肖氏又说:"侵犯的主题与希特勒的进攻无关。我在创作这个主题时,想到的是人类的另一些的敌人。"那么,这另一些敌人指的是谁?这个主题是什么?他说,希特勒是罪犯,斯大林也是,他对那些战前田园诗的回忆很反感,他始终对那些"被折磨、被枪决或饿死的人感到痛苦"。他说:"等待枪决是一个折磨我一辈子的主题。"或许,今天听肖氏这样说,觉得有些危言耸听,但看到肖氏举出的一个事例,三百多名盲歌手参加官方组织的一次民歌歌手大会,只是因为没有唱斯大林的颂歌,而唱的是旧民歌,三百多名盲歌手全部被杀——我们就会明白残酷的现实更惊心动魄。

所以,肖氏直言不讳道:"说'第七'的终曲是凯歌式的终曲,是荒唐话。"

所以,肖氏义正辞严说:"我的交响曲多数是墓碑。"

在具体谈到"第七"的音乐创作动机时,肖氏更是毫不留情地推翻了很多人听了"第七"之后自以为是的政治共鸣,他说:"我是被大卫的《诗篇》深深打动而开始写《第七交响曲》。这首交响曲还表达了其他内容,但是《诗篇》是推动力。我开始写了,大卫对血有一些很精辟的议论,说上帝要为血而报仇,上帝没有忘记受害者的呼声。"这便越发明确了"第七"的音乐属性和政治属性,和法西斯并无关联，而是对斯大林高压统治下的那个残酷年代吟唱出的愤怒的哀曲。

重新来听"第七"，最好是在听完"第七"和"第八"，和"第十四"和"第十五"之后，再来听"第七"，会多少听出一些"安魂曲"的味道。

"安魂曲"，是安慰那些被害的人和自己的灵魂，而不是为领袖量身定做的赞美诗。肖氏曾经说过一句很有意思的话："交响乐很少是为订货而写的。"这话对于今天依然有意义，因为我们不仅交响乐，很多艺术作品是津津乐道的为订货而写，无论这订货渠道来自权力还是来自资本。总之，在乐此不疲。

三

在所有俄罗斯作家中，肖氏最喜欢的是契诃夫。他把契诃夫所有的小说和剧本，连同契诃夫的笔记本和书信都读了又读。他认为"契诃夫是位非常富有音乐感的作家"。肖氏晚年一直想把契诃夫的小说《黑衣僧》改编成一部歌剧。他说："我一定要写歌剧《黑衣僧》。可以说，这个题材摩擦着我结满老茧的灵魂。"可惜的是，肖氏临终前未能完成这部歌剧。这也成了一个肖氏之谜。

《黑衣僧》（汝龙翻译为《黑修士》，似乎不如《黑衣僧》好，黑修士可以理解为修士的肤色黑，缺少了黑衣的特指，而在小说里这位僧人来无影去无踪的幻影，黑衣飘飘无疑是平添许多气氛的）是契诃夫1873年写作的一篇中篇小说。内容写一位叫柯甫陵的心理学硕士，到一位农艺学家乡间的园子里做客。在黑麦田里，忽然遇见了他曾经梦里见过的一千年前的黑衣僧。同时，他爱上了农艺学家的女儿达尼雅，并顺利地和她结婚住回城里。婚后柯甫陵却因见到黑衣僧而疯了，不久和达尼雅离婚。达尼雅返回乡间，迎接她的却是父亡园毁，气急之下给柯甫陵写了一封谴责和诅咒他的信。此时，柯甫陵正在大他两岁的女友照顾陪伴下到南方养病的途中的旅馆里。看到并撕碎这封信后，柯甫陵倒地身亡，临死前想叫女友的名字救自己，呼喊出的却是达尼雅的名字。

可以看出，小说的情节并不复杂，但因为出现黑衣僧这样一个虚幻的角色，使得小说不完全属于写实，而增添了魔幻色彩。在谈论这部不太长的中篇小说时，契诃夫说这是一部"医学作品"，描写的是一个"患自大狂的青年人"。面对评论家蜂起的诸多评论，比如说主人公的崇高志向和现实的矛盾等，契诃夫表示，评论家们没有看懂他的小说。

那么，肖氏看懂了契诃夫的小说了吗？他执着地想将小说改编成歌剧，要表达的是什么样的情感和思想？能够和契诃夫相契合吗？还是要借契诃夫浇自己胸中的块垒？

如今，因为没有《黑衣僧》的这部歌剧诞生，已经无法弄清楚肖氏的真实意图了。但是，我还是非常感兴趣，企图触摸到肖氏与契诃夫之间的微妙的心理轨迹，以及音乐和文学之间的交织、交融和互为营养、互为镜像的蛛丝马迹。很多音乐家都曾经做过这样的工作，比如德彪西就曾经改编梅特林克的歌剧《佩里亚斯和梅丽桑德》，理查·斯特劳斯曾经把塞万提斯的小说《堂吉诃德》改编为管弦乐。文学从来都是音乐最好的朋友。肖氏一生，除了为他的学生弗莱施曼（过早地战死在二战战场上）根据契诃夫的小说《罗特希尔德的小提琴》改编的歌剧写过配器之外，没有写过一部或一支关于契诃夫的音乐作品，成为遗憾。

做这样力不从心的工作，我想从这样两方面入手：一是小说中黑衣僧的形象以及对柯甫陵的影响。也就是说，为什么黑衣僧导致柯甫陵最后疯掉。

小说中，黑衣僧主要出现了这样几次：第一次，是柯甫陵清早刚刚想起关于黑衣僧的传说，晚上便在黑麦田里遇见了黑衣僧。但仅仅照了一面，对他点点头，向他亲切而狡猾地笑笑，就脚不沾地如烟一般飞似的闪去。这一次黑衣僧的出现，带有神秘感，也带有喜悦感，就是这一次黑衣僧飘然而去之后，柯甫陵向达尼雅示爱。

第二次，还是夜间，黑衣僧出现在园林旁的一棵松树后面。这一次，黑衣僧和柯甫陵有交谈，谈的是关于人的永生和真理的永恒的话题。对柯甫陵影响至深的，是黑衣僧对他说的这样的话："你的全部的生活，都带着神的、天堂的烙印，你把它们献给合理而美好的事业。"以及疯了是先知与诗人、健康是庸庸碌碌的凡夫俗子的议论。这是黑衣僧最重要的一次出现，因为这一次黑衣僧的高谈阔论，直接影响柯甫陵命运的发展，即日后的疯，以及最后的死。

第三次,婚后的一天半夜,黑衣僧坐在为思想而蒙难的柯甫陵房间的圈椅上,继续和柯甫陵交谈。这一次,中心谈论的是幸福。醒来的达尼雅,看见柯甫陵在和一个空圈椅说话,发现他病了,疯了,开始带他看病。疯时幸福,健康却是庸庸碌碌,是上一次柯甫陵与黑衣僧见面谈话的延续和深入。

二是肖氏特别强调的契诃夫小说中关于葡萄牙作曲家勃拉加(1843—1924)的那首有名的《少女的祈祷》。肖氏自己说,他每次听到这支乐曲的时候,都会热泪盈眶。他设想:"《少女的祈祷》一定也感动了契诃夫。否则他不会那样描写它,那样深邃地描写它。"

在小说中,关于这支《少女的祈祷》,契诃夫描写过两次。一次在开头,黑衣僧在小说里第一次出现之前,傍晚,一些客人来达尼雅家做客,和达尼雅唱起了这支小夜曲,其中,达尼雅唱女高音。就是这支曲子唱完,柯甫陵挽着达尼雅走到阳台上,对她讲起了黑衣僧的传说。这天夜里,他便在黑麦田里遇见了黑衣僧。

另一次,在小说的结尾。柯甫陵看完达尼雅那封诅咒的信后,撕碎信扔到窗外,信的碎片被风又吹回,落在窗台上。他走出房间,来到阳台上,忽然听见阳台下面一层有人在唱这支他非常熟悉的《少女的祈祷》。他觉得这支歌很神秘,是天神的和声,凡人听不懂,自己却忽然感到了早已忘却的欢乐。

这样的梳理,或许可以让我们多少接近一点肖氏对契诃夫这部小说钟情的原因和创作走向的思路。在我看来,第一方面,即黑衣僧的形象,透视了肖氏的思想。在专权统治的现实面前,对于肖氏音乐的误读,曾经是肖氏特别大的痛苦,他曾经说借助于文字来演绎自己的音乐,也许是不得已的法子。借助于契诃夫和契诃夫的黑衣僧这个完全虚幻的影子,来勾勒面对现实与真实却不能又不敢言说的思想和情境,便是肖氏选择黑衣僧的最好的最曲折的表达。在黑衣僧的对比下,让柯甫陵疯,让柯甫陵死,便具有极其残酷的悲剧性,是延续着肖氏自"第四"之后的交响曲特别是晚年创作一样的脉络,呼应着一样悲天悯人的回声。同时,小说最后让达尼雅和她的父亲曾经那么美丽的园林毁掉,便和契诃夫的《樱桃园》里的樱桃园一样,具有了象征的意象。为思想而蒙难,疯;庸庸碌碌的活,健康。健康,凡夫俗子;疯了,乃至最后死了,幸福。如此充满悖论的反差与反讽,是只有经历过那种残酷的高压的政治年代,才会体味得到的。这便是经过自省之后晚年的肖氏要表达的最痛苦的内心和最深沉的音乐。

　　肖氏自己透露过一点这样的信息。他说:"我有一部作品以契诃夫的题材为基础,就是《第十五交响曲》。这不是《黑衣僧》的草稿,而是一个主题的变奏曲。'第十五'有许多地方与《黑衣僧》有关系。"在这部《第十五交响曲》中,即使我们找不到一点黑衣僧的影子,但我们总能够听得到一点自省和痛苦。那是属于契诃夫的,属于黑衣僧的,也是属于肖氏的。

　　我所说的第二方面,即《少女的祈祷》,关系着肖氏创作这部歌剧的音乐形象和旋律的基础乃至整部歌剧的走向。在谈这支乐曲的时候,契诃夫说它"有点神秘,充满优美的浪漫主义色彩"。肖氏说:"我一定要在这部歌剧中用它。"他说自己边听这首歌边在脑海里清晰地映出了这部歌剧的样子。我猜想,一定是以这样的优美浪漫,映衬那几乎逼人致疯的痛苦;用这样的神秘深邃,映衬那黑衣僧的飘忽和肖氏内心的向往。

  可惜,我们再也无法看到这部歌剧。我们只能从肖氏的《第十五交响曲》中隐约触摸一点影子,就像隐约看见消逝在黑麦田中的幻影黑衣僧一样。

我听沃恩·威廉斯

听英国音乐,特别是听英国的交响乐,一定要听沃恩·威廉斯(R. V. Willams,1872—1958)。威廉斯长寿,活了八十六岁,横跨了二十世纪整个上半叶。那个时候正是英国交响乐辉煌的复兴期。在这个复兴期,威廉斯起着举足轻重的作用,无人可以企及。

听英国音乐,我最喜欢听的就是威廉斯和埃尔加(E. Elgar,1857—1934)。我买过一套双碟装的英国音乐精选,里面选的主要是他们两人的音乐,外加的一个人是戴留斯(F. Delius,1862—1934),他们三人是英国晚期古典浪漫派音乐向现代音乐过渡时期的三剑客。其中威廉斯和埃尔加更胜一筹,他们的音乐确实非常动听,而且双子星座般有着相似之处,那就是他们音乐中民间音乐的营养很丰富,如威廉斯的《绿袖》、埃尔加的《加沃特舞曲》,都是典型的英国民歌旋律;再有就是他们的音乐风格都是耽于幻想,特别是他们的弦乐是真正的弦乐化,美轮美奂,将现代弦乐发挥到极致。他们的音乐都不是叙事式的,他们不注重描绘,而注重感性,他们都是把自己的那种富于幻想的感情融入音乐,他们都是音乐的诗人。

所不同的是,比起埃尔加,威廉斯在交响乐的角色更为醒目和重要。从1903年创作出《第一交响乐·大海》开始,到1957年完成最后一部交响乐《e小调第九交响乐》,用半个多世纪的漫长时间,为我们精雕细刻留下九部浩繁的交响乐,可以说在英国没有一个人能够赶得上威廉斯这样非凡的贡献。埃尔加让我们记住的是他的大提琴协奏曲(女大提琴演奏家杜普雷的演奏使得杜普雷和这部作品都成为经典)和他的《谜的变奏曲》。

我是先买了一盘他的"第七"《南极交响乐》,本来是想先听听试试,回家一听,不同凡响,非常喜欢,立刻又跑回音像店,将他的所有的交响乐一网打尽都买了回来。一共八盘唱片,包括了他的《大海交响乐》《伦敦交响乐》《田园交响乐》《f小调第四交响乐》《D大调第五交响乐》《e小调第六交响乐》《南极交响乐》《d小调第八交响乐》和《e小调第九交响乐》,最后两盘唱片收录的是他的一部歌剧《约伯》和双钢琴协奏曲以及包括《绿袖》在内几乎所有的小品。伦敦爱乐乐团演奏,由多年来一直专门研究威廉斯的权威鲍尔特指挥,被企鹅评为三星保留一星,被美国TAS评为发烧名片,确实是不错的唱片。威廉斯几乎所有的音乐,都囊括在这八盘唱片里面了,半个多世纪的岁月,都浓缩在那天从夕阳西下到月落西天我家西窗旁的音响之中了。

那真是我听音乐最美好的经历了。我还从来没有一口气听了那么多的音乐,同一位音乐家在那样短的时间里,一起走过那样漫长的路程而顷刻变老。

也许是先入为主的原因吧,当我听完这八盘唱片之后,非常奇怪,还是觉得他的《南极交响乐》最好听,还是忍不住在以后的日子里拿出这盘《南极交响乐》来听,百听不厌。

奇怪的是,这部交响乐是威廉斯先为电影《南极的斯科特》配乐后来发展而成的。为南极探险而献身的斯科特的英雄主题,电影戏剧性的叙事的方式,都和威廉斯感性的音乐创作风格不尽相同。特别奇怪的是,他自己在每个乐章前还特意加上了一段文字说明,更是与他的创作手法风马牛不相及。

无疑,在威廉斯的九部交响乐中,这部《南极交响乐》是他企图革新之作。他是如何将概念和材料化为他的音乐的呢?探讨这样的话题,是非常有意思的,因为威廉斯师从布鲁赫(布鲁赫是一位被音乐史几乎湮没的大师,第一次听到他的《神之日》就非常难忘,一直到前年找到他的音乐作品全集,听后非常感动),热爱德彪西,而无论布鲁赫还是德彪西,都远离着概念的主题和生硬的材料,他们所重视的音乐的旋律和意象,都来自心灵的直感,而与概念无缘。南极为什么感动了威廉斯,然后又感动了我?并不是威廉斯有着化腐朽为神奇的本事,而是无论斯科特还是南极,在威廉斯的心中都删繁就简为遥远的意象,便都在他的音乐中点石成金为动人的旋律。他没有沿着电影为他铺设的戏剧化的舞台走得更远,而只顺着自己心灵的轨迹轻车熟路地渗透蔓延,水滴石穿。因此可以说,斯科特和南极只是他播撒进他音乐里的新的种子,再寒冷的冰雪,在他的心中,也化为了温暖的溪流,流淌在他的旋律与音符之中。

没错,在这部交响乐的五个乐章中,斯科特和南极其实都并不存在,第一乐章响起来的时候,也许风雪声能够依稀感觉得到,大海的律动能够隐隐地感受得到,但那是你自己的感觉和想象,其实和威廉斯无关。当号角响起,不强烈,只是悠扬的回声,袅袅而清越地散失在寥廓的天空。女高音和合唱队此起彼伏犹如天籁之音,只在遥遥的远处隐隐约约地缥缈着,伴随着梦魇般的风声器,仿佛进入一个阆苑仙境,让人产生咫尺心境和苍茫宇宙交织的幻景。低音提琴衬托着渐渐高扬的木管,和最后加入的撩拨的竖琴和丝丝入扣的弦乐,如雾如织,那种清澈柔软的音质,那种如梦如幻的气质,那种如海浪一般铺天盖地涌来的高贵品质,你会立刻感到那是属于威廉斯独有的。

第三乐章开始纤弱的长笛和加弱音器的法国号,命悬一线般,细致入微,又有些阴森森的感觉,当然你也可以意念先行,感觉到是寒气逼人的南极,奔走在死亡线上的斯科特。但管风琴出现后,效果立刻不一样了,阳光般灿烂,回响着清澈的回音,长笛再演奏的是那样的明亮而辉煌,居然还有嘹亮壮丽的镲声,心境忧郁之中带有一种大自然飘曳而来的敬畏,最后回归于悠扬的弹拨乐中荡漾起的加弱音器的法国号上,回应着本乐章的开始乐思,然后过渡到下一个极其优美的乐章里,曾经被英国人认为是"天才之笔"。

这个乐章不长，只有短短五分多钟，却让我觉得是最美的一个乐章了。小提琴的轻轻撩拨，双簧管简捷的乐句，很短，很抒情，回忆的色彩很浓，往返回复几次，如同鸟飞进飞出树林，然后被起伏摇曳的乐队所淹没，如短暂一瞬的美丽天光被云彩所遮掩。雁过夕阳，草迷烟渚，只留下无尽的向往。

我不大喜欢末乐章，太闹得慌，也许是追求过于壮丽的效果吧，有些剑拔弩张，不大像是威廉斯，倒有点像是贝多芬或马勒。那种曾在第一乐章出现过的女高音无词的歌唱和惟妙惟肖的风声器，最后又把我们带回到南极的风雪之中，余音袅袅，不绝如缕。这种不可为之而强为之的描述，虽然并不是威廉斯的所长，却也是一种向世俗和传统靠拢的惯性而无奈的收尾。有意思的是，英国称赞威廉斯在交响乐形式上做出的最大贡献恰恰在结尾上。也许，是我根本没有听懂这部交响乐的尾声，也许至少在这无奈的一点上，和以往贝多芬或马勒式交响乐的结尾不一样，在闹腾之后归于冥想和沉思，又属于他威廉斯的了。或许，这矛盾的结尾，正是威廉斯自己矛盾心理在音乐的透露，涉及主题先行和材料化解，对任何艺术家都是一道难题；奉命而作和心灵的驱使，毕竟是两种不同的创作方式，艺术从本质而言，是从心灵到心灵的流淌，而不是从物质到物质的覆盖。

威廉斯自己曾经说过这样的话："艺术，就像慈善仁爱一样，应该先从家中开始。"这是他自己的创作守则，也是我们理解他音乐的钥匙和进入一切艺术的不二法门。难道不是这样的吗，包括音乐的一切艺术不是从家里开始，而非得从遥远的南极出发吗？哪怕那南极再至善至美再辉煌无比再拥有着英雄斯科特飘散不尽的伟大魂灵。

还是先从家中开始吧。